雄雄传

Xiongxiong Zhuan

辛增明 ◎ 著

江西人民出版社
Jiangxi People's Publishing House
全国百佳出版社

英雄烈士永远
活在我们心中

聂荣臻

一九八〇年八月

聂荣臻题词

序一

（签名）

熊雄同志是从江西宜丰这块红土地上走出去的中国共产党早期著名的无产阶级革命家，是继周恩来之后中共在广州黄埔军校的主要负责人之一，是我党最早从事军队政治教育工作的杰出人物和著名军队政治教育家，很值得党史工作者研究并为之立传，更值得我们后辈人永远缅怀。这本《熊雄传》的出版，就是铭记烈士功勋、传承红色基因的一项非常有意义的工作。这本书较好地记叙了熊雄烈士的一生，对熊雄烈士的优秀品质、卓越贡献、杰出才能、超凡见识都有细致的描写，是一本很好的政治读物，更是一本对青少年进行政治教育的好教材，值得推荐。

熊雄同志光辉而短暂的一生有许多突出的优点和特点，其中最突出的一点，就是他矢志不渝地追求进步、追求真理的精神。他从青年时期起就不断寻求、探索救国富民之道，自觉地完成人生两个重要转折——投笔从戎、弃官留洋——从而由一个资产阶级民主革命者转变成长为一个共产主义者，其间他虽然经历了多次艰辛的探索，有过失望，有过反思，但更多的是努力和奋斗，是对理想、对目标始终如一的追求。这一点非常值得我们特别是青年一代很好地学习。

熊雄同志对共产主义的信仰十分坚定，诚如他自己写的诗句："人世斗争几日平，漫漫也应到黎明。"他始终以天下兴亡为己任，胸怀大志，坚信共产主义远大理想必将胜利。正因为如此，所以他能够把个人的一切无条件地献给为之奋斗的革命事业。他说："为革命而死，便于革命有贡献。"他把革命利益看得高于一切，他是自觉服从革命利益的典范。同时，熊雄同志又是一个脚踏实地的革命者，他不尚空谈，一步一个脚印，有很高的政治理论水平和丰富的实践经验。他无论是在欧洲求学，还是在黄埔军校政治部的领导岗位上，都能把理论与实践结合起来，他提出的"理论与实际打成一片"的观点，至今在政治教育工作中还很有指导意义和现实意义。

宜丰这块红土地养育了熊雄，宜丰人民为家乡走出了熊雄这样杰出的革命家感到骄傲。同时，熊雄烈士的革命精神也滋润着宜丰大地，哺育着一代又一代的宜丰人民。1959 年，周恩来总理在审查中国革命展览大厅，行至黄埔军校版前时曾说："宣传黄埔要宣传熊雄。"宣传熊雄是宜丰人民的义务。我们一定要大力弘扬烈士精神，全力打好"熊雄"这张红色名片，努力提升宜丰的知名度，丰富我县的红色旅游资源，把宣传熊雄，学习、弘扬烈士精神成为我们自觉的行动。

习近平总书记 2016 年 2 月在瞻仰井冈山革命烈士陵园时说："回想过去那段峥嵘岁月，我们要向革命先烈表示崇高的敬意，我们永远怀念他们，牢记他们，传承好他们的红色基因。"总书记的话就是交给我们的一项光荣而重要的任务。传承红色基因，继承烈士遗志，不忘初心，牢记使命，是我们一代又一代人的历史使命。我们要像熊雄同志那样，少年立志，踏实探索，不断追求进步，坚定革命信念，并为自己所认定的人生目标积极进取，奋斗终生；我们要像熊雄同志那样，时刻保持清醒头脑，顾全革命大局，服从党的领导，灵活巧妙地开展工作，紧密团结在以习近平同志为核心的党中央周围，为实现中华民族伟大复兴的中国梦而努力奋斗；我们要像熊雄同志那样，以党的事业为重，以他人利益为重，正确处理好全局利益与局部利益、国家利益与个体利益、他人利益与自身利益的关系，牢固树立社会主义核心价值观，在各自的工作岗位上作出应有贡献。

熊雄同志离开我们已经九十多年了，历史已经翻开了新的一页。现在有很多人，特别是年轻一代，对大革命时期的黄埔军校、对国共合作、对熊雄烈士的了解和认识是不够的，走出宜丰县，很多人甚至还不知道熊雄是宜丰人。这本书的出版，对宣传黄埔、宣传熊雄、还原历史真相、传承红色基因、鼓舞人民为实现中华民族的伟大复兴而努力，应该说都很有意义。但愿能有更多更好的这一类党史读物问世。

是为序。

2018 年 11 月 15 日

（作者系中共宜丰县委书记）

序二

刘斌

1927 年 5 月的广州，初夏诡谲隐秘的一个夜晚，熊雄被残忍地枪杀，遗体被装进麻袋，沉入广州南郊的白鹅潭底。一代英杰从此杳无踪迹，只余沉默的珠江作证。

下达屠杀令的是蒋介石，正是此人，1923 年在莫斯科，向陪同接待他访俄的熊雄提出了加入中国共产党的请求。熊雄婉拒蒋先生。此事可能使蒋介石难堪并记恨。

当然，并非是个人的恩怨。这是一个合作但又易于翻脸的年代，国共两党最终分道扬镳。笑脸相迎变成血雨腥风。暂时占尽优势的国民党，把锐志初起的共产主义者杀得尸山血海，日月无光！

但汹涌的时代大潮终将证明谁是最后的胜利者！熊雄牺牲了，他被送上神圣的历史祭桌。

几乎在一百年前的政治舞台上，他是耀眼的明星，是今人看来完全是领袖一级的时代人物。他追随孙中山，讨袁失败流亡日本。为寻求救国真谛，又勤工俭学到法国、德国，与周恩来、赵世炎旅欧建党。此后在莫斯科学习军事，回国任职黄埔军校。那时的世界和中国风云人物，如列宁、托洛茨基、鲍罗廷、毛泽东、周恩来、朱德、聂荣臻、恽代英、萧楚女、陈延年，他几乎都有所接触或直接认识，有的还成为他的挚友。

天降大任，风云不负，他与历史大潮同起伏，是中华民族的杰出人物，志士仁人是最恰当的称谓。

志者，为民族救亡图存，万死不辞，誓为万世开太平。

仁者，舍身求法，为民立命，牺牲自己以解天下之危。

中国革命的复杂性、残酷性举世罕见，有多少惊天地泣鬼神的前仆后继，视死如归。"我自横刀向天笑，去留肝胆两昆仑。"与熊雄同赴死难的，前后有恽代英、陈延年、萧楚女，俱是熊雄挚友，亦是一时雄才，皆具文武才。武能领兵征战，文可倚马成书，鼓动多少群众，烧红长江珠江。

熊雄是九岭山下宜丰古邑之子，秀丽的锦江支流芳溪河孕育了这位异常聪颖、志向非凡的少年。他出生于儒绅之家，滋育于培兰书室，习武于村舍之墟，两张八仙桌他能一跃而过。

他到十月革命的故乡俄国，被瞿秋白称为"饿乡"的那个国家，学的就是军事与军事中的政治。

他受命于黄埔军校，成为政治部主任。可以说，黄埔军校是中国二十世纪二十年代大革命的军事摇篮，而黄埔精神则是革命不竭的动力。熊雄就是黄埔精神的鼓动者和创造者。

他是那个时代不要钱、不要官，一心只为劳苦大众求解放的新型军队的代表。

正是从黄埔出发的这支部队，战胜了封建军阀的上百万军队，打出了中国革命的大好局面。也正是这支军队培育并发扬的军事传统，成为中国共产党取得最后胜利的宝贵财富。

熊雄辉煌并终结于黄埔，他35岁的短促人生，凝练成了一束熊熊火炬，曾经是那么光亮，今天仍然光亮！

他被杀害了，牺牲于自己崇信的伟大事业，他为这个事业献出了全部。他被沉入无情冷酷的水下，消失得无踪无影。他没有墓场，更没有碑石，没有碑文，他几乎是一个"虚无"！

但他走过的路延伸到了今天，并伸向未来。他的碑就竖在这路上，碑文就写在路边。春风秋色，不改他的忠贞；时光梭雨，不褪他的坚忍。

他就这样立在我们心中：熊雄无碑！

2018年11月20日写于宜春甘尔居

（作者系宜春历史文化研究会会长）

序三

熊森好

　　辛增明先生将他写的《熊雄传》手稿送我阅读，我自然高兴拜读，因为我在熊雄研究会挂了个名，正是学习的好机会。辛先生还叫我为此书作序，这可为难我了。我一无官二无才三无名，哪有资格为一位知名作家的重要作品作序？但我是辛先生几十年的老朋友，因了种种不好推辞的理由，只得勉为其难。

　　辛增明先生大学毕业参加工作后，大部分时光都在行政部门工作，他除了尽心尽力做好本职工作外，还勤于笔耕，先后发表过中长篇小说、小小说、散文等几十万字的文学作品。特别是退休之后，更是成果累累。近年来，接连出版了《秋叶集》《宜丰文化古今谈》《宜丰禅文化》《习禅悟道》《禅林成语》《熊雄在黄埔》，执笔编写了《宜丰文化大观》等，共计二百余万字，现在《熊雄传》又即将付梓。我很佩服他！

　　写《熊雄传》，没有一定的思想高度和深度，没有深厚和老练的文字功底，是写不出来的。熊雄一生活动的空间跨度大，时间跨度小，而活动内容又十分丰富，要写好熊雄，没有真功夫是不行的。我读《熊雄传》，发现一个特点：虽曰作"传"，但未受"传"的拘泥，兼有"评传"的味道。对熊雄的生平和事迹，在准确记述之后，加上了高度的概括和有见地的评论，这给读者清晰地认识熊雄以很大的帮助。

　　在辛增明先生的许多作品中，我们可以看出，他的笔善于叙述，叙述时娓娓道来，有如潺潺的溪流，有时发出几声叮咚之响，读之如饮甘泉。读者的此种享受，全赖作者深厚的学养，扎实的文字功底，平实、质朴、沉稳的语言风格，这些在《熊雄传》中体现得淋漓尽致。

熊雄传

　　一部《熊雄传》，把一个丰满的、立体的、高大的熊雄形象立在了读者面前。但在捧读之余，我觉得有两点可提出来与作者切磋。第一点，熊雄出生在一个望族之家，这个家庭重教崇文，培育了他独立思考的能力，拓展了他的胸怀和视野，奠定了他深厚的国学功底。他本来有一个殷实的家庭，他却抛弃优裕安稳的生活，离家别妻，毅然投身革命。如果能在这方面多写几句，可能更可衬托出熊雄的崇高。第二点，作者注意到了熊雄在理论上的建树，指出了熊雄思想的高度，但觉得力度还是稍微轻了一点，如能在概括性、议论性的评述中着力强调一下熊雄在理论上的开创意义、思想上独立思考的价值意义，则可能更显出熊雄的伟大之处。我以为，"思想的高度"这个章节，是《熊雄传》的重中之重。以上两点想法，乃兴之所至，不一定正确，只是不揣浅陋，说出来供作者和读者一晒。

　　熊雄是伟大的革命先驱，中国革命的元老，不到二十岁就投身辛亥革命，中国共产党成立不到一年就成为其光荣的一员，而且与周恩来等人一道发起创建了旅欧"少共"。他是中共早期无产阶级革命家、政治教育家、马克思主义理论家（中国人民解放军大将、熊雄在黄埔军校的学生许光达语）、党在革命军队中政治工作开创者之一和杰出的政治工作领导者。他是中共广东区委执委、军事部长，后又接任周恩来所任军委书记一职，同时任中共黄埔军校党团书记，是党在黄埔军校的最高领导。他在这样重要的岗位上，为党和人民的伟大事业而牺牲了。我们说"不忘初心"，熊雄奋战的时期，正是党确立初心并开始践行初心的时期。由于革命先辈们前仆后继的英勇奋斗，才取得了革命的胜利。我们正在进行的改革开放，是党的革命事业的继续，是伟大事业发展的新时期，我们"不忘初心"，也要不忘先烈，不忘熊雄。

　　中国共产党从成立到现在，所做的一切，都是为了人民幸福、国家富强、民族复兴。让我们在党的领导下，感恩革命先辈，传承红色基因，不忘初心，牢记使命，砥砺前行，为中华民族的伟大复兴作出自己的贡献。

2018 年 11 月 7 日

（作者系宜丰县熊雄研究会会长）

目录

上篇　成长·探索

下篇 奋斗·献身

上篇　成长·探索

熊氏：源远流长的宜丰望族

熊雄，1892年3月11日（清光绪壬辰年二月十三日）出生于江西省宜丰县芳溪镇下屋村。这一年是阴历龙年，在中国传统的习俗中，"龙"主管雨水，天降甘露，是个大吉的年份。

熊雄出生的这个年代，即中国19世纪90年代，真可算得上是个英雄辈出的年代。且不说国共两党中早已作古或牺牲的著名人物，仅中华人民共和国成立后共产党方面的领导人中，1893年，毛泽东出生，1898年，刘少奇、周恩来出生；中华人民共和国的十大元帅中，有五个出生于这个年代（彭德怀1898年，刘伯承1892年，贺龙1896年，聂荣臻1899年，叶剑英1897年），如果再算上1901年出生的陈毅、徐向前和1902年出生的罗荣桓，熊雄应该说与他们都是同一辈的人。更为巧合的是，熊雄与这些传奇人物中的大多数都有过同学、同事或工作往来的关系。而另一位元帅林彪（1906年生），虽然与熊雄不是同一年代的人，却是熊雄亲手教出来的学生。熊雄能在中共早期与这些风云人物一道，共同演绎中国大革命时期一段波澜壮阔的历史，这既是一种巧合、一段传奇，也是他家乡宜丰的一个骄傲。

熊雄的出生地宜丰县，在他出生时还称新昌县，芳溪在那时称芳塘。宜丰是古县名，在三国孙吴期间就有了宜丰县，之后三并三立，北宋太平兴国六年（981）改称新昌县，直到民国三年（1914），因与浙江省的新昌县同名，才复名宜丰。而芳塘改称芳溪，更是到中华人民共和国成立之后才有的事。

宜丰历来有"七山半水分半田，一分道路和庄园"之说，属于丘陵地区，整个地形是西北高、东南低，西北山区盛产竹木，东南沃野千顷，是宜丰的粮仓。而芳溪正处在山区与平原的过渡地带，且处于宜丰（新昌）、万载、铜鼓三县通衢，交通方便，商贾云集，俗谚云："水清米白，粥饮发垳，一碗剩饭，狗都不吃（qià）。"就是说芳溪此地非常富足，连米汤（粥饮）都熬得浓，过夜的剩饭连狗都不吃。

芳溪镇的旁边有一个聚族而居的大村落，称三村，近四千人口，清一色的熊姓。地方政府为便于管理，按地段将其分为上屋村和下屋村。熊雄出生的房子，就地处下屋村。

熊氏在芳溪乃至宜丰县是一个大族。宜丰的四大姓，熊、胡、蔡、漆，熊姓排在第一。相传，熊氏为黄帝后裔，源于湖北江陵。宜丰熊姓一世祖熊仔（音zī），原籍河南开封，北宋末年人，官中奉大夫（文散官名，宋徽宗时为文官第十三阶，正四品），利州观察使，给俸筠州（今高安市），娶崔氏，遂迁筠州之盐步镇（今宜丰县新昌镇）。熊仔八传孙熊友诚是元朝末年陈友谅的部将。陈友谅与朱元璋争天下，兵败鄱阳湖，部下纷纷逃散。熊友诚南下，见一处风景秀丽，地平土阔，旁有荒塘，便隐居下来，这也可能是地名"芳塘"的由来。

熊友诚生四子，长子彦良、次子彦安、三子彦端，均居新昌县城。幼子彦恭（敬斋公）亦生有四子，大约在洪武末年，敬斋公携子来到芳塘，次子凯斌、三子凯南的后裔即定居芳塘，即今上、下屋村。历经六百余年的繁衍，熊姓遂成宜丰（新昌）望族，芳塘也建成了著名的聚族而居的大屋场。所谓"屋场"，即是

下屋村熊氏宗祠

大村落。宜丰历史上有"三个半屋场"之说，三个屋场即芳塘熊家、天宝刘家、同安张家，半个屋场是牌楼的周家。芳塘当地有民谚云："四个门楼顺一向，麻石禾场活水塘；桅杆桅石不需点，转过身来看牌匾。牌匾上面四个字，翰林进士科甲第。""一对狮子门前倚，右边有只鸡牯形，一公子孙万余人。"据20世纪40年代修的族谱称，当时熊姓共有一万余人。那时宜丰刚经过土地革命和抗日战争，人口骤减，这一万余人便占了全县人口的八分之一。

县城和芳塘熊氏在历史上涌现出不少人才，在科举盛行的明、清两代，仅进士就有十一人，京官和知府、知县一级的官员多达二十余人。

历史上，芳塘熊姓不但人多，而且较强悍。在清末，熊姓人还发生过殴打县太爷的事。据邑人胡思敬编撰的《盐乘·讼狱卷》记载，1911年5月，芳塘饥民因族中开局平粜，引发冲突。知县林欣荣不问青红皂白，胡乱捕人，引起公愤，熊姓饥民将林欣荣痛打一顿，关了起来，公开树起造反大旗，"啸聚二月之久"。此事后因辛亥革命爆发而平息，知县林欣荣也白挨了一顿打。

但熊雄家族这一支却老实本分。他们这一支是敬斋公三子凯南的后裔，他们的祖训中就写着："父慈子孝，天地之经，兄宽弟忍，手足宜亲。幼当事长，卑莫凌尊，男女内外，规矩严明。我有读书，宜教子孙，我有田地，莫畏辛勤。早完国课，毋欠朝廷，贫当守分，勿做匪人……"熊雄的祖父熊文三务农，一生老实巴交，伯祖父熊裕三经商，头脑灵活，生财有道。父亲熊景星，字祥之，号庆云，过继给伯祖父为嗣，即是一子双祧。

伯祖父因经营有方，家产渐丰，逐渐购置了一些田产、山场、商铺。其中最大的一处山场在离芳溪十多公里的直源官山，号称"百岭百窝"。当然这可能是一个夸张的名称，并非真有一百座山岭、一百只山窝那么广大，但在山场内专门设有看守山场的庄屋，取名"桐梓山庄"，也可见该处山场应是有一定规模。据说该山场每年可出产杉树上千株，表芯土纸上百担（一担纸一百四十四把，约需三十根毛竹作原材料，上百担纸说明一年有三千余根毛竹出山）。这还仅仅是一处山场，如加上田产、商铺等，伯祖父熊裕三应该算得上是当地很有名气的财主了。

由于家境渐富，伯祖父便在村东头建起了砖瓦结构的新屋，这与当时一般村民建的木板茅草房屋相比，显得非常高大气派。再后来由于孙辈渐多，伯祖父又在新屋后侧另建了一栋四室一厅木瓦结构的书院，取名"培兰书室"，专供孙辈们读书习武之用。

伯祖父还供继子熊景星读书，熊景星也争气，考取了举人，有了孝廉方正的功名。因此也可以说熊雄出生在一个书香之家。

熊雄的母亲邹反贞，为熊景星生有七子四女，女为

熊雄故居原貌

林珠、士珠、盛珠、季秋；子为春和、清和、平和、中和、致和、谦和、宽和，其中"中和"即是熊雄，他在男子中排行第四，这个家族遂称"七和堂"。

按照芳溪熊氏的世次排行，"仔楚良洪，裔秀天友，彦凯俊畿，英腾臣汝，夫维元善，崇寿景福，世承光大"，从熊仔一世排下来，到熊雄这一代，是第二十五世孙，"世"字辈。熊雄原名祖福，谱名镛世，小名中和，字黑土、披素，号介荪。他在与家人和友人的信函中，署名较多的是"雄"或"披素"，而写文章发表时，也会用笔名"熊熊""壮飞""铁血余生"等。

培兰书室

芳塘熊家历代修过十次族谱，始修于明嘉靖丙戌五年（1526），民国三十七年（1948）进行了九修，当时已编成印刷完毕，但因事变而未装订成册，现仅有零星残卷流传。1995年进行了十修，但现今也未发现有熊雄的自传或有关他这一支详细的、准

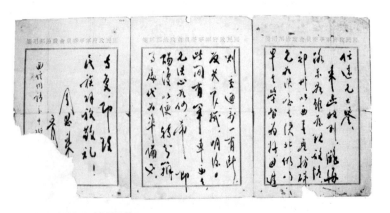

周恩来写给熊任远的亲笔信

确的记载，我们只能从熊雄的书信或老辈人的口口相传中粗略知道一些熊雄的祖、父和兄弟辈的情况。

由于家境较富裕，熊雄兄弟辈中已经没有了真正意义上的农民，都不必"脸朝黄土背朝天"地下田耕作了。父亲在他们启蒙阶段，都非常严格地把他们"关"在培兰书室里，由聘请来的塾师武师教他们读书习武。在熊雄的3个哥哥和3个弟弟中，大哥祖谋（春和，号贻荪、移嵩）后通过文官考试，在京城谋事；二哥廉卿（清和）在家乡总理家务，经营田产山林；三哥剑霜（平和）曾考取云南讲武堂韶关分校一期，后任江西省大余县警察局长；五弟致和、六弟谦和，均在家协理家务，经营田产；七弟任远（宽和）比熊雄小10岁，1919年带着16岁的大侄子蕃昌（大哥春和之子，名承武，号维扬）报考云南讲武堂韶关分校二期。熊任远1938年在周恩来帮助下，到了陕北，后在新疆工作，1949年后任江西省政府参事；熊蕃昌也参加了北伐战争。

"我辈不能再作井底之蛙"

熊雄年幼时，文静俊秀，聪颖好学，五六岁便开始在培兰书室读书，一面读《四书》《五经》，一面学习武术。他读书认真，写字一笔不苟，从他传世的墨迹看，他年幼时即练了二王帖，隶书的功底也很深厚。

熊雄习武也很刻苦，外表虽然文质彬彬，动作却十分敏捷，据说两张并列的八仙方桌，他可以轻轻一跃而过。乡亲们夸赞他将来必定是个文武双全的人才。

熊雄的少年时代，正值甲午战争之后国家内忧外患交迫、社会危机日益加深的时期。这时在宜丰县也发生了多起轰动朝野的事件：1904年，宜丰棠浦发生教案。为反抗天主教法国传教士放纵教民欺压乡民，千余乡民树起"官逼民变"的大旗，抵抗官家乱捕滥抓。而知县江召棠为调解民教纠纷，反被法国传教士刺杀。这一血案逐渐演变成轰动全国的"南昌教案"。清廷为讨好列强，不惜丧权辱国，将参与反教的宜丰人任光头等12人杀害，并全部接受法国人的无理要求，签订《南昌教案善后合同》，赔偿白银45万两。1906年5月，邻县修水、铜鼓上千饥民涌到宜丰天宝，与天宝石桥数百农民一道，掀起平粜风潮，被地主武装残杀数十人，全省为之震动。所有这些，都在少年熊雄的心中引起了一连串的疑问：中国人为什么如此受外人欺侮？老百姓为什么如此穷困？同时这些血淋淋的事实也使他产生了走出家庭、负笈他乡、进入新式学堂求知的强烈愿望。

1906年重阳节，熊雄和几位兄弟登上村头的青云塔，俯瞰家园，大发感慨："我辈青年应志在四方，不能再作井底之蛙，埋头诗云子曰了。"[1]

1907年春，15岁的熊雄与26岁的大哥熊祖谋一道，考取了瑞州府中学堂（当时新昌县归瑞州府管辖，学堂旧址在今高安市城内），成为整个下

下屋村青云塔

---

[1]　江西省宜丰县史志办公室：《黄埔精英熊雄》，南海出版公司1990年版，第4页。

屋村的大喜事，被村人誉为"一门双星"。在当时，瑞州府中学堂是一所与旧式塾学完全不同的新式学校，课程设有国语、算学、自然、音乐、图画等科，熊雄在这里可以接触到各种自然科学，还可以接触到革命进步思想。他以极大的热情，如饥似渴地学习各种新知识。刚开始时，他学习还有点困难，跟不上，但经过半年的勤奋学习，成绩很快就赶上去了。

在瑞州中学，熊雄不但刻苦学习新的科学知识，还坚持学习中国传统文化。他手抄《古今文苑》，并作了详细的评点批注。他还抄录了赞颂刘邦、项羽、田横、韩信、祖逖和诸葛亮的诗词以及文天祥、石达开等英雄人物的诗作，还有《从军》《壮士行》《癸未送人从军越南》《甲申越南之役于蒙自市国殇》等抗敌卫国的诗篇，并作了学习笔记。历代英雄豪杰、贤臣良将的光辉业绩和优良品德在熊雄纯洁的心灵中引起了强烈的共鸣。

1909年冬，熊雄以最优等成绩从瑞州府中学堂毕业。当年下屋村以最优等成绩毕业的仅两人，他因而获得了熊氏祠会的读书津贴。

中学毕业后，家里人就忙着为熊雄完婚。女方叫卢桂华，是邻县万载卢家洲人，距下屋村约10公里。这完全是一桩包办婚姻，熊雄当时还不满18岁，女方比他大1岁。对这桩封建包办婚姻，熊雄可说是不满意的，但对苦命的妻子又深表同情，他后来在写给大哥的信中说，妻子"于归弟后，实少人生趣，亦中国旧社会中一可怜虫耳"[①]。但即使如此，特别是熊雄从军、出洋后，夫妻离多聚少，熊雄也从未萌生离弃的念头，而且1921年妻子亡故后，熊雄也未再娶，也从未发生过绯闻。足见熊雄人品之高洁。

1910年春，新婚不久的熊雄辞别有孕在身的妻子和年过半百的父母，远走南京，就读于南京优级师范学堂。不久，卢桂华在老家生下一男孩，但不幸夭折。

此时已是清王朝覆灭的前夕，革命浪潮席卷全国。由于出现了前所未有的严重灾荒，抢米、抗粮、抗捐风潮和收回利权运动遍及大江南北。同盟会和光复会发动多次起义，沉重打击了封建统治势力，加速了革命的进程。

在历史洪流的猛烈冲击下，熊雄再也无法安心于他的学生生活了。此时，

---

① 熊雄：《致熊祖谋信》，见熊巢生等编著《中国大革命中的熊雄》，江西人民出版社2002年版，第165页。

日本士官学校学生、同盟会会员李烈钧已毕业回国，并得到清廷的委任，正在南昌训练新军，招募青年学生，成立学生军。有不少的同盟会会员和共进会会员也在新军中宣传革命，酝酿起义。1911年初，当熊雄获悉一位袁州（今宜春市袁州区）同学的亲戚参加了学生军时，便决心投笔从戎，准备参加新军。

投笔从戎，这是熊雄人生道路上的第一次重大转折，说明他毅然放弃舒适的学生生活，放弃富足的家庭条件，而选择了一条充满艰难险阻的从军道路。这也体现了他对国家命运的忧患意识，是他探索救国救民之路的一大步。

熊雄为了实现初衷，迈出了坚实的第一步！

在辛亥革命大潮中

1911年春，在南京优级师范学堂只学了一年的熊雄中途辍学，南下南昌，报名参加了李烈钧领导的江西新军学生军。

李烈钧（1882—1946），字协和，号侠黄，江西武宁人，日本陆军士官学校毕业，早年加入同盟会，追随孙中山。此时李烈钧在江西任清军第五十四标第一营管带，驻于南昌澹台门外，训练士兵。李烈钧带兵极其严格，对待学生军亦如此。他在其自传中说："适该营士兵中多良家子弟，且有廪贡秀才应征者，思想极为活泼。余时以革命思想灌输之，并施以爬城越壕等训练。"[1] 熊雄作为一名新入伍的学生军，且从小在优裕家庭中长大，受如此超强度的训练，其艰苦程度可想而知。然而对于有知识、有理想、有信念的熊雄来说，学生军中这样的艰苦生活不仅锻炼了他的意志，培养了他的刻苦精神，养成了他的军人气质，更重要的是新军中革命党人的广泛活动使他进一步接受了资产阶级民主革命思想的熏陶，坚定了他的革命意志。李烈钧也说："本营士兵不仅思想一

---

[1] 《李烈钧自传》，见《李烈钧文集》，江西人民出版社1988年版，第792页。

熊雄传

致，超距动作，尤灵敏异常。"①

是年 10 月 10 日，武昌起义爆发，各省革命者纷纷响应，江西新军与陆军小学、武备学堂、测绘学堂中一批富有革命思想的青年也酝酿起义。10 月 30 日晚，驻扎在南昌近郊的新军组成爬城队，从顺化门外爬墙入城。此时，由宜丰人蔡锐霆率领的袁（州）、瑞（州）、临（江）三路起义军亦赶到了，各路人马一道，迅速占领了南昌城，江西宣布光复。熊雄参加了这次攻占南昌的战斗。11 月 2 日，南昌宣布独立，脱离清廷。

南昌光复后，首任都督吴介璋在位两月即辞去，继之者彭程万因洪江会闹事亦不安其位而去之。江西省议会乃开会，选李烈钧为省都督，电请临时大总统孙中山任命。1912 年 3 月 19 日，李烈钧正式就任江西都督。

李烈钧督赣期间，大力整编部队，裁减旧军，改编新军，以提高军队战斗力。江西新军的学生军改编为学兵团，同时开办军事学校，培养军事干部。熊雄因精通文墨、战斗勇敢、见识超群而被培养为学兵团的领导干部。

不过，这一时期的熊雄，因为时局的不稳定，辛亥革命的胜利果实为袁世凯窃取，情绪显得有点低落。这从他写的《七绝·春雨·书斋岑寂感怀旧雨》可以看出：

> 剑吼腰间虎啸林，天涯何处觅知音。
> 万钧维系无多力，且赋嘤嘤励我心。②

"岑寂"，高而静，清冷，也指寂寞；"旧雨"，比喻老朋友；"万钧"形容分量重或力量大，钧为古代重量单位，三十斤为一钧；"嘤嘤"，象声词，形容鸟叫声或低而细微的声音，这里比喻诗韵。军旅闲暇之时，熊雄也常出去了解民间疾苦。一次，他在衡阳市场上购得汉代城墙砖一方，随身携带，不时审视，常以为鉴，激励胸怀，明辨得失。熊雄敢当万钧重任却又感到力不从心，在这

---

① 《李烈钧自传》，见《李烈钧文集》，江西人民出版社 1988 年版，第 792 页。

② 熊雄：《七绝·春雨》，见政协宜丰县委员会编《从宜丰走出的革命家——熊雄》，中国文化出版社 2015 年版，第 93 页。

清冷寂寞的时刻，到哪里去寻找志同道合的革命同志、知心战友呢？依然没有找到，他暂时只能用诗歌的力量来激励自己！

大约在 1912 年秋季，三哥熊剑霜（平和）来到南昌，兄弟相见，分外高兴，哥俩共叙离情，互通情况，倒也乐趣无限。

袁世凯当上民国大总统后，肆意妄为。1913 年 3 月，他指使人暗杀了主张民主宪政的国民党代理理事长宋教仁，接着又向英、法等五国银行签订了 2.5 亿元的善后借款，准备扑灭革命势力。5 月 5 日，李烈钧与湖南都督谭延闿、广东都督

1912 年，熊雄（左）与三哥在南昌合影

胡汉民、安徽都督柏文蔚通电，反对袁世凯与五国银行签订大借款，并公开指出袁世凯为刺杀宋教仁的罪犯。袁世凯恼羞成怒，下令免除李烈钧江西政府都督职务。离职临行前，李烈钧嘱省议员杨赓笙速回其故乡湖口县作发难准备，并说："湖口地形险峻，襟外江而带内湖，为兵家必争之地，故亟宜作起义之策源地。"

李烈钧至上海会见孙中山、黄兴等筹商反袁事宜。在孙中山主持的讨袁会议上，李烈钧被公推为讨袁总司令。7 月上旬，李烈钧由上海回到湖口，7 月 12 日，讨袁司令部在湖口成立，李烈钧就任总司令，蔡锐霆为副总司令，随即宣布举义，发布讨袁檄文，通电全国，痛斥袁世凯"乘时窃柄，帝制自为，绝灭人道，而暗杀元勋，弁髦约法，而擅借巨款"，"意图破坏共和，为全国之公敌"。[①]"二次革命"正式开始。

---

① 《江西讨袁军总司令檄文》，见《李烈钧文集》，江西人民出版社 1988 年版，第 805 页。

此时，熊雄所在的学兵团正驻守在湖口石钟山，湖口讨袁之役开始后，他热血沸腾，斗志倍增，自号"铁血书生"。在战斗空隙，他手抄《从军乐》《祈战死》《击军歌》等歌曲，教战士们唱，激励学兵团战士的斗志。现存世的熊雄手书《从军乐》歌词云：

熊雄手书《从军乐》歌词（1913 年）

亚东民国大国民，赫赫同胞轩辕孙；
祖国之流泽长且深，祖宗之遗念远且存。
保国保种保我家庭，尽我天职献我身；
枪林弹雨仇莫忘，大敌当前我军壮。
横刀向天人莫当，国民侠骨有余芳；
国旗飘飞正当扬，五色灿烂风飘荡。
祖国千秋万岁之金汤，增我国民之荣光。

歌声表达了熊雄此时此刻为拯救中华民族而奋斗的豪情壮志，也鼓舞着学兵团战士们奔赴战场与敌英勇作战。"书生"在火热的战斗中再次经受了"铁血"的考验。

湖口讨袁打响后，湘、鄂、皖、苏、闽和上海、重庆等省市也相继宣布独立，掀起了波及全国的"二次革命"高潮。

7月23日，袁世凯宣布"讨伐令"，派李纯率大军企图进入江西，在瑞昌、德安与"讨袁军"展开激战。在敌强我弱、兵力悬殊的压力下，"讨袁军"虽然进行了顽强的抵抗，终因寡不敌众，节节退守，最后撤至南昌。8月中旬，江西讨袁宣告失败。

熊雄见战局无法挽回，乃决定随李烈钧出走。于是他要在省城的三哥熊剑霜星夜赶回家乡，筹集川资。熊剑霜一天一夜步行二百余里，回到芳塘，向双亲禀报危情。恰巧此时家中并无积蓄，最后在友人的资助下，才筹得一百二十银元，使得熊雄能追随李烈钧辗转至湖南，乘轮出走日本。

在旅日途中，熊雄写下一绝：

> 孤帆去国趁秋风，
> 碧水无边热血红。
> 回首故园何处是，
> 海天愁思托归鸿。[①]

"孤帆"，指孤单的船只，比喻孤单的旅人或孤独的心境。"去国"，指离开本国，还指离开故乡。"归鸿"，本指归来的大雁，诗文中多用以寄托归思。

这首诗后来又作为书信由日本东京寄回老家，故诗名《寄故园》。全诗抒发了作者在革命失败后流亡海外时对故国的深切思念之情，也表达了熊雄不屈不挠继续图谋革命的斗志。

加入中华革命党

"二次革命"后，孙中山、黄兴、李烈钧和宜丰革命党人蔡锐霆兄妹、学兵团领导人熊雄等一千余人均亡命日本东京。熊雄时年 21 岁，得与孙中山相识，他的革命行动和在湖口讨袁中的表现深得孙中山的赞许。

由于仓促出逃，亡命日本的革命党人大多是囊空如洗。熊雄刚到日本时，言语不通，又没有找到工作，生活陷入窘境，有一段时间，他和一同逃到日本的钱大钧不得不靠在东京街头卖报维生。

对于这批逃亡人员的生活和前途，孙中山先生甚为关注，他派居正、陈其美、

---

① 熊雄：《七绝·寄故园》，见政协宜丰县委员会编《从宜丰走出的革命家——熊雄》，中国文化出版社 2015 年版，第 92 页。

熊雄传

廖仲恺等人分别调查逃来日本的革命人士，并设法为他们解决生活困难。他与黄兴、李烈钧等人商议，认真总结"二次革命"的得失，认识到这次讨袁起义之所以失败，一是国民党内部思想混乱，无法统一意志，组织严重不纯，"非袁氏兵力之强，乃同党人心涣散"，已不能领导革命继续前进；二是党内缺乏革命的专门人才。针对第一点，孙中山决心从整顿党务入手，重组新党，拯救革命。针对第二点，孙中山等人决定办军事学校、政治学校，以培养革命的专门人才。

湖口"讨袁军"总司令李烈钧回忆：

> 各地革命党之失败者，均次第到日本，而中下级军官尤多。余乃以携带之十余万元，交李根源、殷汝骊经管，并得日本民党为助，创办一浩然庐及政法学校。①

李的回忆中所说的"浩然庐"即是一所军事学校。"得日本民党为助"的实际情况是：当时日本政府与袁世凯政权勾结，在日本的中国革命党人均受到日本政府的严密监视。孙中山便婉请日本友人青柳胜毅出面，申请办学。这所军事学校办在远离东京十多公里的大森区新井宿，大门外仅挂"浩然庐"的牌子，

浩然庐军事学校

---

① 《李烈钧自传》，见《李烈钧文集》，江西人民出版社 1988 年版，第 807 页。

不知内情的人以为这只是一所普通民居，根本不知道这是军事学校。

开办军事学校是孙中山、黄兴、李烈钧来日本后做的第一件大事，这也是中国革命政党第一次创办的培养革命军事人才的学校，也是革命政党训练党员的一个开端。浩然庐的学员均由孙中山亲自挑选，熊雄、吴先梅、胡景翼、李明扬、陈铭枢、蒋光鼐、施方白、钱大钧、周贯虹、殷汝耕等一百四五十人是第一期学员。

1913 年冬，浩然庐军事学校正式开学。浩然庐的校舍是临时修建的，入校学员全部在校膳宿，每人每月还发给 15 日元零用钱。所学课程纯为军事方面的，如攻防战术、行军布阵、射击投弹、拼刺拳击等。各课教师除筑城学周应时和日语教师殷汝骊外，其余皆为日本士官学校的日籍教师。各课教材也全部采用日本士官学校的教材。孙中山、黄兴、蔡元培、胡汉民、陈其美及日本左翼人士寺尾亨、头山满等还时常到校为熊雄等学员演讲。

重组新党是孙中山来日本后为之努力的头等大事。1913 年 9 月 27 日，孙中山亲自拟定入党誓约，规定入党者须绝对服从其领导，无论资格多老，皆须重立誓约，加按指印。新党的名称为"中华革命党"，接受誓约并履行手续的王统等人为中华革命党的首批党员。

浩然庐军事学校开课后不久，在校全部学员都立誓参加了孙中山重建的中华革命党。

经过半年多的努力，到 1914 年四五月间，先后加入中华革命党的人员达四五百人。5 月 10 日，孙中山在东京创办《民国》杂志，作为中华革命党的机关刊物。7 月 8 日，孙中山在东京召开第一次大会，到会的有八个省逃亡日本的革命党人及浩然庐军事学校的全体学员。会上正式宣布中华革命党成立，通过了孙中山手书的《中华革命党总章》。孙中山当场宣誓加盟，并就任总理职务。本拟举黄兴为协理，因黄兴反对立约按指印，并在策略上与孙中山存在分歧，拒绝入党而虚其位。

《中华革命党总章》提出了党纲领，明确规定以实行民权、民生两主义为宗旨，以扫除专制统治、建设完全民国为目的，继承了中国同盟会时期的民权、民生主义的革命内容；同时把推翻袁世凯专制独裁统治、建立一个新的民主共和国作为党纲的重要内容。

加入中华革命党后，熊雄精神为之一振，感到行动有了方向，决心追随孙中山，砥砺前行。秋日的某天，他写下一首五律《秋夜闻雁书怀》：

> 雁唳惊秋夜，鸡鸣舞剑时。
>
> 壮心还激烈，故国益艰危。
>
> 知己无多在，孤怀不少衰。
>
> 漫漫戈待日，独客有余思。①

　　诗意为：失群的南飞孤雁一声泣唳，惊动了秋寒的长夜天；我应该像先贤一样，闻鸡起舞，及时奋起，壮心报国，拯救"益艰危"的故国。"孤怀"，孤高的情怀，也指独特的见识。"戈待"，即枕戈待旦，形容杀敌心切，毫不松懈，时刻准备迎战，抒发了作者希望早日回国讨贼的雄心壮志。

　　在熊雄的人生旅程中，中华革命党是他加入的第一个政党组织，这也是一个具有民主革命性质的政党。1919 年 10 月 10 日，中华革命党正式改组为中国国民党。中国国民党放弃了中华革命党的秘密组织形式，转为公开，规定："从前所有中华革命党总章及各支部通则，一律废止。所有印章图记，一律照本规约所定，改用中国国民党名义，以昭统一。"国民党之前再加上"中国"二字，以区别于民初的旧国民党，而直接由中华革命党改组而来。

金戈铁马　服务湘军

　　1915 年，袁世凯窃国称帝，各地反袁浪潮迭起。

　　中华革命党成立后，立即投入反对袁世凯独裁统治、重建民国的斗争。一

---

① 熊雄：《五律·秋夜闻雁书怀》，见政协宜丰县委员会编《从宜丰走出的革命家——熊雄》，中国文化出版社 2015 年版，第 92 页。

方面，创办报纸杂志，揭露袁世凯破坏民国、图谋复辟帝制的罪行。如在美洲发行《民权》杂志，在新加坡发行《国民日报》，在日本创办《民国》杂志。这些报刊旗帜鲜明、战斗性很强。孙中山自己也在1915年至1916年间相继发布了《讨袁檄文》《讨袁宣言》和《第二次讨袁宣言》，号召要永远铲除帝制，维护约法，恢复国会，重建民主共和国。另一方面，中华革命党以更大的精力发动了一系列武装反袁斗争。流亡日本的革命党人和浩然庐军事学校学员纷纷回国，参加孙中山领导的护国战争。

正是在这场反袁大潮中，1916年初，熊雄从日本东京回到国内，投入反袁护国护法斗争。

就在熊雄回国的前夕，1915年12月25日，唐继尧、蔡锷、李烈钧通电全国，反对帝制，宣布云南独立，史称"云南护国起义"，是云南人民为巩固辛亥革命成果、捍卫共和的又一次声势浩大的资产阶级革命运动。这一天，唐、蔡、李在昆明各界人士大会上发表演说，宣传独立的意义。会后高呼的口号有"誓与民国同生死！誓与四万万同胞共生死！拥护共和！反对帝制！中华民国万岁！"等。

熊雄回国时未能赶上这次大会，但他参加了护国战争。大会之后，即编组了护国军，以蔡锷为第一军总司令，进军四川；李烈钧为第二军总司令，进军湖南；唐继尧为都督府都督兼第三军总司令，留守云南。程潜为湖南招抚使，旋被推

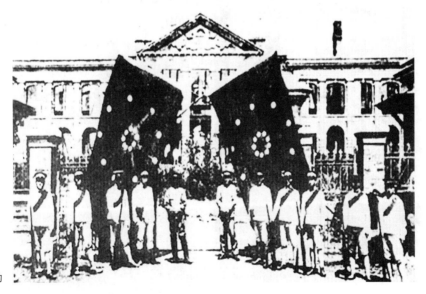

护国运动

为湖南护国军总司令。熊雄编在李烈钧的第二军，与他相知深厚的是林虎、李根源等滇军军官。

李烈钧率第二军于 1916 年 2 月 20 日从云南蒙自出兵，抵达富州、广南前线，与粤军龙觐光部接火，经过三昼夜血战，粤军大败，护国军收复龙潭，巩固广南。这就是护国战争史上著名的"龙潭之役"。之后，贵州、广西相继宣布独立，蔡锷的第一军出兵四川也取得重大胜利，袁世凯的三路攻滇计划失败。

在护国军节节进攻和全国一片反对帝制的声浪中，3 月 22 日，袁世凯被迫宣布撤销帝制，仍居大总统位。6 月，袁世凯忧愤而死，由黎元洪继任大总统，宣布恢复《临时约法》和国会。

1916 年下半年，程潜以湖南护国军总司令的名义由云南到达湖南。大约就在此前后，熊雄转至湖南护国军总司令部工作，出任上校参谋。

1917 年 7 月，张勋复辟被粉碎后，段祺瑞以"再造民国"元勋再次出任国务总理，掌握北京政府实权。段政府一方面拒绝恢复被张勋解散的国会和《中华民国临时约法》，一方面积极推行"武力统一"政策，力主对南方用兵。1917 年 9 月，孙中山联合西南独立各省，成立护法军政府，形成了南北政府对峙的局面。

为了维护《临时约法》，恢复国会，打倒北洋军阀专政的虚伪共和，孙中山发动了护法战争。熊雄随军先后奋战于广东及湖南的株洲、衡阳、耒阳、郴州一带，由于带兵指挥有方，被大家公认为年轻有为的军官。与他一起战斗过的林虎曾手书两联赠予熊雄——"风尘三尺剑，社稷一戎衣""相喻以天无所事，有为于世不虚生"，形象地概括了当时熊雄奋战疆场的戎马生活、致力民主革命

林虎书赠熊雄联

的雄心壮志。

　　无奈此时中国政局不稳，军阀彼此倾轧，"城头变幻大王旗"，"乱哄哄你方唱罢我登台"，军阀统治把大好中华山河弄得满目疮痍，饿殍遍地，老百姓始终处在社会的最底层，受尽压迫。熊雄对此心情怎么也舒畅不起来。一个暮春的黄昏，他写下一首七绝《暮春之初黄昏登愉园小山凭亭栏集唐人句感时事也》：

山外青山楼外楼，
夕阳无限使人愁。
更怜遍地烽烟起，
空对苍生泪不收。①

　　"暮春"，指农历三月，春天的最后一段时间。在这样的一个美好时节，作者却满腔愁绪，凭栏感怀，无限悲愁，忧国忧民。军阀混战导致生灵涂炭，让诗人感到无力而流泪不止。"烽烟"，古代烽火台报警之烟，指战争、战火。"苍生"，这里指百姓。尽管熊雄被公认年轻有为，但面对遍地战火，依然有"空对苍生泪不收"的无力感，依然是空有满腔忧思天下百姓的情怀。

　　面对如此纷繁乱杂、战火遍地的局势，此刻的熊雄未能找到解民于倒悬的出路。

　　1919 年夏，湘军总司令程潜被军阀赵恒惕逼走，其部队被湖南督军兼省长谭延闿接管。谭与熊雄早就相识，接任湘军总司令后，即送来委任状，希望熊雄留部，仍任上校参谋职。但此时的熊雄已饱经忧患，在长达七八年的戎马生涯中，他亲眼看

在湘军服役时的熊雄

――――――――――――

　　① 政协宜丰县委员会：《从宜丰走出的革命家——熊雄》，中国文化出版社 2015 年版，第 93 页。

到了孙中山所领导的革命屡遭失败，袁世凯虽死，北洋军阀余孽依然窃据国柄，国家陷入了更为激烈的军阀混战。熊雄清醒地认识到，这样的军队不能救中国，自己救国救民的梦想在这种军队里无法实现，国家民族要富强，必须寻找新的出路！

熊雄逐渐萌生离开湘军的念头。

熊雄在湘军中工作前后达三年之久。这是熊雄在同一单位工作时间最长的一段，也是他留下文字资料最少的一段时间。据他的亲属讲，熊雄从日本归国后，曾回家省亲一次，看望年老的父母。但因军务缠身，来去匆匆，此后再也没有回过故乡，仅不时写来书信，通报军旅生活，寄回一些薪饷帮助家需。偶尔，他的兄弟亲友顺道到他的驻地探望，叙说离情。可以说，熊雄为了寻找、探索革命的新路，真正是抛家别亲，全力以赴。

赴法勤工俭学

为了探索救国救民的道路，熊雄经过一段时间的思考，决定负笈远游，赴法勤工俭学。

熊雄做出这个决定，应该是下了很大决心的。赴法勤工俭学，意味着他十年军旅生涯就此结束，意味着他要放弃优裕的上校军官生活，也意味着他要与一同征战的战友分别，而去过艰苦贫寒的一边打工一边求学的普通学子生活。

但熊雄的决心不可逆转，他向湘军总司令谭延闿提出了辞呈。尽管谭延闿说尽了好话，诚恳地请他继续留任，熊雄仍然辞去了湘军上校参谋一职。

临行前，熊雄写下《七绝·勉同袍》一首：

> 裘马轻肥漫自夸，
> 西南暮气亦京华。

此行我愧终童志，

言念疮痍泪似麻。①

"同袍"，指军队中的同事。"裘马轻肥"，身上穿着软皮衣，骑着肥壮的骏马，指生活富裕，放荡不羁。"终童志"，典出《汉书·终军传》："南越与汉和亲，乃遣（终）军使南越，说其王，欲令入朝，比内诸侯。军自请：'愿受长缨，必羁南越王而致之阙下。'军遂往说越王。越王听许，请举国内属。天子大悦，赐南越大臣印绶，壹用汉法，以新改其俗，令使者留填抚之。越相吕嘉不欲内属，发兵攻杀其王，及汉使者皆死。语在南越传。军死时年二十余，故世谓之'终童'。""疮痍"，比喻遭受破坏或遭受灾害后的景象。

1916 年熊雄从日本回国后，在多年的戎马生涯中，他目睹军阀割据连年混战，各国列强恣意宰割，国家民族陷于水深火热之中，百姓遭受巨大的苦难。他心中充满忧愤，却又无可奈何。他对袍泽故旧感情很深，也正因为战友情深，所以也尽力劝慰他们，要他们别沉溺于眼下的好日子而浑浑噩噩，不以为耻反以为荣，当年"二次革命"期间的西南革命武装，如今也与古老的京都一样，苍老衰落，暮气沉重。熊雄回想当年从日本回国前的慷慨壮志，如今马上要赴欧远行，于是觉得有些食言了，尤其当说到和想到满目疮痍的神州大地时，不禁眼泪纵横。

早在 1912 年初，李石曾、吴玉章、吴稚晖、张继等人在北京发起组织"留法俭学会"，鼓励人们以低廉的费用赴法留学，目的在于"输世界文明于国内"，以改良中国社会，从而拉开了"留法勤工俭学"运动的序幕。到 1919 年五四运动后，中国广大青年在帝国主义、封建军阀的压迫下，目睹国势危亡，任由列强宰割，国家民族陷于水深火热之中，而自身又面临失学失业的痛苦。为了寻找救国图强、改造社会的知识和真理，同时受工读思潮的影响，大批青年投入了赴法勤工俭学运动，以官费或私费资助的方式纷纷出国留学。当时国家还组织了华法教育会，由蔡元培任会长，负责留法勤工俭学的事。

---

① 政协宜丰县委员会：《从宜丰走出的革命家——熊雄》，中国文化出版社 2015 年版，第 93 页。

熊雄传

在 1919—1920 年间，全国先后共有 21 批 1843 人赴法勤工俭学。他们来自全国 18 个省，基本上都是 16 岁至 30 岁的青年，年龄最大的是蔡和森的母亲葛健豪，赴法时已经 54 岁。他们到法国后，有的先工后学，有的先学后工，有的边工边读。当时的口号是"勤于做工，俭以求学"，他们进入巴黎及各地三十多个学校，其中多是首先补习法文，然后进入工业实习学校及其他学校学习。

就在熊雄确定了要去法国留学之时，他得知三哥熊剑霜（平和）已经离开了军队，考取了广东韶关讲武堂（即云南讲武堂韶关分校）第一期，而且第二期也即将招生。于是，熊雄立即给宜丰老家去信，希望父母双亲能安排弟侄到韶关就读，因为韶关分校的负责人是粤赣湘边防军务督办李根源，与熊雄是好友。不久，他的七弟熊宽和（任远）和大侄熊蕃昌（维扬）一同来到了熊雄的驻地湖南郴州，准备去韶关应考。熊宽和在家中排行最小，比熊雄小 10 岁；熊蕃昌是大哥熊春和（祖谋）的长子，时年十六。亲人相聚一堂，共叙离情。熊雄为他们筹措路费，准备行装，把湘军发的几个月薪饷全部给了七弟和大侄。

送走弟侄，熊雄囊中空空如也。其时，熊雄好友林修梅（林伯渠堂兄）在湘军任师长，闻知熊雄欲赴法留学，慷慨解囊，予以资助，熊雄才得以办理出国手续。

熊雄先是来到香港，他要在这里登轮启程。在等轮船的两天时间里，他挤时间登上了香港的太平山。这是香港岛上最高的山岭。熊雄登顶放眼，香港城尽收眼底，想到马上就要离开祖国了，心中一番思亲之情倏然而生，随手写下一绝《七绝·登香港太平山思亲》：

> 家山何处望峰烟，
> 屺岵徒劳岁又迁。
> 学债累累游债积，
> 何年偿尽赋归田。[1]

"屺岵"，出自《诗经·魏风·陟岵》，代指父母。"归田"，归还公田，指辞

---

[1]　政协宜丰县委员会：《从宜丰走出的革命家——熊雄》，中国文化出版社 2015 年版，第 93 页。

官回乡务农。此诗抒发了熊雄对父母养育之恩的感激之情，他渴望早日学成归国报答父母。

1919年10月31日中午，停泊在上海杨树浦黄浦码头的法国邮轮"宝勒筛"号启程，两天后到达香港，熊雄在香港登上了"宝勒筛"号。同船赴法勤工俭学的还有李维汉、李富春、李林、张昆弟、周钦岳、郑超麟、程克绳、贺果等212名。如果从1919年3月17日第一批赴法勤工俭学学生算起，熊雄他们是第九批了。

中国留法勤工俭学学生中聚集了一批当时最优秀的先进青年，如第五批中的陈毅，第八批中的李立三、王若飞，第十一批中的颜昌颐、聂荣臻，第十二批中的蔡和森、蔡畅、向警予、陈延年、陈乔年、尹宽，第十三批中的许德珩、袁庆云，第十五批中的赵世炎、傅烈、熊锐，第十七批中的邓希贤（小平），第十八批中的周恩来等等。这些青年精英先后都与熊雄有过学习、工作上的交往，有很多成了至交。

勤工俭学的学生一船一船地抵达法国，在国际社会产生了很大影响。日本《外交时报》刊登美国人蒲朗逊利发表的文章说："年来，中国学生赴法，每月平均百五十名。法之船公司，特低其船价，法之朝野，复乐一援助尔。"美国许多报纸也纷纷发表文章，主张向法国人学习，开禁华人。

"宝勒筛"号邮轮是条小轮，一些官费生和少数家境较富裕的住在三等舱。

当年赴法学生乘坐的邮轮

熊雄是自费生，与大多数人都住在四等舱。长不过四五丈、宽不过六七丈的船舱，人货杂放，数十人住一起，更加拥挤，空气混浊。加上机器一路轰鸣，伙食糟糕，学生们苦不堪言，有的人大骂华法教育会办事的人。

船离开香港后，经海防到西贡停了几日，又行三日到新加坡，再航行半个月经科伦坡、吉布提抵苏伊士运河口，停留数小时即向塞得港驶去。船每到一地停泊，熊雄都会和大家一起，下船观光，呼吸当地空气，顺便观赏一下异域的奇特植物和民俗。这使得熊雄增长了不少见识，尤其是土耳其人民反抗外国侵略的民族民主运动，给了他很深的印象。

这一个月的海上航行生活，同船的勤工俭学学生们互相交谈，各自叙述乡情和向往，熊雄并不觉得寂寞，反倒结交了不少朋友。

1919 年 12 月 3 日，一个隆冬的日子，轮船完成了三万海里的航行，到达了终点城市——法国南部的马赛。两天后，这一批勤工俭学学生在马赛换乘火车，到达巴黎。

紧接着，熊雄由华法教育会安排在巴黎西郊的圣日耳曼昂莱中学补习法语。他在华法教育会登记的编号为 749 号。与他一同安排在圣日耳曼昂莱中学补习法语的还有郑超麟，比熊雄小 9 岁，出身于福建漳平县一个破落地主家庭。另外还有贵州籍的熊自难、熊味耕、汪颂鲁，四川籍的秦青川、萧金芳，云南籍

1920 年秋，熊雄与贵州籍同学合影于巴黎。前排熊自难（右），熊味耕（左），后排右一熊雄，右二汪颂鲁，右三王若飞，右四梅福生

的张伯简，陕西籍的李仲三，福建籍的陈祖康等。

圣日耳曼是巴黎著名的风景区，位于西郊大森林旁边，从市区乘火车或电车约一小时的路程，每年春天或休假日，巴黎人常来此踏青。此处有著名的凡尔赛宫，就在熊雄他们到达巴黎前三个月，第一次世界大战《凡尔赛和约》就在此处签订。

在巴黎，熊雄很快就与在旅法华工会任职的江西同乡谢寿康取得了联系。

谢寿康

谢寿康（1897—1974），江西赣州章贡区水南乡人，1912年入比利时自由大学攻读政治经济学，1914年转学法国巴黎，获学士学位。谢寿康在欧洲求学期间涉足华人海外团体组织活动，十分活跃。1919年，与留法学生李石曾、张溥泉等人一起组织华法教育会，接待中国留法学生。谢较早接触共产主义思想，并成为欧洲留学生中主要活动人物之一，1921年任巴黎中国民主促进会秘书长。转赴德国后，加入德共，在旅德学生和华人中进行革命活动，与周恩来、刘清扬等一起商讨筹组"少年共产党"。

熊雄与谢寿康取得联系时，谢正在巴黎研究法国文学，他向熊雄介绍了法国和欧洲一战后的许多情况，特别是才结束不久的巴黎和会，给中国人民带来奇耻大辱，令熊雄听闻后愤愤不已；而那座签订巴黎和会条约的凡尔赛宫，也使熊雄另眼相视了。

关于熊雄初到法国时的生活状况，同在圣日耳曼昂莱中学补习法语的萧金芳回忆说：

当时给我印象最深刻的是，在漱洗室发现李仲三和熊雄都泰然地在冷水龙头之下洗头（寝前则洗脚），回到寝室又看出他们头发梳得整齐，胡子剃得精光，皮鞋擦得雪亮，领结打得很快，西装穿得笔挺，床铺理得很好。在饭厅还注意到他俩吃西餐很内行，比别人会用刀叉和餐巾。这都是他俩与众不同之处，我特别钦佩他们那种振作精神。一个星期四的午饭后，大家上楼更衣，准备外出，我有机会同他俩闲谈，笑问其故，他们说"曾在日本学习军事，欧化生活早已有所习惯"。①

熊雄有过十年的军旅生涯，又在日本浩然庐军事学校学习过，军人的习气自然很浓，刚到法国时，还保持着军人的生活作风。

熊雄因为年岁关系，在学习法语时起初颇感困难，读音不准，但是他并不气馁，坚持刻苦攻读，勤记多练，终于闯过了语言关，取得较好成绩，比许多年轻同学进步都要快。

也有一些年纪小的同学，刚到昂莱中学补习法语时，看不懂法文书，又不了解法国的情况，担心短期内过不了语言关，熊雄便自告奋勇，于每个星期日带领他们去巴黎市郊，向久居法国的江西老乡谢寿康请教。

熊雄不但学习刻苦，而且善于团结同学，萧金芳是这样评价他的：

> 熊雄，身材中等，体格健壮，面色红黑，意志坚强，言行一致，不畏艰险，爱憎分明，见义勇为，举止镇定，老成持重，好像一座放在地上的千钧重的紫铜大钟。初识之人往往见而敬畏，实则平易近人，并且喜欢结交朋友。同学中，他与熊自难、秦青川和我过从较密，不管是寝前饭后，还是课间休息，只要一有机会，我们就聚在一起谈论起来。我们谈论范围很广，各自情况不尽相同，我们也就各就所知，互相帮助。②

有一次，勤工俭学运动倡导人之一的张继（溥泉）来到巴黎，与华法教育会约定，要带圣日耳曼昂莱中学的中国学生去参观法国最大的雷诺汽车工厂。这天风雪交加，寒气逼人，有些同学踌躇起来，不愿出门。熊雄说："这是个难得的学习机会，参观要紧。"便抢先走出房间，从而带动了好些原先不想去的同

① 萧金芳：《我所认识的熊雄》，1982 年 1 月写于上海，见熊巢生等编著《中国大革命中的熊雄》，江西人民出版社 2002 年版，第 193 页。

② 萧金芳：《我所认识的熊雄》，1982 年 1 月写于上海，见熊巢生等编著《中国大革命中的熊雄》，江西人民出版社 2002 年版，第 194 页。

1920 年春，与法国巴黎圣日耳曼昂莱中学师生合影（后排左五为熊雄）

学也一道去了。

　　还有一次，几个同学约好，请熊雄带队去拜访谢寿康，但熊雄恰巧生病了，于是有人主张不去了。熊雄说："事已约定，不能不去，在枪林弹雨中打仗是要命的，我们都豁出来了，难道小小的丁点病痛，还用得着怕吗？去！"就这样，熊雄抱病把同学们带到谢的住处。

　　由于熊雄年纪较长，阅历又广，善于交友，而且又有组织才能，无形中成了同学中的"领头雁"，很多事情都由他出面摆平。同学中有个姓梁的四川人，年约三十，出国之前曾任过川军营长兼某县知事，家里有一妻二妾，他来法国完全是想镀金，既吃不惯西餐，也学不进法语，并仗着家里有钱，经常欺压弱小的同学。一天下雨，梁某拿一封信叫一个年轻同学替他送往邮局，这个同学婉拒后，梁某竟恼羞成怒，动手打人。其他同学慑于梁的强暴，都袖手旁观，唯有熊雄见到后，挺身而出，维护正义，一面斥责梁某的不是，说得他俯首无言，汗颜而去，一面对被打者再三安慰。

　　渐渐地，熊雄在同学中间建立了威信，同学们都愿意接近他，也崇敬他。每次到华法教育会或巴黎市内参加活动，都由熊雄组织，大家行动一致，互约既不能迟到，也不可比别人早散。去时，熊雄总是走在队伍前头，回时，熊雄总是留在队伍后面。每次出席集会，他总是先听别人的发言，然后才阐述自己考虑成熟的意见，而且总是言简意赅，慷慨激昂，富有说服力，每次都博得大家的热烈掌声。

熊雄卓越的组织领导才能，为他日后在黄埔军校进行政治教育工作奠定了良好的基础。

赋诗书怀

笔者在收集、研究熊雄遗留下来的文稿时发现一个很有意思的现象：熊雄在赴法留学前及刚到法国时，特别喜欢写作古体诗，以诗寄情，以诗抒情。他的同学萧金芳说："熊雄年纪较长，经历较多，国学基础好。十月革命和五四运动给他的影响都较大。"① 这些影响和他深厚的国学功底在他的诗作中都能很明显地表现出来。

熊雄刚到法国时，由于还未能找到一条较好的救国救民之路，前行的方向还不太清晰，他的诗作多表现出忧虑、愁绪、迷惘、思索，而这也正是一个革命者在探索革命道路的过程中必然会出现的现象。

熊雄作为一个昔日的上校军官来到法国勤工俭学，这确实是人生的一个重大转折，这需要巨大的勇气。今后的人生道路该朝哪个方向走呢？

1920 年秋的一天，熊雄陪几位来自英美的友人游览巴黎，登上矗立于塞纳河南岸的埃菲尔铁塔。此塔是巴黎的地标性建筑，1889 年建成，高 300 米，当时是世界上最高的建筑。熊雄在塔顶放眼四望，顿有雄视天下之慨。但他想到经济落后、备受列强欺凌的祖国，想到军阀统治下衣不蔽体、食不果腹的中国

---

① 萧金芳：《我所认识的熊雄》，1982 年 1 月写于上海，见熊巢生等编著《中国大革命中的熊雄》，江西人民出版社 2002 年版，第 194 页。

1920 年秋，熊雄登上巴黎埃菲尔铁塔后，在明信片上题诗

人民，不禁感慨万千。他在塔顶购得巴黎名胜明信片一张，即在上面写下了一首抒怀诗：

> 登高东望一咨嗟，
>
> 长剑倚天信手拿；
>
> 北海鲸鲵终就戮，
>
> 南圻逐鹿竟谁家？

并在诗前写有小序："九年秋，游巴黎铁塔，塔高三百米达，登之有雄视天下之慨，东望沉沉，用伤故国，爰口占一绝云。"[①]

是啊！故国还在"沉沉"之中，怎样才能唤醒它、拯救它？北面的苏俄经过十月革命，已经取得了胜利，南方的祖国还在军阀混战之中，其结局会是怎样呢？熊雄"登高东望一咨嗟"，咨嗟者，叹息也，其忧国忧民之情可说是表露无遗。

1920 年 9 月 26 日，是中华民族的中秋节。花好月圆人团聚，这本是中国

---

① 熊雄：《陪友人登巴黎埃菲尔铁塔》，见政协宜丰县委员会编《从宜丰走出的革命家——熊雄》，中国文化出版社 2015 年版，第 90 页。

人最向往和珍视的人间美景。看着天上的圆月，就自然联想到人间的团圆。可是，庚申中秋的巴黎月色却是暗淡无光，身在异国的人更是惆怅万千，思乡思亲。熊雄的愁绪在异国暗淡的中秋月色中显得格外的强烈和伤感。于是，他写下《五古·中秋夜·庚申作于巴黎邦城》：

> 月色黯中秋，良时伤断送。
> 虫声正切凄，客思多难控。
> 缕缕系故园，耿耿托归梦。
> 神州扰风雨，何处桃源洞？①

"黯"，昏黑，昏暗不光明的样子。"良时"，美好的时光，吉时。"缕缕"，犹言一丝丝，形容接连出现的细长的东西，谓情意不尽。"归梦"，归乡之梦。入秋对于大多数昆虫来说生命已经走向尽头，其鸣叫之声很容易让人触景生情，一丝哀怨，一丝不舍。而神州大地正处于风雨飘摇、军阀混战之中，故园啊，何时才能变成没有饥荒、没有战乱的"桃源"世界呢？

思乡之情挥之不去，令人愁肠百断。中秋后三日，熊雄又写下《七绝·秋夜忆故园》：

> 秋风月夜怀人切，
> 辜负良时可奈何。
> 书剑岂甘羁海外，
> 豪情偏比爱情多。

"书剑"，喻指诗人；"羁"，停留。诗人思念昔日在一起壮志抒怀、志同道合的战友，"书剑岂甘羁海外"，希望能早日回国再与他们并肩战斗。在诗人心中，爱情确实没有多少位置，更多的是忧国忧民的情怀。的确，自 1909 年熊雄与万

---

① 熊雄：《五古·中秋夜·庚申作于巴黎邦城》，见政协宜丰县委员会编《从宜丰走出的革命家——熊雄》，中国文化出版社 2015 年版，第 94 页。以下两首诗出处同此。

载县卢家洲的卢桂华完婚、1921年卢桂华去世后，未见有其他女性进入熊雄的生活。

然而，铁血男人岂能沉溺于忧思、沉湎于昔日的情感？男儿当自强，男儿顶天立地，就得要干一番大的事业，就得要"留取丹心照汗青"，博个青史留名啊。9月末的一天，熊雄看到一弯秋虹挂在苍穹下，触景生感，写下《七古·秋虹辞庚申九月触景感时》：

> 燕丹死后荆轲绝，虹犹亘天仇未灭。
> 追怀壮士怅已矣，事足千秋任褒蔑。
> 俯观今世益艰难，愧我昂藏忧汩没。

"燕丹"，燕太子丹，战国末年燕王喜的太子。"荆轲"，战国时期著名刺客。公元前227年，荆轲带着燕国督亢地图和樊於期首级，前往秦国刺杀秦王。临行前，许多人在易水边为荆轲送行，场面十分悲壮。"风萧萧兮易水寒，壮士一去兮不复还"，这是荆轲在告别众人时所吟唱的诗句。秋虹横贯天空，家国仍被列强蹂躏，像荆轲那般的壮士现在在哪里？面对着苦难的家国故园，我要怎样做才能无愧于天地呢。

原文虽然只有六句，但我们不难从中体会到熊雄胸中洋溢的浩然正气和激情。熊雄多么想像古代豪杰那样甘洒热血，勇于牺牲，为国捐躯，青史留名。

读这一时期熊雄的诗作，除了钦佩他的国文功底深厚外，我们更能深切体会到的是他刚到法国时那种忧国忧民的苦心，也能感受他探索民族复兴、救国救民道路的迫切心情。

好在熊雄并没有长久地沉湎于忧伤之中，经过一段时间与留法勤工俭学学生的交往，他很快就投身于对真理的追求，大步奔走在探索的道路上。

熊雄的诗作是一个革命者的心迹和脚印。可惜由于资料的缺失，他的文稿存世不多，特别是他后来到了黄埔军校后，我们也仅查找到他在军校写的一首诗。

组织书报流通社和劳动学会

　　熊雄在圣日耳曼昂莱中学补习法语期间，非常注意观察国际国内政治局势，特别注意苏俄十月革命和国内五四运动对华人的影响。他不仅广泛阅读《新青年》等进步杂志，还在学生中间介绍具有新思想、提倡新文化的进步书籍。萧金芳回忆，他"常常主动向我们讲述他的得失经验，并就如何走科学与民主的道路、如何走革命与建设的道路等问题提出一些看法来讨论"[①]。

　　为了寻求革命的真理，学会建设的本领，同学们很有必要多看些适合的书籍。但是初到法国，很多同学还看不懂法文书刊，又无条件订阅国内出版的书刊。为此，熊雄在和同学们交谈中出了个点子：勤工俭学同学互相交换阅读各人身边的华文书籍。这一想法得到了久居法国的谢寿康的赞同，谢寿康建议采用法国邮局通函的方式进行交换，扩大阅读和交换的范围。

　　由于得到熊自难、秦青川、萧金芳等人的支持，在熊雄的倡议下，他们组织了"巴黎书报流通社"[②]，并向各地发函，请各地勤工俭学的学生参加，每位同学接到通函后，可在上面填写自己可以交换的书刊名称。

　　关于"书报流通社"的组织成立情况，郑超麟回忆道：

　　　　1921年初夏某一天，汪颂鲁来找我，说有几个朋友提议，组织一个"通讯图书馆"（或"流通图书馆"或别的类此名称，我记不清楚），办法是：

　　①　萧金芳：《我所认识的熊雄》，1982年1月写于上海，见熊巢生等编著《中国大革命中的熊雄》，江西人民出版社2002年版，第194页。

　　②　"书报流通社"，也有文章称为"旅行图书馆"，见《党史研究资料》1980年第22期《一大前留法学生中无共产主义小组》一文所引陈公培1921年7月6日在法国发表的一篇文章。

参加的人把身边的书开一张目录，然后汇齐印成总目录，发给各人，书名下注明何人所有，何号可借等等。他们邀汪颂鲁参加，并托汪颂鲁邀我参加。参加者可于某日去巴黎西郊散客卢（Saint-Cloud）地方熊志南（自难）的寓所开一个成立会……散客卢开会那日，李隆郅（即李立三——引者）没有出场。这个会以及成立"通信图书馆"，显然是一种活动，借此发展影响和组织的。团体成立了，我把身边的书抄了一份目录寄去，不久收到全体成员的名单和总书目，成员中有李隆郅，有熊雄，有林祖烈以及其他我知名的人。①

郑超麟当时填写的书目，是从国内带去的《老子》《庄子》《列子》。

书报流通社成立后，大大扩展了留法学生的阅读范围，拓宽了他们的视野，增强了同学之间的交往与了解。例如他们在交换书刊时，也会讨论文字改革和革命道路等问题。

勤工俭学的学生大量涌入法国后，危机也随即而来。

原来，勤工俭学学生出国时，审查不严，有的学生一句法语也不懂，有的身体太差，有的只有十五六岁，很多人没有学习技能。此外，规定每个勤工俭学的青年都需要带三五千法郎，作为其失业时的维持费，但一般的勤工生只带了3000法郎，甚至有一文不名的。在验证时，身无分文的勤工生或用别人的汇票，或向华法教育会求情，许诺到法国后不为难华法教育会。然而，这些没有带钱的勤工俭学学生到法国后，否认了不找华法教育会的许诺，日日找华法教育会维持。加上第一次世界大战结束后，法国经济萧条，许多工厂停产或减产，工人被裁减或辞退，和出国前的学生分析完全相反。结果，导致许多学生出现经济困难。这些学生每月领400法郎维持费，勉强过着"面包加冷水"的日子，很多人无钱租房住，只能住在寒风肆虐的布棚子里。

与此同时，华法教育会资金日日消耗，说是借给学生，却明明是有去无回。华法教育会急切盼望会长蔡元培能来法国处理这些问题。

蔡元培于1921年1月2日到巴黎。为了解决华法教育会的危机，十天后，

---

① 《郑超麟回忆录》（上），东方出版社2004年版，第368—370页。

他以华法教育会会长的名义发表通告说："欲矫此误，惟有俭学会、勤工俭学会对于华法教育会为部分之分立，由两会学生自行分别组织，华法教育会从旁襄一切。"

这意思是，华法教育会和勤工俭学会是两回事，"从旁襄一切"的意思就是金蝉脱壳了。

为了早日与学生脱离经济上的关系，堵上华法教育会的经济漏洞，过了两天，蔡元培再次发布通告，直接说："本会方面，一年以来借贷学生之款，亏空数甚巨，本会原无基金，又无入款，挪借之术有时而穷，而告贷之学生日增无已，今则亏竭已极，万难为继，唯有竭诚通告，华法教育会对于俭学生及勤工俭学生，脱卸一切经济上之责任，只负精神上之援助。"

蔡元培的两次布告引起勤工俭学学生一阵惊慌。原先以为只要依靠华法教育会的资助就可完成留法学业的学生大梦方醒，知道自己的经济问题得靠自身解决。一些就业能力差或没有找到勤工就业门路的学生天天为此忧愁。此事后来终于导致了"二二八"请愿事件的发生。

熊雄是靠好友林修梅的资助才得以出国留学的，算是勤工俭学自费生，虽说他经过十年的军旅生涯，多少有点积蓄，比其他的同学经济条件要好一些，但他还是十分注意节俭。对同学，他能帮的尽量帮，既不浪费，也不吝啬。萧金芳回忆他：

> 我们一起外出参观、访友或去驻法使馆接洽时，他总争着付钞。为了节省，并争取有较多时间来交换意见，我们往往只买一些可口的巴黎面包到卢森堡公园或布海涅森林去边吃边谈，然后进小咖啡店去喝杯牛奶咖啡。偶尔也到中国饭店或法国学生餐厅吃顿廉价客饭，饱尝一下祖国的风味……我们往来巴黎总是坐三等火车，在市内也是乘公共汽车、地铁或步行。从未坐过计程出租汽车，尽管这种汽车到处都有，极其方便。①

---

① 萧金芳：《我所认识的熊雄》，1982年1月写于上海，见熊巢生等编著《中国大革命中的熊雄》，江西人民出版社2002年版，第196页。

当然，熊雄也时常感到手头拮据。当时他的家乡宜丰县熊氏祠对考取各种学校的族中学子会有一定的读书费用补助，但对于出国留学生，却因人数极少，而未有规定。熊雄在给大哥的信中多次希望"能得乡族津贴"，[1]可见熊雄的经济也并不宽裕。

但靠个别人的资助毕竟是有限的。于是熊雄等几个江西籍的留法学生向江西省政府递交申请书，请求接济本省勤工俭学学生经费，并一再督催大哥"请对留法补助费案，恳渠等助以大力也"[2]。1920年底，熊雄和赵世炎、李立三、熊自难、陈公培、盛成、张伯简、鲁其昌、罗清扬、周钦岳等十余人，在巴黎组织"劳动学会"，除了从事勤工俭学运动的理论研究之外，还专以精神及知识上的互助，引导勤工俭学学生，帮助他们解决就业问题。"劳动学会"明确提出"互助、劳动、改造社会"的口号，要求勤工俭学学生不论工种好坏，有工就做，大家组织起来，到工厂去，到车间去，了解工人，参加工人运动。江西籍的同学饶来杰、傅烈、彭树敏等十余人就到了哈佛史雷德工厂做工。

一部分勤工俭学学生在"劳动学会"的组织下，白天去工厂干活，晚上自习法语。勤工俭学学生做的都是杂工，拿的工资只有法国工人的一半或三分之一，即10至15法郎。而且，中国学生做杂活，没有固定岗位，哪里艰苦就到哪里去干，常常做最重的、最危险的、最紧张的活，八九个小时得不到休息。工作虽然繁重，但总比没有一点经济来源好，学生总算不会饿肚子了。

"二二八"请愿事件发生时，熊雄正在法国的西南部，没有参加。事件发生后，他即刻赶来巴黎，参与声援工作。1921年3月9日，赵世炎、熊雄等22名劳动学会会员联名向华法教育会写信，详细陈述了勤工俭学学生的情况，指出勤工俭学的前途是不医治就将破产，要求华法教育会出面向法国方面交涉：一是在各工业学校开办特别预备班，吸收勤工俭学学生学法文和技术；二是在各大工厂开设特别学习部，吸收勤工俭学学生做学徒。

---

① 熊雄：《致熊祖谋信》，1921年2月10日写于法国，见熊巢生等编著《中国大革命中的熊雄》，江西人民出版社2002年版，第159页。

② 熊雄：《致熊祖谋信》，写作日期不明，见熊巢生等编著《中国大革命中的熊雄》，江西人民出版社2002年版，第167页。

赵世炎等人不仅将写好的信发给了华法教育会，还将这封信交由法国和国内的报刊发表，向两国社会寻求关注与支持。

为了实现勤工俭学的初衷，贯彻"劳动学会"的宗旨，熊雄于 1921 年初即去了法国西南部夏郎德省的一所农业学校半工半读，以解决在法期间经费的不足。在这里，他一面打工，一面选择学校；一面阅读马克思和社会主义的著作，一面结交旅法同学，参加华法教育会组织的活动。在此期间，他先后结识了王若飞、陈延年、陈乔年等。二陈是兄弟，是中共中央总书记陈独秀的长子和次子，但此时陈独秀忙于共产党的组建，无暇顾及他的两个儿子，二陈是依靠吴稚晖的资助才得以到法的，属于自费生，生活上也靠华法教育会维持。熊雄与他们志同道合，交往甚深。

1921 年秋，陈延年、陈乔年与李合林、鲁汉等人一起在巴黎成立了工余社，办了一个《工余》月刊，油印品，初由陈延年负责编辑。这是勤工俭学学生自己办的第一个油印刊物，在侨居法国的华人中有些影响，郑超麟曾向该刊投过两次稿。但因该刊的无政府主义意识较重，加之熊雄已萌生旅德的意向，没有参与。他在写给盛成的信中说："前兄与乾一（常宗会）函邀创办工余月刊，固我是量力不敢轻入，亦是环境将有大变，已有去志。"[1] 此信是 1922 年 4 月 20 日写的，此时熊雄已经到德国去了。

梦想科技救国

五四运动后，"德先生"（民主）和"赛先生"（科学）在中国广大青年中风行，"实业救国"和"科学救国"的口号回荡在中国大地。熊雄赴欧留学，探索救国救民之路，不能说没有受它的影响。在旅法勤工俭学学生中，提倡实业救

---

[1] 盛成：《海外工读十年纪实》，1932 年 8 月中华书局出版，转引自熊巢生等编著《中国大革命中的熊雄》，江西人民出版社 2002 年版，第 190 页。

国和科学救国，所学者多为农工商各科。贵州籍的熊自难就说："盖吾黔僻处边隅，山岭丛多，务农牲畜又属风习，研究的学科，即教育、哲学，兼以农业。"[①]

熊雄的家乡宜丰县也是属于半山区，种田植树，千百年来相沿成俗。在法国留学时，"研究农学，尤注意林科"，即属自然之中的事。1921 年初，熊雄在圣日耳曼昂莱中学结束了法语补习之后，到法国西南部，先是到夏德郎省的农业学校半工半读，后即选择了沙朗特省昂古来蒙城的赖古龙农学院学习。

根据史料推算，熊雄在赖古龙农学院的时间大约一年，所学专业应该是林业。熊雄在这一时期的学习非常专心，对林业重要性的认识非常深刻，他在写给三姐夫李安久的信中说：

> 弟近傍研农林，益知森林对于吾人关系甚大，盖可调气候，防风雨，养水源，除旱灾，清洁空气，健康人畜，其他尚多利益，不胜枚举。兄居乡有暇，务乞注意林业，劝导乡人，实改良乡村之要图也。[②]

还有一次熊雄给老父亲写信，叮嘱二哥及五、六两弟"留故园，治生产"，管理好祖产桐梓山庄，"且可补种树竹"，并抄录了家乡常见树种如杉、竹、樟、漆、桐等树的种植方法，寄予诸兄弟。

这份《种树竹法》非常有趣，从中可以看出熊雄丰富的林学专业知识，也透出他对家乡林业生产的关心，以及他梦想用科学技术来改变家乡面貌的拳拳之心：

> 十年五月十五日课余附录家书之后，以贻在家诸弟，以益谋生之资，并乞传告乡人。
>
> 一、杉　可蓄之树，宜扫乱枝，俾长其本。无树处，可于惊蛰前后，斩取新枝插土中，天阴行之，雨后尤妙。照种植法，其空地乱草，可放火焚烧，

---

① 熊巢生等：《中国大革命中的熊雄》，江西人民出版社 2002 年版，第 13 页。

② 熊雄：《致李安久信》，写于 1921 年 9 月 25 日，见熊巢生等编著《中国大革命中的熊雄》，江西人民出版社 2002 年版，第 168 页。

驱牛耕转，使土质变肥，森林易于茂盛也。

一、竹　谚云：种竹无时，雨过便移。五月望前为佳。壅以田泥糠屑颇宜。又竹性喜湿恶燥，阴雨皆宜种植。种时须深耕土地二尺，施以肥料，以竹根植中，自易发育，高山平原川泽旁皆宜，土宜砂质。

一、樟树　樟可制脑及油，其利甚大。日本近于台济种樟，樟脑业已握世界牛耳。种植法有二，一为人工栽种法，一为天然栽种法。

（一）人工栽种法：择百年以上旺盛之樟，俟秋间子熟落下取之，浸水七日，肉腐后洗净，置席上阴干，冬间择温暖苗圃，耕后施以粪尿油粕等肥，次年春间耙平种之。上复细土半寸，再复以薰。夏则晚灌水，冬则复以棚，俟至次年苗高四五寸，于春分时即可移植。

（二）天然栽种法：于母树子熟前，伐去他树妨碍者，加以耕犁，俟子飘落，任其生长。待苗稍大，渐将他树伐去，及至半人高，然后移栽，过二十年即可熬脑矣。

一、漆树　其利甚大。干可采漆，实可制蜡，核可制油。核喂马牛，可使毛丽，身体强大。材用作铁道枕木，可经二十年不腐，作器具尤佳。适于寒冷之地，肥沃之土，栽于房周、田边、河岸皆宜。春秋皆可播种。秋季种法，霜后采其良种捣开，将油洗去，将子浸入水中数日，即撒种苗圃。其苗床宜高出土面五寸，宽三尺，长二丈，加以粪尿等肥，上覆细土，再覆稻草少许。春季种法，即取前法制成种子埋土中，俟次年春暖取出，照前地撒种于苗床，待苗木长至三四尺高，于春分前即可分种，宜隔二三丈远，植之后三四年即结实，五六年即可采漆，于五、六、七月间，以利斧砍其皮，以竹管承其汁，每株年可得漆四五两。此树生长甚速，获利亦丰。桐梓山庄可试种也。

一、桐树　可询乡中老农，照法栽种，其利亦不减漆树也。[1]

熊雄于1922年3月从巴黎到德国后，所学专业仍然是林学。

---

[1] 熊雄：《致熊老先生信》，写于1921年5月15日，见熊巢生等编著《中国大革命中的熊雄》，江西人民出版社2002年版，第161—163页。

熊雄注重林业，很想在学成归国后用自己的知识为祖国的建设做出一番贡献。1923年2月，当得知昔日旧友李根源出任北京政府的农商总长，他立即给李去了一信，申述自己想回国在林业方面干一番事业的心情：

> 韶关别后，忽忽三年，虽屡有修候，只以海内多故，未审是否得达，远道为念。

> 近悉先生出长农商，奈雄日在奔亡流寓中，不克早日祝贺，徒殷倦忱。伏维先生经略雄才，不仅长于军事，此番措意农商，必尤能筹及西北边陲，以图开发蕴富，藉固国防，私衷庆幸。雄自法转德，即拟专心研究森林学，以为他日致力林木，且谋销兵之一助。毋如冰天枝节，徒有苏武雄心，异地吹箫，能无子胥遗憾？去冬访行严于柏林，渠知雄甚念，兹取尘渎。雄在法学农年余，来德又尝注意森林学，不知先生能否委雄为欧洲农业调查委员，倘荷委用，自当竭力从事，更可补救学业，否则敢望予委雄为调查新疆蒙古农业军事委员。俟得示复，即当插羽东归，努力将事，以答先生频年殷殷爱助之玉意。[①]

李根源（1879—1965），字印泉，中国同盟会元老，祖籍山东，出生于云南德宏。曾任云南讲武堂教官，旋升总办，之后参加过"二次革命"和反袁护法等战争。1919年，李根源一度负责云南讲武堂韶关分校，熊雄曾送七弟宽和及大侄维扬到韶关分校学习，两人一别就过了三年。1923年，李根源应民国大总统黎元洪特邀，出任农商总长。熊雄写这封信，其实就是向李求职，请李能安排他为欧洲农业调查委员，归国后，请求担任新疆蒙古农业军事委员。如果能答复，熊雄将立即"插羽东归，努力将事"。熊雄的一番科技报国的殷殷赤子之心迫切而诚恳，溢于言表。

特别值得一提的，是熊雄在此信中所表达的科技救国的心意。"专心研究森林学，以为他日致力林木，且谋销兵之一助。"如果能以科技救国、富国、兴国，

---

① 熊雄：《致李印泉信》，写于1923年2月18日于柏林，见熊巢生等编著《中国大革命中的熊雄》，江西人民出版社2002年版，第174页。

自己研究的林学能有助于罢战销兵，尽点微薄之力，才不至于"徒有苏武雄心"，而留下"子胥遗憾"。苏武，西汉著名的忠节之士，被匈奴拘留漠北十九年而不改其志；子胥者，楚国之伍员也，常发怀才不遇、报国无门之叹。

不过，熊雄的科技报国梦想犹如一道电光，在他的人生道路上匆匆闪过，而未能付诸实践。因为他在给李根源写此信之后不久就去了苏联莫斯科，进入东方劳动者共产主义大学学习，此后即成为职业革命家。但熊雄救国救民、振兴中华的梦想，萦系于怀，终其一生而不变。

1923 年 10 月，李根源也因坚决抵制曹锟贿选总统，愤然脱离了北洋集团。

枪击陈箓事件

1920 年底，旅法勤工俭学的学生达到 1300 余人，他们的生活非常艰苦。第一次世界大战使法国的经济遭受到严重破坏，物价飞涨，许多工厂停业，新去的许多勤工俭学的学生不但无工可做，连学习也无法进行，常常处于挨饿受冻的境地。不但如此，这些学生还要受到法国地方当局以及中国华法教育会的刁难和迫害。学生们忍无可忍，经常与地方当局和教育公会发生摩擦、冲突，甚至激烈的斗争。1921 年，这种斗争逐步升级，终于酿成了三次重大事件："二二八请愿"、"反对中法借款"和"进驻里昂中法大学"。

1921 年 1 月，中国驻法国公使陈箓电告北京政府，诬蔑留法学生"既无勤工之能，又无俭学之志"，多在法国"滋生事端，玷辱国体"。北京政府立即回电，以"国库奇绌"为由，拒绝给予旅法学生经济援助，并指令中国公使馆和华法教育会等对勤工俭学学生"唯有遣送回国"。这一举动遭到旅法学生的强烈反对。2 月 27 日，400 余名中国学生代表在

中国驻法公使陈箓

蔡和森、王若飞等带领下，于华侨协社附近的一家咖啡馆内召开留法勤工俭学学生代表大会，拟出勤工俭学斗争宣言，一致决定第二天齐集中国驻法公使馆请愿。28日晨，500多名中国学生包围了中国公使馆。他们与前来镇压的法国警察发生冲突，有十余人当场被拘留。但是，学生们不屈不挠，坚持斗争，终于迫使陈篆直接出面答复问题，同意向留法的中国学生再发放一个月的救济金，并声言撤销北京政府的"遣回令"。这次斗争取得了初步胜利。

1921年6月，中国北洋政府派专使到巴黎，同法国政府密谈大笔借款，用以购买军火，并以全国印花税、验契税和滇渝铁路的修筑权为抵押。留法勤工俭学的同学们得此消息后，群情激愤，在赵世炎、周恩来、陈毅、蔡和森、李立三等人的领导下，筹备并召开了"反对中法借款大会"，发起了一场抗议中法秘密借款的运动，又称"拒款运动"。拒款运动持续两个多月，由于在法学生的反对和国内各界人士的痛斥，北洋政府的借款一事未能得逞，却令法国政府和北洋政府大为光火，宣布停止发放留法勤工俭学学生的"维持费"（即勤工俭学学生的生活救济金——编者注）。

周恩来在法国

第一次世界大战结束后，在巴黎召开的凡尔赛和会上，中国作为战胜国，提出停止向西方列强偿还庚子赔款的要求，并用退还的赔款作为中法合作的经费。1921年，中法双方达成一致意见，正式成立"里昂中法大学"，以照顾勤工俭学学生。但是，当中法大学建成后，大学的中方负责人违背承诺，招收的学生大部分是从国内招来的官僚贵族子弟，而将留法的勤工俭学学生拒诸门外。为争取"生存权，求学权"，留法的勤工俭学学生在周恩来、蔡和森、赵世炎等人的领导下，开展了"争回里昂中法大学"运动，通过和校方谈判、游行、占领校舍等方式奋起抗争。中国驻法公使陈篆和在法的官僚政客表面上假情假意地同学生们兜圈子，暗中却勾结法国军警，对进驻"里大"的学生代表下毒手。在法国当局的镇压下，"争回里昂中法大学"运动最终失败。10月14日，法国军警将进占里昂中法大学的蔡和森、李立三、陈毅、陈公培（吴明）、鲁其昌（鲁易）、罗清扬、颜昌颐、周钦岳等 104 名留法勤工俭学学生武装押解到马赛，第二天强行遣送回国。赵世炎等人虽然侥幸逃脱，不在遣送之列，但他的护照被没收，从此不敢公开活动。赵世炎等无计可施，打电报给国内的李石曾，请他到上海设法援助被驱逐回国的学生。

这三宗事件发生时，熊雄因在法国西南部工读，都未能亲身参加。但他对勤工俭学同学的每次斗争都给予了极大的同情和支持。当"二二八请愿"的消息传到纪龙德省罗米尔农校后，熊雄立即赶往巴黎，和劳动学会其他成员一起，讨论应付办法，印发声明和意见书，斥责中国驻法公使馆勾结法国军警殴打学生的暴行，号召同学们坚持勤工俭学，不择条件，有工就做。

在法国军警武装押送勤工俭学学生代表回国后，熊雄却与一名轰动一时的人物搭上了关系，这个人叫李合林。

李合林（1902—1927），又名李鹤龄，四川郫县人，1920 年来到法国勤工俭学，与陈独秀的两个儿子陈延年、陈乔年是好朋友。李合林先在巴黎附近的枫丹白露中学补习法文，由于成绩优良，被华法教育会聘用，作批转信件的工作。李合林曾与熊雄、郭须静同在赖古龙农校工读，三位同窗好友曾在一起议论过驻法公使陈箓，认为这个人太坏：在国内时拥戴袁世凯称帝，帮助安福系党徒祸国殃民，到法国当了公使之后，暗中推动卖国大借款，罗织学生罪名，导致百余名同学被遣送回国，应该对陈进行惩罚。

李合林

不久，李合林又收到巴黎等处同学的来信，信中也谈到陈箓这个人很坏，赞同对其予以惩罚。李合林由此渐渐萌发了行刺陈箓的念头。

1921 年 12 月，经华法教育会华籍秘书李光汉介绍，李合林担任了华籍女律师郑毓秀的"代笔师爷"，替郑写中文稿件。郑毓秀系广东人，是 1913 年留学法国的唯一女官费生，早年也是个著名的无政府主义者，曾成功地刺杀过保皇党人良弼。因为有了在国内搞暗杀的革命功绩，在巴黎期间的郑毓秀迅速成为留学生中的"风云人物"。朱伯奇在《巴黎缤纷录》中介绍："当时同盟会中一班人物，几皆为男性，独郑为巾帼英雄，放言高论，旁若无人。"正因如此，郑毓秀在法期间交游广泛，生活阔绰，门庭若市，包括像章士钊、王宠惠以及北洋政府驻法公使陈箓等均为郑的座上客。

李合林到郑毓秀身旁当"代笔师爷"，据说是郑的法、英文都很好，而中文却不行，能说不能写，写出来的中文稿词不达意，错别字满篇。但从后来发生的事件来看，李合林接近郑的目的，应该还有便于接近陈箓的意图；再者，李合林此时也有浓重的无政府主义思想，与郑言语相投。

李合林欲行刺陈箓的主意已定，便为此而做各种准备。先前，他曾借了一把手枪给在都鲁司（法国南部阿特格火郎省的首城）工读的同学张桓涛。1922年3月上旬，他来到赖古龙农校，邀请熊雄一同到张桓涛处，取回手枪。取枪时，李合林将刺陈之事告诉了张，张也没有阻拦，"因为我知道陈箓这个东西实是太坏！"[①]

熊雄与李合林一道取回枪后，李合林还请熊雄教他放枪，并在农校旁的树林中试了几枪。

1922年3月17日，熊雄和李合林离开赖古龙农校，来到巴黎。3月20日，熊雄离开巴黎，踏上开往德国柏林的火车。

3月20日，据说是郑毓秀的生日。这一天，地处勃浪特街四十八号的郑家人流如潮，法国政界以及在法的中国官吏名流如公使陈箓偕夫人、领事廖世功以及中国铁道工程师章祜等，均至郑毓秀的寓所贺寿。李合林看准这一机会，早早躲在郑府楼上，把手枪擦得锃亮，上好5颗子弹。然而由于人太多，一直不好下手。直到晚上11点半，晚宴才结束。李合林听到楼下陈箓等人向郑毓秀告辞，立即下楼冲出门外，见陈箓已上汽车，急忙举枪射击。遗憾的是连发3枪均未击中，吓得陈箓紧紧伏在车内，子弹打破玻璃，擦伤了陈箓夫人的手臂和同车章祜的耳朵。李合林正要发第四枪，已被郑毓秀箍抱住，只得弃枪挣脱逃遁。

3月21日上午11时，李合林来到巴黎警察总局自首。

李合林枪击陈箓之事立即轰动了整个巴黎，广大勤工俭学学生一齐叫好，

---

① 李合林：《九个月的法国牢狱生活》，《学生杂志》1923年第10卷，转引自熊巢生等编著《中国大革命中的熊雄》，江西人民出版社2002年版，第250页。

不少同学前去探监、献花，甚至筹款为他延请辩护律师。李合林也赢得了法国友好人士的理解和同情，当时担任李合林辩护律师的即是法国众议院议员穆德，他同时也是华法教育会的名誉会长。

李合林被判处监禁一年，实际上只坐了九个月监牢，出狱后到比利时继续工读。

应该说，熊雄在李合林枪击陈篆的整个事件中，从参与刺陈的议论，到陪同取枪、教李试枪等行为来看，是持赞同、支持态度的。李合林出狱后，写了一篇《九个月的法国牢狱生活》，熊雄看到后，大发了一番议论，表达了自己的看法，观点有了很大的改变——不过此是后话，后文还将述及。

情系桑梓

熊雄自投笔从军之后，少有机会回到老家芳塘去探望年老的父母及兄弟侄儿。1919年末负笈远游、赴欧勤工俭学，一别数载，桑梓之情更是时常萦绕在熊雄心中。在异国他乡，熊雄只能凭书信与家中亲人联系，然而当时邮递不便，书信往返一次常常需要两三个月时间。据现在仅存的熊雄在法、德等国写给家中亲人的几封信来看，熊雄确实是个重亲情、讲孝悌而又有责任、有担当的铁血男儿。

综观熊雄写给家人的信，内容主要有这么几个方面：

一是向父母、兄长及家人问安，询问家人近况，报告自己远游平安。这类询问多是家庭中的琐事，乃人之常情。

1921年阴历三月初一，熊雄父亲景星先生病逝。在此前，熊雄妻子卢桂华亦亡故。直到该年7月1日，身在法国的熊雄才得到信息，悲痛欲绝，然而"关塞万重，缩地无方"，"哀悼交深，惨痛难状，天实为之，夫复何言。唯有策我多罪邀躬，与诸左右及侄辈不断努力，以继先人遗志，少赎前衍耳！"于是"赋哭亲诗三章，聊写我忧"：

夕阳照槐末，亲友辱书还。远涉重洋至，乡情岂等闲。
何期读未卒，乔木萎故山。欲哭已无泪，忧萦方寸间。
虫声鸣败叶，游子痛乡关。大错长征铸，何时补缺残。

负笈频浮海，从军远渡河。离情天独厚，埋恨地无多。
怕忆郴江约，怆怀风木歌。庐山今惨淡，游子竟婆娑。
暗落伤时泪，空挥挽日戈。仰观云岫白，此恨不消磨。

遥望太行云，亲舍在何处？追慕狄梁公，息鞭证芳素。
意气感平生，纵横明互助。之子乡书来，哀深江南赋。
绵绵恨无极，胡予此遭遇。天步方艰危，惆怅欲何去。[1]

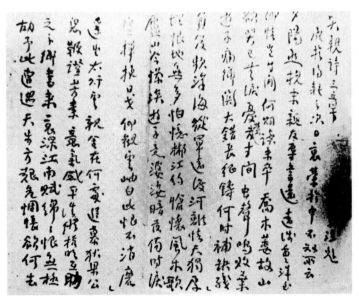

哭亲诗三章
（1921年8月）

①　熊雄：《致熊维扬信》，1921年10月16日写于法国，转引自熊巢生等编著《中国大革命
中的熊雄》，江西人民出版社2002年版，第169—170页。本节中的引文，除有说明者外，均出自
熊巢生等编著的《中国大革命中的熊雄》一书，以下不再注释，见该书第158—173页。

诗篇情深意切，哀痛溢于言表，极其感人。然此诗最可贵处，在于作者"追慕狄梁公，息鞭证芳素"。狄梁公者，狄仁杰也，范仲淹在追慕先贤之作《唐狄梁公碑》一开篇连发四问："天地闭，孰将辟焉？日月蚀，孰将廓焉？大厦仆，孰将起焉？神器坠，孰将举焉？"谁能开天辟地？谁保日月星辰永不亏缺？谁能力挽大厦于倾颓？谁能重振江山社稷？然后给出答案："克当其任者，惟梁公之伟欤！"能够完成这些伟业的人，非狄梁公莫属啊！而今熊雄"负笈频浮海"，其所追求的，不也是要像狄梁公一样，完成一番伟业吗？尽管至亲亡故，"绵绵恨无极"，身在海外，遥望太行，终究是要"纵横明互助"啊！

父亲和妻子亡故后，熊雄在此后的信函中一再叮嘱兄弟们："母亲年高日衰，万祈家居诸左右善为侍奉，尤望家庭和睦，自足娱乐老亲，远达至诚，游人所深望耳。"

二是关心桑梓教育，为众弟侄及村中儿童的学业出谋划策。熊雄家中男女弟侄众多，他每次致信都要一一问及，足见熊雄对他们的关心。而其中最为关心者，乃是弟侄们的学业。他在给大哥熊祖谋的信中多次提到："吾家男女弟侄颇多，教养宜一视同仁。最好请胡展长兄设帐培兰。"胡展长，熊雄的朋友，是宜丰的饱学之士，熊雄要大哥去请胡展长到培兰书室教众弟侄，"小者专习国文，大者可兼习算术也"。熊雄不仅对自家弟侄的教育很重视，对整个下屋村的儿童也同样关心："下屋各众会，可请二哥出面经理……并望办一国民小学或半日学校，俾众人子弟，同沾教化（校能成立，可荐胡展长当教习甚佳）。"熊雄通过游学欧洲，认识到"将来人类生活，渐趋实际"，因此希望"吾家子弟及乡之青年，倘能早年得师，将来适机西游，岂非快事。胡展长兄，雄极盼其能设帐培兰"。

熊雄游历亚、欧多国，深知世界大势和国内现状，更知道中国贫穷的农村缺少文化、缺乏知识的困境，要改变这种落后面貌，就非得从教育入手不可。他一再呼吁要改善家乡的教育现状。他在给三姐夫李安久的信中一再说，现在"社会革命呼声日高"，"农工实为中坚"，要众兄弟们"对乡邑尽力创设农会，兼办教育"。

三是根据兄弟们的不同情况，为其前程事业谋划。大哥熊祖谋，又名春和，年长熊雄11岁，曾与熊雄一道考取瑞州府（今高安市）中学堂，兄弟情深。熊

熊雄致三姐夫李安久信手迹（1921 年 11 月）

雄留学欧洲后，熊祖谋也通过了文官考试，但久未分发，滞留京城，想求一职而无门。熊雄知道后，找遍京城旧识，为大哥谋职。1921 年 2 月 10 日，熊雄在法国给大哥的信中介绍了他向友人吴文潞、绍云先生、九任等处"业已去书，奉恳请力关说"，"又有友人彭禹，号复苏，昔识于东瀛，曾任农商部参事，此后为绍云最亲信者。均去书介绍，以便就商一切，或易收效也。至赵、蓝两师处，亦遵嘱具候哥事，已顺请照拂，勿念。惟是京华宦场，最为娱怠，国势不振，实缘于此。盖习俗移人，虽有大力者，亦每难抗拒其怠暮之气，不能禁其自身之不坠落也"。如果大哥实在在京不能求到好的职位，熊雄又出主意："倘实无切实较优之位置，即请分发外省为是。至分发以何省为适，弟亦颇难代决，因各省情形不甚熟悉也。频闻山西阎督，励精图治，不知确否，如果非虚，可否赴晋一游，藉资考察，地虽清苦，当可养廉。"熊雄为大哥工作一事，关心备至，可说是操碎了心。

至于留在家乡、未外出读书和谋职的二哥及五、六弟，熊雄则希望他们能"同处故园""和谐将事"。因大哥在外，他希望"二哥总理家务"，"五六两弟，助理家务，尽力为之"，"留故园，治生产，供奉侍，谋生产发达"。熊雄特别希望"五弟或六弟，能移家桐梓山庄，培植树竹，经营一切，并雇诚实工人一相助为理，比坐食必多利益"。桐梓山庄是熊雄祖父早年购置的一处山场，号称百岭百窝，熊雄希望在家的五弟或六弟能够好好地经营这处祖产。

熊雄最为关心的是七弟宽和及大侄子蕃昌。熊宽和，字任远，比熊雄小10岁，大侄熊蕃昌，字维扬，是大哥祖谋之子，仅比熊宽和小1岁。此二人接受新思潮较多，早立外出求学、闯荡天下之愿。1921年初，叔侄俩曾就读于云南讲武堂韶关分校，毕业后也想去法国留学。熊雄对他们的志向很是肯定，他在给大哥熊祖谋（蕃昌之父）的信中说："弟屡嘱赴沪预备法文，以备来此工学。最近调查，以入上海震旦大学预科（法国人办，入学仅考中文）为便。该校入学甚易，管教俱佳，每人年有百四五十元足矣。"后来因财力不足，宽和、蕃昌未能赴沪，熊雄又给大哥去信说："宽弟蕃侄，因财力不能远游，亦属无可如何。既从硕卿师游，务督以最短期内，努力中文，略研算学，宜购最新高小教本授之。或选短篇古文，责以每周一二篇，务须熟读精思，能至百篇，必有进步。"不久又给大哥去信说："弟侄眼前西来不易，力量能及，仍以赴天津入南开或上海入震旦，否则即同入南昌心远或他校为要。"熊雄如此反复督促弟侄们的学习，实在是他觉得"侄等年与日增，学鲜机会，期自奋励，毋负此生"，期望他们成材，长大后能为国出力。七弟宽和、大侄蕃昌也没有辜负熊雄的期望，后来都投身革命，熊宽和在1926年省港大罢工期间是罢工委员会纠察队的干部。

四是关心家乡的林业生产。芳溪地处丘陵，熊家又广有山场，无论是发展家乡的林业，还是经营自家的山场，种树造林都是一项必不可少的事业。熊雄远在海外，心系桑梓。他知道林业的重要，于1921年9月间转学法国赖古龙林学院，专攻林业。他在给三姐夫李安久的信中说："弟近傍研农林，益知森林对于吾人关系甚大，盖可调气候，防风雨，养水源，除旱灾，清洁空气，健康人畜。"并希望李安久"居乡有暇，务乞注意林业，劝导乡人"，因为这项工作"实改良乡村之要图也"。不但如此，熊雄还要诸弟中能有一人分居于桐梓山庄，"一可照管种切，且可补种树竹"。熊雄还在书信之后抄录杉树、毛竹、樟树、漆树、桐树的种植法附上，"以贻在家诸弟，以益谋生之资，并乞传告乡人"。

熊雄的家信，字里行间透溢出对家乡的热爱和对亲人的深情。

柏林入党，参与组建"少共"

　　熊雄于 1922 年 3 月 20 日离开巴黎，前往德国柏林。到达柏林后，即与先期到柏林的好友谢寿康、张伯简二人取得联系，居住于夏洛滕堡康德街。熊雄之所以转学德国，原因之一是德国马克贬值，生活费用较低，在法国一个月的费用，在德国可维持二三个月；原因之二是谢寿康、张伯简几次来信，相邀熊雄去德国同读。

　　熊雄到德国柏林不久即加入了共产党。

　　旅欧共产党组织出现很早。1920 年 9 月，张申府在北京参加了李大钊发起组织的北京共产主义小组，同时接到巴黎中法大学的聘书，邀请他到法国讲学。途经上海时，张申府专程拜访了正在筹建上海共产主义小组的陈独秀，陈让他到法国留学生和华工中组建共产主义小组。张申府到法国后找的第一个人，是

1922 年，周恩来（左二）、刘清扬（右二）、张申府（右一）在德国

周恩来在天津南开中学时的同学，也是张申府的恋人刘清扬。随后，张、刘于1921年初介绍了周恩来加入。当赵世炎与张申府联系上后，巴黎共产主义小组就算正式成立了。同年4月，陈公培（吴明）接到陈独秀来信，便也参与其中，这就是巴黎共产主义小组最早的5位成员，张申府为负责人。巴黎共产主义小组与国内的6个（上海、北京、广州、济南、长沙、武汉）以及海外的日本东京共产党早期组织共同发起成立了中国共产党。1921年7月，中共一大召开，因为来不及通知远隔重洋的巴黎共产主义小组，所以巴黎共产主义小组没有派代表参加。

熊雄入党的时间大约是在1922年的3月底或4月上中旬。介绍人很有可能是谢寿康和张伯简，因为他俩是熊雄的好友，又是他俩邀熊雄去德国的。也有可能是周恩来、张申府，因为周、张此时也在德国，他俩在同年11月还介绍过朱德入党，而朱德和熊雄都曾经是旧军队里的军官，经历相似，张申府又是旅欧共产党组织的负责人。熊雄的入党介绍人之所以出现含糊不清的现象，是因为共产党在初创时期，特别是海外的党组织吸收党员，既不用填写表格，也没有文字资料留存。但熊雄在4月份已经入党，是确凿无疑的事。当时共产国际正在莫斯科筹备第四次代表大会，赵世炎在4月25、26两日分别写给李立三、陈公培的信中，谈到在旅欧同志中派代表出席"四大"的事："我们公荐寿康为第四次代表……披素（熊雄）、子章（萧三）、伯简都同去。"[1]"寿康、伯简、子章、披素四人去俄，我们荐寿康为第四次出席代表。此事务望你（陈公培）在国内亟力建白，速加委命。简、章、素将来去时都用青年团代表名义。"[2]这就说明熊雄至晚在1922年4月25日之前已经入了党。

上文说的赵世炎等推荐熊雄与谢寿康等人一同去莫斯科参加共产国际第四次代表大会，但由于国内已另派代表，他们4人便未能成行。

熊雄在柏林仍然研究森林学。但因为加入了共产党，他把更多的精力和时

① 赵世炎致李立三的信，1922年4月25日写于法国北方，见熊巢生等编著《中国大革命中的熊雄》，江西人民出版2002年版，第223页。

② 赵世炎致无名（吴明，即陈公培）的信，1922年4月26日写于法国北方，见熊巢生等编著《中国大革命中的熊雄》，江西人民出版2002年版，第225页。

间用在了学习马克思主义
理论和国际无产阶级斗争
知识上，并在旅德学生和
华人中进行革命活动。每
个星期六晚上，他和周恩
来、刘清扬、谢寿康、张
伯简、萧子章等一起，到
中共中央驻柏林通讯员张
申府家中，学习、讨论和
研究工作。据郑超麟回忆，
当时中共旅欧支部就设在
德国柏林。①

留德勤工俭学学生读过的《共产党宣言》和《共产主义ABC》
等马克思主义书籍

关于熊雄在柏林的生活，郑超麟在回忆中写道：

> 熊雄自己烧饭，生活很俭朴。他原来住在法国，为了与李鹤龄（合林）
> 同谋暗杀陈篆，供给李鹤龄手枪缘故，事发出走德国，但李鹤龄口供里并
> 未牵连了他。这件事含有浪漫的、无政府主义的意味。我到柏林时，熊雄
> 已经是中国共产党了……这是一个天真的人，同小孩子一般天真，即是诚
> 实、无邪、纯洁、热情、而又幼稚。他追求一切新的革命的事物，结交一
> 切激烈的勇敢的革命的朋友……他永远是一身猎装，长靴，房间里挂着马
> 鞭，每日临帖练习大字和小楷，好书岳武穆满江红词，早起，下雪，天未亮，
> 一个人到柏林郊外很远地方踏雪去。②

郑超麟的回忆中有些是不很准确的，但大致反映了当时熊雄在德国的生活
状况。

此时，因进驻里昂中法大学而被法国当局没收了护照的赵世炎不得不在法

---

① 《郑超麟回忆录》（上），东方出版社 2004 年版，第 383 页。

② 《郑超麟回忆录》（上），东方出版社 2004 年版，第 180 页。

国北方的工厂做工。中国共产党成立不久，赵世炎被任命为中共中央驻巴黎通讯员。法、德两国是留欧学生最多的地方，赵世炎和张申府经常互通书信，商量工作，并分别同国内联系，以取得中央指示。

1922 年 4 月间，赵世炎与李立三商谈过在法国成立共产主义小组，以统一领导勤工俭学学会和华工组织，为此，他曾给蔡和森写信。蔡回信表示同意，但主张名称为中国少年共产党。4 月 26 日，赵世炎在给已经回国的吴明（陈公培）的信中说：

赵世炎

> 欧洲方面决定成立一个青年团（大约一月以内可以完成，因为现在开会地址是很难觅）。青年团的开始仍取极端严格手续，将来是否作公开的运动，可由成立开会时决定之，决定后再报告国内，现在人数因系严格，大约法国二十人，比国（比利时）七八人，德国六七人……我们已认定青年团之内幕即"少年共产党"，故与国际党人接洽有"青年团"亦可。[1]

这一段时间，赵世炎为筹建青年团的事，可说是忙得不亦乐乎。4 月下旬，在德国的熊雄与谢寿康、张申府、张伯简、周恩来、刘清扬、萧子章等 7 人联名给赵世炎写信，敦促他尽快在 5 月 1 日之前，完成青年团的筹建工作。赵世炎认为这"实在办不到"，因为全欧这么大的组织，"依我所计人数约三四十，然我不知者尚多，我待各友之总汇名单于我"，而且他要求"初步极端严格"，"务求没有遗漏"[2]。

赵世炎之所以对成立青年团要采取"极端严格"手续，是因为此时的法国

---

① 赵世炎至无名（吴明，即陈公培）的信，1922 年 4 月 26 日写于法国北方，见熊巢生等编著《中国大革命中的熊雄》，江西人民出版 2002 年版，第 224—225 页。

② 赵世炎至无名（吴明，即陈公培）的信，1922 年 4 月 30 日写于法国北方，见熊巢生等编著《中国大革命中的熊雄》，江西人民出版 2002 年版，第 226 页。

既是无产阶级革命斗争的发祥地，同时也是无政府主义的避难所。以巴古宁为首的包括克鲁泡特金在内的无政府主义领袖们，在这块土地上生活了相当长的时间，他们所主张的"主义"也同时得到了广泛的传播。法国当时的一些大学里还专门开设了无政府主义研究课题。他们提的一些口号，什么绝对自由呀、个性彻底解放呀，等等，迷惑了很多正在探索人生和民族未来的青年，在勤工俭学学生中影响很大，而这些青年大多数正直热情、追求真理。赵世炎为了宣传马克思主义挽救中国的主张，经常是"单刀赴会"，与无政府主义者展开辩论，促使他们转变观念。陈延年、陈乔年兄弟就是在赵世炎的影响下由无政府主义转向马克思主义的。

1922年5月1日，赵世炎从法国北方回到巴黎。到5月底，经过赵世炎、周恩来、熊雄等人的共同努力，少年共产党的各项筹备工作基本就绪，各地将名单报给了赵世炎，初步议定人数为30余人。

6月，各地代表根据赵世炎的通知来到巴黎。18日（一说22日）①，在法国巴黎西部布洛宜森林召开旅欧青年团大会，参加大会的代表一共18名，他们是：赵世炎、周恩来、李维汉、王若飞、陈延年、刘伯坚、佘立亚、袁庆云、王凌汉、陈乔年、傅钟、萧朴生、萧子章、汪泽楷、李慰农、郑超麟、尹宽、任卓宜。共同参与了筹建工作的熊雄、张伯简等没有出席这次大会，由周恩来作为旅德代表参会。

这次会议开了三天，通过了章程，根据大多数人的意见，定名为旅欧中国少年共产党（简称"少共"）。选举了三名委员，组成少年共产党中央执行委员会，赵世炎为书记。经赵推荐，周恩来负责宣传，张伯简（因张在德国，由李维汉代）负责组织。张申府也没有出席这次大会，但他在幕后负责"少共"与国内社会主义青年团的联系。"少共"中央执委会的办公地址设在赵世炎的住所，即巴黎意大利广场附近的文德佛鲁瓦街17号的一家小旅馆内，由赵世炎主

---

① 关于旅欧少年共产党第一次代表大会召开时间，各种资料说法不一。人民出版社2018年版的朱洪《一门三杰——陈独秀和他的两个儿子》第68页记载为6月18日，《郑超麟回忆录》也记载为6月18日。中国工人出版社2017年版的沈国凡《杜鹃啼血——赵世炎》第69页只写6月，没有具体日期。江西人民出版社2002年版熊巢生等编著的《中国大革命中的熊雄》第21页记载为6月22日。

持日常工作，其他党员仍旧回原地做工或求学。

会议决定创办刊物《少年》，由赵世炎任主编，周恩来负责编务。同时周恩来还要负责联系法、德、英、比诸国之间的同学和华工。

1922 年 8 月 1 日，"少共"机关刊物《少年》创刊。在法国出版刊物，需要法国政府的同意，才能获准登记公开出版。在法国共产党同志的帮助下，《少年》顺利出版，杂志封面上公开印"少年共产党机关"7 个字，规定不给外人看，每本杂志上都编了号码，看完收回。

《少年》第二期封面

为了保密，《少年》的作者都采用笔名，赵世炎化名乐生，周恩来化名伍豪，张伯简化名红鸿，李维汉化名罗迈，萧子章化名爱弥，张申府化名 R，刘清扬化名念吾，陈延年化名林木，陈乔年化名罗热，郑超麟化名丝连，尹宽化名石人，王若飞化名雷音，熊雄化名其光（取熊熊其光之意）。

"少共"中央执委会同时还出版了《赤光》刊物。他们抓住《少年》和《赤光》两个阵地，与无政府主义者的代表性杂志《工余》展开了论战。

"少年共产党"成立后，立即开展对内的团结和教育工作，对外的活动和发展工作。

"少共"中央执委会之下设立一个"共

《赤光》杂志封面

产主义研究会"，以张申府为主任。凡有成员居住的地方都成立小组，定期开会，定期向中央汇报。"德国有一个小组，设在柏林，有张申府、刘清扬、熊雄等人。"[1] 中央执委会定期或不定期地发给各小组以书面报告，书记赵世炎曾几次巡视法国各地，写出巡视报告。据郑超麟回忆，各小组一般是单独开会，讨论问题。他记得两次开会的内容，一次是讨论中国共产党加入国民党的问题，大概是中共二次大会以后或西湖会议以后通告各地方讨论这个问题，以备三大作出决议的。旅欧支部得到此通告后，便通过"少共"中央执委会发动各地小组讨论。另一次是关于"少共"特派负责组织工作的李维汉回国去交涉加入中国社会主义青年团的事。

熊雄在德国留学前后一年时间（1922年3月至1923年3月），其间关于熊雄的文献资料很少，现能查到的也多是一些零星的或是旁人书信中透露出的。而他自己所写的文字，现今能看到的也只有他的同学盛成《海外工读十年纪实》一书中所记载的一封信和两首诗。该信写道：

> 聚法不过两年，断了消息就有一年多，这样的不幸，常常是我们的境遇造成的。这种种遗憾亦不足怪，精神终能会合，也就不觉苦了，兄以为如何？前兄与乾一（常宗会）函邀创办工余月刊，固是我量力不敢轻入，亦是环境将有大变，已有去志，此事也望兄等原谅原谅！但办月刊进行情况便能略示，但极愿闻。再兄前尝有赴俄之志，每于诸友处侧闻甚久，雄窃赞同。这个志愿，兄在现在究竟如何？对于彼中经过情形，作何感想，甚愿一闻，以快积怀。我现在对于国内现状，固不愿一回首，就对海外见之闻之，亦多不满意，自顾虽是个残缺不完的人，以良心上的责他自责，总使热血情感，磅礴冰天，奋斗之志，固而不已！我近集近人诗一绝，题小照自警，处现社会之我见，大略如此：坐悔飞扬误少年，不教成佛不生天。移山填海凭心力，莫付苍苍任自然！[2]

---

① 《郑超麟回忆录》（上），东方出版社2004年版，第389页。

② 盛成：《海外工读十年纪实》，湖南人民出版社1986年版，转引自熊巢生等编著《中国大革命中的熊雄》，江西人民出版社2002年版，第190页。

该信是 1922 年 4 月 20 日熊雄写给同学盛成的，此时熊雄到柏林刚刚一个月时间。细观信的内容，主要是这么几方面的意思：一是叙述同学友情，断了一年多的书信消息，同学之情只能靠精神上的融通，并表示赞同盛成赴俄继续深造；二是申述自己不愿参与创办工余月刊，主要是自己能力不够（实际上是工学月刊有无政府主义思潮，熊雄不愿参与进去），加上已经有了离开法国的意向；三是表述自己对国内、海外的见闻多不满意（此时国内仍在军阀混战，而留学法国时，又处处见着资本主义的罪恶）。但是，这种不满意更激发熊雄"热血情感，磅礴冰天，奋斗之志，固而不已"，特别是最后的集近人的一首绝句诗，更是充分表现了熊雄要改造社会、救国救民的雄心大志，"移山填海凭心力"，尽管自己的能力有限，但也要"莫付苍苍任自然"。

熊雄这首小诗题写在自己的照片上面，目的是为了"自警"，作为座右铭一般，时时提醒自己。此时熊雄已经加入了德国共产党，他的"自警"也就是时时提醒自己，要为党的事业"奋斗不已"。

过了几天（5 月 6 日），熊雄在春雪霏霏中独步柏林皇后湖，口占一绝，录下之后，也寄给了盛成：

> 湖冰如绉雪如银，
> 天地无情却有情。
> 彻骨清寒谁领会，
> 自然和我斗输赢。[1]

该诗同样体现了这种奋斗进取的精神。冰天雪地，春寒料峭，这彻骨的寒意是苍天有意来考验我的意志，激励我奋力拼搏啊！"不经一番寒彻骨，怎得梅花扑鼻香。"其诗与熊雄刚到法国时所写的怀旧、伤感诗相比，意境已经大不相同了。

廖焕星 1953 年回忆：

---

[1] 盛成：《海外工读十年纪实》，湖南人民出版社 1986 年版，转引自熊巢生等编著《中国大革命中的熊雄》，江西人民出版社 2002 年版，第 190 页。

1922 年 7 月底，我得中央许可，赴德学习工人运动时，中央给了我两封信，一封致中共中央驻巴黎通讯员赵世炎同志，另一封给中共中央驻柏林通讯员张嵩年（张申府）。我由马赛直达柏林，未能去巴黎见赵世炎同志。到柏林后，即参加中国社会主义青年团改组为中共旅德支部的会议。到会的人有：周恩来同志、熊雄同志、熊锐同志（二人都于"四一二"在广州牺牲）、王圭、刘清扬、张嵩年及我，会议选举周恩来同志出席巴黎旅欧总支部成立大会。[①]

廖焕星的回忆基本准确，但有几处小错误：一、1922 年 7 月，旅欧少年共产党还没有改称中国社会主义青年团；二、中共旅德支部也不是由中国社会主义青年团改组过来的。实际情况是：

1922 年 10，根据中共中央的指示，中共旅欧总支部成立，下设旅法、旅德、旅比三个支部，熊雄属于旅德支部成员。根据共产国际章程，法共党员赵世炎、王若飞、陈延年、陈乔年、萧子章，德共党员熊雄、王圭，均为中共正式党员。中共旅欧总支部与"少共"合在一起办公，党员均参加"少共"活动。而"少共"由于一直采取"极端严格"的手续，加入者必须是留欧青年中的优秀分子，凡具备条件者随时均可转为中共党员。

1922 年 11 月，中共中央总书记陈独秀来到莫斯科，出席共产国际第四次代表大会，而萧子章、张伯简也从德国来到莫斯科参加大会。会议期间，萧子章将旅欧"少共"的情况，从成立、组织到创办《少年》杂志等，向陈独秀作了详细汇报。陈独秀表示，旅欧"少共"与国内青年团中央没有联系，应尽快联系上，解决归属问题，改名为中国社会主义青年团旅欧支部。

谈话后，陈独秀给赵世炎写了一封信，请萧子章回去时转交。在给赵世炎等人的信上，陈独秀说，不宜叫"少年共产党"，应改称社会主义青年团。

收到陈独秀的信后，"少共"在巴黎召开了第二次会议。会议决定旅欧"少

---

① 廖焕星：《中国共产党旅欧总支部》，1953 年回忆，见中国社会科学院现代史研究室编《一大前后》（二），人民出版社 1980 年版，第 502 页。

熊雄传

"少年共产党"改名为"旅欧中国社会主义青年团"大会留影（1923 年）

共"加入中国社会主义青年团，并改选了"少共"执行委员会。12 月初，李维汉受"少共"派遣回国，出席了中国社会主义青年团第二次代表大会，带去了"少共"致团中央的信。1923 年 1 月，赵世炎接到陈独秀的信，信中说"中国不能有两个共产党"，指示旅欧中国少年共产党更名为"中国社会主义青年团之部"，这个"之部"绝非"支部"，而是"一部分"的意思。

1923 年 2 月 17 日至 19 日，"少共"代表在巴黎西郊比扬古镇召开临时大会，根据陈独秀的指示，"少共"改名称为"旅欧共产主义青年团"（即中国社会主义青年团旅欧支部），将原来的中央执行委员会改为执行委员会。大会通过了周恩来起草的《旅欧中国社会主义青年团章程》，改选了领导成员，考虑到赵世炎、陈延年等即将到莫斯科去，大会选举周恩来、任卓宣、尹宽、汪泽楷、萧朴生 5 人为委员，并推选周恩来为支部书记。

来到十月革命的故乡

1922 年 11 月，在莫斯科参加第四次共产国际代表大会的陈独秀在接见萧子章时，了解到"在法国的同志学习和生活困难很大"，立即和中共旅莫支部书记罗亦农（罗觉）商量，决定抽调一部分同志到莫斯科东方劳动者共产主义大学学习。在此之前几个月，旅欧同志曾请人到苏联联系，希望转一部分同志到苏联学习，因为涉及入境手续，没有结果。

当时，共产国际在苏联的帮助下，为了训练亚洲各国、各民族及苏联少数民族学生，在莫斯科办了一所东方劳动者共产主义大学（简称东方大学或东大，俄文缩写 K.U.T.V），斯大林为名誉校长。1920 年冬，上海社会主义青年团从上海外国语学校学生中选派刘少奇、彭述之、罗亦农、任弼时等 8 名青年团员最早进入该校学习。1921 年中国共产党成立后，共产国际更加重视训练中国共产党的干部，在东方大学专门设立了中国班，全是中共中央选送的党员和团员。

1923 年 2 月 14 日，赵世炎给在莫斯科的罗亦农、彭述之写信，说："兹开来西欧同志愿来俄 15 人的名单……此 15 同志已经此间执行委员会之认可，合于当初所规定之条件与情形，望同志们于接信后即向东方大学交涉，请求莫斯科政府速电驻柏林苏俄代表，准予此 15 人发给入俄护照……西欧青年团于本月 17、18、19 三日在巴黎开大会，闭会后 15 同志便动身。"[①] 这 15 人中，有赵世炎、陈延年、陈乔年、熊雄等人。后来由于各种原因，最后只有 12 人成行。

1923 年 3 月 18 日，陈延年、赵世炎、王若飞、陈乔年、郑超麟、佘立亚、王凌汉、高凤、陈九鼎、袁庆云 10 人由巴黎起程，经比利时入德国，转赴莫斯科。由于经费困难，他们 10 人都分散住在旅德同志的寓所，王若飞等住王圭处，郑超麟等住熊雄处。当时熊雄住在柏林夏登堡康德街，房东是个军官寡妇，她为了贴补家用，把家里最好的房间租给外国人。法国来的 10 个人住在柏林等候办理入俄护照。熊雄和王圭也将和他们一同前往莫斯科。

这一等就是 10 天。其间，正在德国的中国社会主义青年团旅欧支部书记周恩来和柏林地方会书记廖焕星、熊雄等人，陪同赵世炎一行，一边游览柏林名胜风景区，一边探讨马克思主义。

办理护照的德国人约莫 30 岁，红头发，他说："混格混格，你们知道吗，也是从我这里到苏联去的。"熊雄一行人都不知道他说什么，问："混格混格是

---

① 《"一大"前后》（一）第 381 页，《赵世炎旅欧书信选》，转引自熊巢生等编著《中国大革命中的熊雄》，江西人民出版社 2002 年版，第 229 页。

谁？"后来才知道，"混格"是指红鸿（张伯简）。红鸿的法文名字 hong-hong。这个办护照的德国人懂法文、俄文。原来，张伯简、萧子章也是通过他去苏联的。

一行 12 人从柏林启程，经波兰、立陶宛、拉脱维亚，直到清明节前后才到达莫斯科，进入东方大学，住普希金广场维斯卡雅街 53 号东方大学宿舍。办理入学手续时，学校为了使外国学生回国工作安全起见，给每名外国学生取了一个俄国名字。赵世炎名辣丁，王若飞名尼姆泽夫，陈延年名苏汉诺夫，陈乔年名克拉辛，袁庆云名雅诺夫斯克，熊雄名雷尔维尔斯特洛夫，陈九鼎名喜斯金，郑超麟名马尔洛托夫。

当时，东方大学中国班有来自国内的罗亦农、彭述之、卜士奇、王一飞、任弼时、萧劲光、傅大庆等和先期从西欧来的张伯简、萧子章等共 30 多人。熊雄一行到达莫斯科后，受到他们热情迎接。4 月 28

莫斯科东方大学

日，中共旅莫支部举行欢迎会，支部书记罗亦农致欢迎词时，向大家介绍从欧洲来俄的同志中有 6 位是党员，除赵世炎是老党员外，王若飞、陈延年、陈乔年是旅法党员，熊雄、王圭是旅德党员，照章程，凡属第三国际支部的均可为中国共产党正式党员。在这次会上，赵世炎被增补为中共旅莫支部委员。

这时正逢东大放春假，同学们准备出去旅行。于是等熊雄等人办好入学手续后，大家便一同去彼得格勒旅行。

在彼得格勒，他们住在曾是十月革命指挥部的斯摩尼学院三楼一个房间里，据说十月革命时托洛茨基就是在这个房间发号施令的。他们参观了冬宫、彼得保罗堡垒、博物馆及几个工厂。接待单位还组织他们观看了莫里哀的喜剧《贵族市侩》。

从彼得格勒回到莫斯科，春假已经完毕，大家开始上课，课程有经济学、唯物史观、阶级斗争史、工人运动史、俄国共产党史、自然科学、俄文等，除了俄文课，上其他课时都配有翻译，老师说一段，翻译就译给大家听，然后老师再说，因此刚开学时，他们的学习都很吃力。大约两三个月后，熊雄他们就基本上过了语言关。

当时苏俄还在实行战时共产主义制度，熊雄他们的吃饭、穿衣、住房都是学校供给的，吸烟的还有烟草可领（熊雄不吸烟）。此外每月还有一元五角新卢布零用钱，后来增加至三元，理发、沐浴、洗衣也是学校供给。零用钱无处可用，很多同学就用来买书。饭食比在法国勤工俭学时好得多。衣着上，第一年穿的是红军厚麻布大衣，戴的是红军尖顶帽子，第二年就一律改穿黑呢衫裤和大衣了。同学们每三个星期还要轮流到厨房值日，天不亮就要去厨房劈柴、削洋山芋，去堆栈搬面粉，切面包，早午晚三餐穿起白衣服，摆设汤匙和洋瓷盘，分发汤和菜，一直要忙到晚上 11 点才能回宿舍休息。郑超麟说，这真是"一件苦差事"，但同学中年纪最大的熊雄（时年 32 岁）觉得能为同学服务，是一大乐事。

东方大学的学生生活是清苦的，但对熊雄这样的革命者来说，却是一个极好的学习、锻炼的机会。当时中共旅莫支部就明确指出：我们来俄的目的是学习马克思主义和无产阶级斗争经验，训练自己成为很好的共产主义者，回国后代表无产阶级活动，因为我们大多数出身于非无产阶级，有许多"天然的"毛病，如无政府主义表现、不守纪律等。如不好好训练自己，将来必感困难。为此，必须在党支部的管理和训练下，培养自己的革命意志和锻炼严格的组织性和纪律性。

东方大学为熊雄创造了在法兰西和德国无法得到的良好学习环境，真正可以静下心来学习一些知识和研究一些问题。加上此时他有着坚定的信念、明确的目标，熊雄在东方大学期间，如饥似渴地学习马克思、列宁著作及中国班的课程，力求领会和掌握马列主义精髓。他年纪大，学习俄语困难，一有空隙，就坐在临窗床铺旁的书桌上，专心致志地读书。他的勤奋、热情和亲切，给同学们留下了深刻的印象，许多同学在几十年后回忆起来，都一致称道他的这些优秀品格。

1924 年 1 月 22 日早晨，东大学生正在吃早饭时，广播喇叭里突然传来列宁逝世的消息，全校师生立即陷入巨大的悲痛之中。当天下午，东方大学举行了追悼大会，由任弼时赶绘的列宁遗像悬挂在东大中国班教室里。翌日，列宁遗体停放在全国总工会会所大厅中，从当日下午开始至26日，莫斯科各界代表川流不息地向列宁遗体告别。熊雄与东方大学的学生一道，排成长长的队伍，瞻仰列宁遗容。27日，东方大学全体学生冒着零下二十多度的严寒，前去送葬。

对列宁逝世，熊雄肯定悲痛异常。遗憾的是，我们没有发现有关熊雄当时情况的文字资料，但在三年后，在熊雄所写的《列宁与黄埔学生》一文中，我们仍然可以看出熊雄对列宁的崇敬之心：

> 列宁在俄国创造了俄国共产党，领导工农成功了十月革命，并建设了空前的苏维埃社会主义共和国大联合，在国际上组织了第三国际而定了改造全世界大革命之计划，筑起反帝国主义的联合战线。他把革命理论和政策认得非常透彻，并指导得非常适当。他不图一个人之私利私名，他也不专为一民族国家计划，他"为全世界作工"，他为被压迫的阶级和民族求解放——即为全人类求解放！他事事根据科学方法，并事事能巧用科学方法，他非常虚心，勇于改过！他一点不与敌人妥协，也一点不白白地引起敌人的反感！他的意见才能虽然超众，他却始终服从党的纪律而不专断。他能使一切不识字不进学校的愚夫愚妇认他为救主，听到他的死而痛哭！这是何等的伟大啊！他的伟大，是因为，他只知他是时代中的革命工具，他认识时代，他为时代需要、为压迫民众的需要而死，死后留下不死的主义！①

这字里行间透出熊雄对伟大的革命导师列宁的崇敬和对他逝世的悲痛，展示了他对列宁主义深刻的认识和理解。

1924年4月，在东方大学成立三周年纪念会上，熊雄还亲耳聆听了托洛斯基的讲演。托洛斯基是由旅莫支部请来讲演的，他身材魁伟，声音洪亮，站在台上如同一只凶猛的狮子，给熊雄留下很深的印象。熊雄也听过布哈林在东大的讲演。这年6月，李大钊也来到莫斯科，他是出席共产国际第五次代表大会的中国共产党代表团团长，他应邀来到东方大学中国班，演讲《中国近代史》，

---

① 熊雄：《列宁与黄埔学生》，《黄埔日刊》1927年1月21日，第240期第1版。

报告中国革命形势。这使熊雄对中国的政治局势有了更深的认识，对中国革命的前途也有了更深的了解。李大钊还谈及国共合作和联合战线急需大量的干部，令熊雄热血沸腾，恨不得早日投身到国内的革命大潮。是年秋，赵世炎、彭述之、任弼时、陈延年、郑超麟、张伯简等 20 多人回国参加大革命运动，熊雄等仍然留在东方大学继续学习。

参与接待孙逸仙博士代表团

在熊雄进入东方劳动者共产主义大学学习前后，中国国内的政治态势发生了很多新的变化。1922 年 12 月，国民党总理孙中山写信给列宁，告诉他："本人拟派遣全权代于近期往莫斯科，与你和其他同志磋商合作事宜，以裨俄中两国的合法利益。"[1] 1923 年 1 月，孙中山和苏俄代表越飞在上海会谈，再次表示愿意派遣军事代表团访问苏联。5 月 1 日，越飞自日本东京转给孙中山一封苏联政府的电报，电报称准备提供军事物资，帮助孙中山开办军校。10 日晚，孙中山设宴招待共产国际代表马林，蒋介石应邀作陪，席间谈话中，有"商议赴欧事宜"一项[2]。

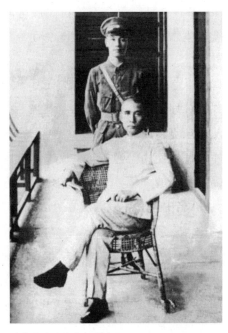

孙中山（坐者）与蒋介石

① 卡尔图诺娃：《加伦在中国》，中国社会科学出版社 1983 年版，第 17 页。
② 《蒋介石日记》（手稿本），1923 年 5 月 12 日。

马林是共产国际代表，荷兰人，1921年初由共产国际派来中国，推动组织中国共产党，促进国共合作。直到1923年8月初，蒋介石在和马林、汪精卫等商议之后，组织赴俄代表团的事才确定下来。代表团定名为"孙逸仙博士代表团"，由蒋介石任团长，成员有沈定一、张太雷、王登云。张太雷是中共党员（"跨党"党员，同时具有国民党党籍），时任青年共产国际执委会委员。

代表团于1923年8月16日从上海出发，9月2日下午抵达莫斯科。

孙逸仙博士代表团在苏联访问的日程安排还是很紧凑的。9月3日，蒋介石等就拜会了苏联外交人民委员会东方部长。5日，与苏联外交人民委员契切林会谈。7日，会见俄共（布）中央书记鲁祖塔克。当天下午，蒋介石等拜会共产国际远东局书记吴廷康（维经斯基）。吴廷康是个"中国通"，1920年被派到中国，推动组织中国共产党，与李大钊、孙中山都有交往。

9月9日，蒋介石等再次拜访吴廷康。下午3时，拜访苏联革命军事委员会副主席斯克良斯基和红军总司令加米涅夫等。蒋介石向斯克良斯基提出几项要求：一、俄国革命军事委员会尽量向中国南方多派人，按红军的模式训练中国军队；二、向孙逸仙代表团提供了解红军的机会；三、共同讨论中国的军事作战计划。

斯克良斯基答复说：已经向中国南方派去了一些人，需要等一等，看南方军队怎样使用已经抵达的同志。俄国革命军事委员会并没有多少了解中国并且懂得汉语的干部，不可能向中国南方派出大量军事指挥员。他表示，因为有大约30名中国人在俄国东方劳动者共产主义大学学习，所以最好的办法是在俄国为中国人成立专门的军事学校。经过交换意见，双方迅速达成协议：在俄国境内为中国人建立两所军事学校，其中一所高级学校，培养懂俄语的指挥员（不低于营级）30人，校址设在彼得格勒或莫斯科；一所是中级军校，建在靠近中国的地方，海参崴或伊尔库茨克，培养500人。关于代表团希望了解红军的要求，斯克良斯基表示完全可以接受。

在蒋介石动身赴俄之时，俄国的东方劳动者共产主义大学正在放暑假，中国学生都在莫斯科郊外的瓦西钦诺村度假。暑假快结束时，回城的同学带来一则消息，说孙中山派了一个代表团来苏俄考察政治、军事和党务，团长姓蒋。熊雄听到了，说："孙文手下姓蒋的人，莫非是蒋尊簋，那就很好，因为他欠了我三百元，我可以讨回来，请大家吃中国菜。"① 后来才知道来的是蒋介石。

东大学生暑假结束回校后，中共旅莫支部商议，决定参与对孙逸仙博士代表团的接待（按郑超麟的说法，是旅莫支部派定了几个人同代表团往来，去"争取"他们②），并指定罗觉、彭述之、熊雄参与陪同参观。

为什么会指派熊雄参与陪同代表团呢？笔者认为，这主要是熊雄有着自身的优势：他通晓俄语，了解苏联的一些情况，陪同时可作翻译，便于沟通；他懂军事，曾参加过护国、护法战争，在湘军中也指挥过战斗，是上校军衔，代表团既是来考察军事，熊雄的军事知识可派得上用场；他与蒋介石的年龄相差也不大，蒋此时 37 岁，熊雄 32 岁，而东大的其他学生都才二十几岁，年龄相仿便于交谈。代表团要考察政治、军事、党务，熊雄应是最好的陪同人选。熊雄也因此与蒋介石相识。

熊雄陪同蒋介石等人参观了哪些地方，现存史料中没有具体详细的记载。根据《蒋介石日记》，自 9 月 10 日起，蒋介石与沈定一等开始在招待所起草《中国革命的新前景》和《致苏俄负责人员意见书》。直至 16 日下午，蒋介石等才出来活动，应邀参加俄国陆军学校学生毕业典礼。

9 月 17 日，参观步兵第 144 团。当时，该团刚刚学习归来，营房还在修缮，生活尚未进入正轨。蒋介石等参观了连队、营房、红角、号令、修理部、医务室、俱乐部、图书室、机枪小队、厨房、面包房、俄共支部，而且品尝了红军战士的食品，了解了每周的食谱。

在有 400 名红军士兵出席的大会上，蒋介石发表演说，首先称赞"红军是世界上的一支最勇敢、最强大的军队"。蒋介石表示："我们来这里学习并与你们联合起来。当我们回到中国人民那里时，要激发他们的战斗力，战胜中国北方的军事势力。"③

蒋介石对红军第 144 团的印象非常好，他在当日的日记中记载："其军纪

① 《郑超麟回忆录》（上），东方出版社 2004 年版，第 196 页。

② 《郑超麟回忆录》（上），东方出版社 2004 年版，第 197 页。

③ 中共中央党史研究室第一研究部：《联共（布）、共产国际与中国民族解放运动》（1），北京图书馆出版社 1997 年版，第 292 页。

及整理虽不及日本昔日军队，然其上下亲爱，出于自然，毫无专制气象。"对于红军中的"双首长制"，即司令员之外还有一位党代表，蒋介石也觉得不错，认为两者之间分工恰当，"亦无权限之见"，"大约军事指挥上事务皆归团长，而政治及智识上事皆归党代表，尤其是精神讲话及平时除军事外之事务，皆归党代表也"①。

蒋介石能认识到军队中"双首长制"的作用和优势，这对他日后治军产生了非常重要的影响。后来他担任黄埔军校校长以及带兵时能突出政治的作用，能重视军校政治部，能在部队里设立党代表，其渊源皆在于此。

接下来的一个多月里，蒋介石及代表团的日程都排得满满的。其间，参观了军用化学学校、高级射击学校、海军大学、海军机器学校等。

10月10日，即当时中国的国庆节，又称"双十节"。代表团没有外出参观，从下午起，蒋介石就在预备演讲，题目是"中国国民党的历史"。当天晚上，在莫斯科的全体中国学生到蒋介石寓所，共同庆祝"双十节"。苏联外交人民委员部、苏联共产党都派代表前来祝贺。蒋介石讲了大约一个半小时，自觉"颇有条理"。接着是演剧、献技，奏《国际歌》，一直到夜12时方散。

对这段时间里蒋介石的一些活动，作为陪同代表团参观的熊雄都应该见证或参与了。熊雄的东大同学饶来杰在1980年回忆：

> 熊雄在苏学习期间，孙逸仙博士代表团来苏联考察政治、军事和党务。当时东大的中国共产党支部指定熊雄参与陪同他们参观并洽谈有关中国革命的问题，熊雄得与蒋介石相识。在他们多次接谈中，蒋介石曾向熊雄表示要求参加中国共产党的问题，熊雄曾指出："你（蒋介石）以多年随从孙中山革命的地位领导国民党新军则名正言顺。"没有同意蒋介石加入中国共产党……这是我在东大学习期间，熊雄对我谈及的，也是东大中共党支部尽人皆知的事。②

① 《蒋介石日记》（手稿本），1923 年 9 月 17 日。
② 饶来杰（竞群）：《熊雄献身革命气壮山河》，转引自熊巢生等编著《中国大革命中的熊雄》，江西人民出版社 2002 年版，第 183 页。

饶来杰的回忆中透出的一个重大史实是：蒋介石曾要求加入中国共产党，而熊雄婉拒了他。这么一个重大事件，熊雄不可能一个人做主，他肯定要向东大中共党支部汇报，所以东大中共党支部的人对这事是"尽人皆知"。

这么一个重大事件，由于只是在蒋、熊之间口头表述，蒋介石也没有写入党申请，所以在文献史料中都没有记载，其他东大中共支部成员的回忆中也没有佐证。蒋介石在其日记中却否认了这件事，并反过来说是有人"动员"他加入中国共产党，而蒋答以"须请命孙先生"，加以拒绝[①]。

这件事情孰是孰非呢？我们可以从蒋介石是否有想加入中共的动机和当时的环境来推测。蒋在苏联期间，一有空闲，除了学俄语，学拉手风琴外，多数时间是用在阅读马克思主义著作上，其日记载：

9月21日下午，看《马克思学说》。

9月22日下午，看《马克思学说概要》。

9月24日，看《马克思学说概要》。日记云："颇觉有趣。上半部看不懂，厌弃欲绝者再。看至下半部，则倦不掩卷，拟重看一遍也。"

9月25日下午，看《经济学》。

10月3日晚，看《共产党宣言》。

10月4日上午，看《马克思学说概要》，下午看《概要》。

10月7日及9日下午，看《马克思学说概要》。

10月10日上午，看《马克思学说》之《经济主义》。日记云："复习第三遍完，尚不能十分了解，甚叹马克思学说之深奥也。"

10月16日、17日，看《共产党宣言》。

10月18日上午，看《马克思传》，下午看《马克思学说》，"乐而不能悬卷"。

10月20日下午和11月1日，看《德国社会民主党史》。[②]

---

① 中国第二历史档案馆：《蒋介石年谱初稿》，中国档案出版社1992年版，第168页。

② 杨天石：《崛起与北伐》，中国发展出版社2015年版，第98—99页。

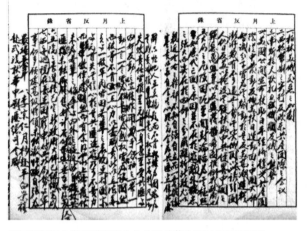

美国斯坦福大学胡佛研究中心公开的蒋介石早年日记原件

从上述日记可见，蒋介石这一时期读马克思主义著作不仅很积极、很认真，一遍、两遍、三遍地读，有时还很有兴趣，乐不释手。这样一位认真研读马克思主义著作的人，有加入共产党的想法应该是顺理成章的。

从外部环境看，孙中山1921年12月与共产国际代表马林在桂林会谈时，就已经谈到了改组国民党和谋求中国国民党和中国共产党合作的问题。1922年9月，中共领导人陈独秀、蔡和森、张太雷加入了国民党，成为具有双重党籍的"跨党"党员，而此时国民党内的一些元老级人物，如邵力子等，本身也是共产党人。蒋介石提出加入中国共产党，应该并不违背孙中山"国共合作"的愿望。

但是，蒋介石在他的日记中为什么对这件事情又加以否认呢？笔者认为，个性强而又要面子的蒋介石此时是"吃不到葡萄就说葡萄酸"，你拒绝我加入，我还不加入呢。直到12月13日，对此事心中很不舒服的蒋介石还在日记中写道："少年轻躁自满，诋笑道义，殊为可叹！排人利己之徒，诱引青年，自植势力，而不顾党谊，其实决不能自成其势。"[①] 这里所批评的"少年"和"排人利己之徒"，显然指的是中共旅莫支部的部分年轻的共产党员；而"自植势力，而不顾党谊"一句，所指应该是蒋介石加入共产党之事。这也可能是蒋介石对中共产生嫌隙的开始。

熊雄参与了陪同孙逸仙博士代表团的工作，这是肯定的，但是否全程陪同，却没有史料可以证实。这次代表团在苏联逗留近三个月时间，应该还有两件事情与熊雄有关：一是11月11日，蒋介石与斯克良斯基和加米涅夫再次会谈，斯克良斯基提出，可以允许"中国同志"到苏联军事学校学习，参谋部学院可

---

① 《蒋介石日记》（手稿本），1923年12月13日。

以接受 3—7 人，军事学校可以接受 30—50 人。这个军事学校应该就是熊雄后来就读的苏俄红军伏龙芝军事学院。二是 11 月 28 日，在代表团归国的头天晚上，蒋介石还与中共旅莫支部的赵世炎等人谈了话："略述此次来俄经过情形，并勉其不使为外人所支配而已。"认为他们是"青年有为之士，殊可贵也"[①]。这次谈话，熊雄很有可能参与了。

蒋介石于 12 月 10 日到达中国大连，之后回浙江溪口为母亲做六十冥诞、修墓，直到 1924 年 1 月 16 日才到广州。四天后，中国国民党第一次全国代表大会开幕，24 日，孙中山即任命蒋介石为陆军军官学校筹备委员长。

思想的高度

1922 年至 1924 年间，应该是熊雄思想发生质的飞跃的时期，这与他加入共产党组织、勤奋学习马列主义理论有关。但这一时期熊雄留下来的文字资料却不多，现在能找到的，仅有他在莫斯科东方大学中国班学习时写的《读了〈法国牢狱生活〉之后》和《介绍共产主义者的恋爱观》两篇文章。这是研究熊雄生平思想的两篇重要文献资料，从中可以看到熊雄成长的轨迹，表明他的思想在经过质的飞跃后达到的一个高度。

《读了〈法国牢狱生活〉之后》写于 1924 年 5 月 10 日，署名"披素"，是熊雄看到国内颇有影响的《学习杂志》1923 年第十卷 10 至 12 号上发表了李合林写的《九个月的法国牢狱生活》一文后有感而发的。李合林的这篇长文详细讲述了 1922 年 3 月他枪击中国驻法公使陈箓整个事件的经过，包括起因、事前的准备、事后自首、案件的审理、判决以及出狱，揭露了陈箓的罪行和法国当局的虚伪。但李合林写这篇文章时，头脑中还有着浓重的无政府主义（亦称安那其）思想，文章中透露出来的基本上是一股鼓吹暗杀、主张神秘暴力的无政

---

① 《蒋介石日记》（手稿本），1923 年 11 月 28 日。

府主义气息。

在 20 世纪初叶，中国很大一部分年轻的激进的革命党人都信仰无政府主义，在革命手段上主张实行暗杀。上海的军国民教育会还曾成立过"暗杀团"的秘密组织，明确规定革命分"鼓吹、暗杀、起义"三步进行，连共产党初期的总书记陈独秀早年也曾信仰过无政府主义①。但是，秘密暗杀于革命是无补的，它绝对不是一种好的社会革命的方法，很多优秀的革命党人对此都有清醒的认识，一些原先信仰无政府主义的共产党人在接受了马克思主义理论后，其思想倾向都有所改变。旅欧少共中央书记赵世炎在他写给陈公培的一封信中就说："以我观察，有一部分之安那其倾向颇变。其最著者为大陈——延年——趋向极为可爱。"陈延年，即陈独秀的长子，原来也信仰安那其（无政府主义），转变后为坚定的马克思主义者，1925 年任中共广东区委书记。

但是，也有一部分持安那其主义的人并没有改变，反而更为鼓噪，赵世炎在该信中也说："李合林事后，安那其朋友奋然而起……近日他们所出的工余杂志，竟高呼暗杀……革命……气魄可钦……将来如发生冲突，亦麻烦，可厌事也。"②旅欧少共中央书记赵世炎对此是非常担忧的。

实事求是地讲，熊雄在李合林事件上开始也还是有安那其思想的。比如李合林向他表明刺陈意图时，熊雄当时就没有表示反对，之后，熊雄还与李一道到张桓涛处取枪，之后又教李试枪等，说明那时至少是赞同李合林的做法的。熊雄自加入共产党后，思想观念有了一个很大的转变，逐渐认识到无政府主义想抛弃一切束缚，要求"彻底的自由解放"，这在阶级社会中纯属空想，暗杀并不能解决社会问题。熊雄写《读了〈法国牢狱生活〉之后》一文，应该说他不光是为了表明自己的马克思主义观点和反对安那其的态度，也含有提醒那些还有安那其倾向的激进青年并促其迅速转变的意思。文章一开始就说，李合林事件以及李的《九个月的法国牢狱生活》一文，会对"处在现在中国社会里底青年们的脑海中必会激起一些波动，因此影响于他们思想和行动"。因此熊雄提醒

---

① 可参见唐宝林著《陈独秀全传》上篇第二章第一节，社会科学文献出版社 2013 年版。

② 赵世炎 1922 年 4 月 26 日写给无名（陈公培）的信，见熊巢生等编著《中国大革命中的熊雄》，江西人民出版社 2002 年版，第 226 页。

青年们，"对于一件事情的发生，必须详细考究其所以发生的原因，因为无论什么事都不是凭空会发生出来的。我们若忽略了这一点，只依据自己的意思去推测一切，那么我们对于这件事必不会有真正的了解，而我们由这件事所感受的影响，也自然不会得到正确的结论"。

接着，熊雄公开阐明自己的观点：一、李合林的暗杀行动不是什么神秘的行动；二、暗杀不是唯一的社会革命方法。

关于第一点，熊雄说：

> 自从一班留法勤工俭学学生被遣回国的事发生以后，其余一班的勤工俭学学生几无一不痛恨陈箓，而思有以惩罚他。由此，我们可以知道李合林暗杀陈箓的问题，不过就是全部留法勤工俭学学生当日环境形成的一个问题罢了。当时合林同我都在赖古龙农校工读，得着学生被遣回国的消息后，当然与别人有同样的感想。跟着合林又接得几个朋友的来信，内中有某君的话说得颇为激烈，其余的只是弱者的哀号而已。合林年少气锐，既以哀号为可耻的表现，乃复信与某君，问他对于遣回学生这件事，究竟有什么具体办法？殊不知某君的复信，竟改变其从前的态度，他的激烈言辞，原来只是口里说的，笔下写的。更从广义方面看，在法国作工的环境中，处处都能够发现资本主义的罪恶，和劳动者的痛苦；回顾乡国，又为一般官僚和国际资本帝国主义者勾结为乱，糜烂不堪。因此种种的刺激，所以合林的热血就沸腾到了极点，毅然决然以图一逞，不顾其他，其结果遂演成暗杀陈箓的事实。由此我们可以看出合林的暗杀行动，实在不是什么英雄侠士的神秘行动，只是一个环境的反映罢了。①

在这段文字里，熊雄将李合林暗杀陈箓的种种社会环境——国内的（乡国糜烂不堪）、国际的（处处有资本主义的罪恶和劳动者的痛苦）、他人的（某君

---

① 熊雄：《读了〈法国牢狱生活〉之后》，原载《学生杂志》十一卷七号，1924年7月5日版。转引自熊巢生等编著《中国大革命中的熊雄》，江西人民出版社2002年版，第76页。以下几段引文均出自该书第77—80页，不再另注。

言行不一）、自身的（年少气锐，疾恶如仇）——分析得清清楚楚。正是在这种种矛盾的刺激下，李合林才"热血沸腾到极点"，因此熊雄在文章中接着说了一句："假使没有当时的环境，我敢说合林暗杀陈篆的事件，绝对不会发生。"从而论证了他的观点：李的暗杀不是神秘的行动。

既然李合林的暗杀行动不是神秘的行动，那么它是革命的方法吗？对此，熊雄没有否定，但他认为：暗杀不是唯一的社会革命方法！为什么这么说呢？

> 要解决这个问题，须先明白什么是社会革命。简单地说，社会革命是向一种陈腐了的社会制度——不适用的社会制度，阻碍社会朝前发展的社会制度下攻击，希图推翻之而代以一种新的社会制度——适用的社会制度，能促进社会朝前发展的社会制度。

在这里，熊雄用马克思主义理论观点来为社会革命下定义。熊雄认为，明白了社会革命的意义，再根据这个意义去评判暗杀的价值，就可以得出两条结论："一、暗杀不是向一种旧制度全部下的总攻击；二、暗杀不是一种具体的新制度的表现。"

为什么这样说呢？熊雄解释：

> 暗杀的完全的成功，只能除去一个或者几个为社会上普通的一般人们所判决的恶者，至于拥护这些恶者的制度，则暗杀的力量实无能波及，而使之动摇。或许有人要说，若是我们能用暗杀的手段，把一般恶者尽数去掉，社会总会进步。我们用暗杀的手段能不能够除尽一般恶者，还是问题；即使能除尽一般恶者，社会还未见得就能由此进步呢。
>
> ……一个社会的改造，必须要从社会基础的经济制度上根本改造，断不是枝枝节节的改良能做得好的。换言之，我们要颠覆社会上一种旧的恶的制度的势力，必须要一种新的较好的制度来代替他，然后社会才能向前发展，那种旧势力才可以使之消灭，不致死灰复燃……暗杀既不是一种新的较好的制度的表现，那末仅仅靠暗杀，当然不能产生一种新的较好的制度，以作旧的恶的制度的代替，那就不是唯一的社会革命的方法！

行文至此，熊雄并没有止住笔墨，也并没有再就事论事，而是提升一个高度，用阶级斗争的理论来论述社会革命的方法：

> 暗杀既不是唯一的社会革命方法（大胆地说，说暗杀不仅不能算做唯一的社会革命方法，就算做革命方法之一还虞有不当处），那么唯一的社会革命方法究竟是什么？就欧美各产业发达的国家来说，它们已把革命的形式弄简单了：日趋激烈的，只有阶级的革命——无产阶级对资产阶级的革命——但在经济落后的中国里却不同了，中国因为经济落后的缘故，早已被国际帝国主义者夷为他们的公共殖民地，因此中国的产业不能自由发展，事实上不能与欧美同时并行阶级革命自无疑义。在中国现状下，最需要的革命，只有一个彻底的民族革命——国民革命，这样一来，才有把中国从半殖民地的地位上解放出来的可能。但是这个解放的革命，也当然不是几声手枪和几颗炸弹所能成功的，必须要有广大的群众、严密的组织，而这组织的具体形式，就是适应经济的环境底下一种新制度的雏形，从而实行坚决的奋斗，然后始有建设真正中华民主共和国的可能。

在这里，熊雄把经济基础与社会革命的关系、经济落后的中国与欧美发达国家进行社会革命的区别论述得非常清楚了。中国的革命只能分两步走（先民族革命即国民革命，后无产阶级革命），这也符合中共二大制定的党的最低纲领与最高纲领的要求。1922 年 7 月，中国共产党第二次全国代表大会根据列宁关于民族和殖民地问题的理论和党成立后对中国革命基本问题的探索，制定了党在民主革命阶段的纲领是：消除内乱，打倒军阀，建立国内和平；推翻国际帝国主义的压迫，达到中华民族完全独立；统一中国为真正的民主共和国。党的最高纲领是：建立劳农专政的政治，铲除私有财产制度，渐次达到共产主义。熊雄在该文中的论述完全符合中共中央的精神。

熊雄将各种矛盾、各种关系分析清楚后，最后对要求革命的青年人（这当然主要是对安那其青年）一再发出呼喊：

中国青年同志们，时至今日，我们尤其要认清时代，才能免掉错误呵！……青年同志者呵，我们当着这生死关头，最要紧的是应注意历史的进程，考察现世国际间经济上的相互关系，由此才可以发现中国的乱源所在，然后才可导出改造社会的正确之途径，才不致冤枉的走错路，白白去做与实际无补的牺牲。

……青年们注意呵，第一步赶快做廓清思想的工夫罢！快以崭新正确的思想，带入群众中间去！趁早团结，努力前进！最后必要下个总攻击，把我们的仇敌摧破！

熊雄写作此文目的是给青年人读的，其对年轻人苦口婆心、谆谆教诲之情溢于言表，从中也体现出他日后作一个政治教官的理论、言辞、品行的素质。

1924年11月22日，熊雄就读的东方劳动者共产主义大学发生了一件轰动全校的事：一个名叫格利扬巴夫的预科生，本是俄国共产党党员，却因失恋而自杀。

这事闹得沸沸扬扬。熊雄敏感地认识到这件事情背后的深层次影响，联想到中国近来有些青年大谈"恋爱问题为社会问题的中心问题"，认为个人享乐的恋爱神圣不可侵犯，而把其他一切问题都抛弃不顾。熊雄认为这"完全是自由主义的小资产阶级的心理"，于是写下了《介绍共产主义者的恋爱观》一文，署名为"熊熊"，发表在国内《中国青年》（周刊）杂志第66期上。该杂志是中国社会主义青年团于1923年10月创办的机关刊物，由恽代英担任主编。该杂志致力于在政治上指导青年，就青年关心的学习、组织活动、婚姻恋爱、失学、失业等各种问题开展讨论，批评不健康的思想和风气，指导青年学习马列著作，努力培养青年的革命人生观。

熊雄在《介绍共产主义者的恋爱观》中说：

在资产阶级的社会里，谁能谈恋爱？谁配谈什么自由恋爱呢？人人既都不免受经济的支配，以恋爱始者每不免以痛苦终，恋爱只如作茧自缚而已。人类的真正自由的恋爱，只有在现社会制度打破之后才有可能！若真能以马克思主义的观点，认清了社会进化的过程，确定了革命的人生观，对于恋爱问题，应当是不难解决的。但是我们的青年，因生长在经济落后的社会里头，自由浪漫的思想，和宗法社会的观念，沿习既深，对这个似重要而实非重要的问题，每不免有许多徘徊歧路。即便是革命的同志，因这个问题有时亦会惹起许多纠纷，妨碍许多工作，这真是一个大的危险！

我们如果真要担负历史的使命，完成当前的责任——国民革命，贯彻终极的目的——无产阶级革命，那么我们应该把我们的一切，都归为无产阶级革命的终极目的所有，为被压迫民族求解放的神圣争斗所有。我们不应自私，更不应把这神圣的责任为恋爱之魔所击碎！①

熊雄的这篇文章，不啻是给那些"恋爱迷"一记响亮的当头棒喝！但该文更重要的意义在于：它公开宣扬了马克思主义的观点，宣扬了共产党人的历史担当——完成当前的国民革命，继而完成无产阶级革命；公开号召青年们要把一切都献给无产阶级革命的终极目的——共产主义，献给被压迫民族求解放的神圣斗争。综观熊雄日后的革命历程，他也确实践行了自己的诺言，为革命而奋斗到底了。

熊雄自1922年加入共产党后，通过对马列主义理论的学习、钻研，政治理论水平大大提高，思想境界达到了一个新的高度，他在东方大学所写的这两篇文章就是明证。同时也表明，此时的熊雄，无论在政治上还是在思想上，都已经是一个成熟的马克思主义者，是一个对共产主义有着坚定信仰的革命战士。我们说这两篇文章是熊雄思想高度的一个标尺，是因为在此之前，在他没有加入共产党和接受马克思主义之前，他写不出这样的文章；在此之后，特别是后来进入黄埔军校之后，因受到"党内合作"环境的限制，他也不可能如此旗帜鲜明地公开亮出共产党的主张。

① 熊雄：《介绍共产主义者的恋爱观》，原载《中国青年》1925年2月6日第66期，转引自熊巢生等编著《中国大革命中的熊雄》，江西人民出版社2002年版，第81页。

熊雄传

接受苏联军事教育

在 1923 年 9 月，蒋介石率"孙逸仙博士代表团"访问苏俄时，曾与苏方谈及为中国开办军事学校的事，苏方当即表示同意。之后，共产国际将这个军事学校办在红军伏龙芝军事学院之内。1924 年 6 月，国内黄埔军校正式开学，急需一大批军事、政治干部去充实学校的教学与训练。同时在中共党内，一批有识之士也开始认识到在中国革命中共产党必须掌握武装的重要性，提出不仅要为中国革命培养一般工作干部，还要注意培养军事斗争干部。为着这一目的，也为了帮助国民党办好黄埔军校，中共中央根据共产国际的通知，在 1925 年 1 月，结合东方大学同学的专长、特点，指示中共旅莫支部选派熊雄、聂荣臻、叶挺、李林、范易、颜昌颐等 20 余人到这个学校学习军事理论，进行军事训练。

军事学院学生的野外生活

红军伏龙芝军事学院设在莫斯科城内。关于军事学院的学习生活，与熊雄同在一个班的聂荣臻有较详细的回忆：

　　这个中国班对外是保密的，与东大没有什么联系，已纳入了红军的编制系统，同红军穿一样的衣服，过一样的生活。只是伙食供应特别优待……

　　我是第一批进红军学校学习的，叶挺同我编在一个班。第一批学员还有熊雄、范易、颜昌颐等同志，一共二三十个人。这批人几乎都在革命斗争中牺牲了，至今在世的，只有我一个。

　　军事学校设在莫斯科城里，很注意保密，我们尽量不出去。到野外演习，就是去莫斯科郊外的森林。全体学员同红军一样，一律住帐篷，一个班一个帐篷，每人发一块草垫子，上面铺一块床单，再发一条毯子。军事学校要求很严，训练很紧张。经常在野外进行军事演习，学习战术、技术，有时也进行打靶。白天晚上，还轮流站岗放哨，过的完全是正规红军的生活。当时我们都很年轻，身体可以顶得住。

聂荣臻此时刚满25岁，身体好。而熊雄此时已经过了33岁了，而且旅欧之前，他就在旧军队里摸爬滚打了八九年，又在日本军事学校学习过，已经混到了上校军衔，对这些初级的军事训练早已是烂熟于胸了。但是，他还是和其他同学一样，对每一个训练科目、每一次站岗放哨都是认真对待，圆满完成。

　　军事学校的教官，全部是从红军各单位抽调来的，几乎都是苏联内战时期各个战场相当于将军级别的红军高级指挥官，他们当时虽然没有实行军衔制，但是戴着军职领章，一看就知道是属于哪一级干部，都是师级以上的。二十年代中期，苏联红军初、中级干部文化水平一般还是比较低的，农民出身的干部占了相当大的比例，一般的干部还不能讲课。给我们讲课的教员，他们有内战时期的实战经验，讲课的内容很实际，深入浅出，加上理论学习与实际训练互相穿插，近半年的学习，在军事知识方面还是有所收获的。①

而熊雄在军事学校收获最大的，应该是学习了苏联红军的思想政治工作之后，对比中国旧军队里的那一套，更加认清了革命军队的性质、作用，认识到军队思想政治工作的重要性，这对他日后在黄埔军校进行政治工作是至关重要的。

遗憾的是，由于史料的湮没，加上军事学院的保密，至今很难看到有关熊雄在军事院校学习、生活的文献资料。在熊巢生编著的《中国大革命中的熊雄》一书中也仅收有熊雄写给陈乔年的一封信。该信全文如下：

乔年同志：

关于党部应讨论事项，已由本校干事会决议，荣臻同志函请你来面谈。不赘，再关于本校的书事亦有须面谈的。此外，需要书物列下：1. 关于对同志的四种表各十份；2. 石达林（即斯大林——编者注）的《列宁主义》二十本；3. 中国现状报告十份；4. 其它……

CP 敬礼

熊雄　元月三十日②

信中，"荣臻"指与熊雄同在军事学院学习的聂荣臻。陈乔年，即陈独秀次子(此时陈独秀长子陈延年已经回国)，其时还在莫斯科东方大学学习。从此信看，陈乔年没有参与旅莫支部的会议，故聂荣臻会函请他来面谈。而须面谈的内容，应该就是关于这次会议的决议。而从此信文字之外透出的信息，熊雄此时已经参与了军事学院中国班中共党支部的领导工作。

此时，中国国内工农运动发展迅速，黄埔军校开办进展非常顺利。1925 年3 月 20 日，陈独秀在给共产国际第二号报告中指出，"职工运动和国民运动日益发展"，"党的组织工作也不断发展"，而由于"工作人员和物质力量不足"，"以

---

①《聂荣臻回忆录》(上)，战士出版社 1983 年版，第 33—34 页。

② 熊巢生等：《中国大革命中的熊雄》，江西人民出版社 2002 年版，第 175 页。

至失去许多有利发展的机会"，因此希望共产国际尽量多派东方大学中国班的学员回国工作。而早在1月5日，已经回国工作的陈延年也写信给中共旅莫支部的陈乔年、王若飞、罗觉，说："熊雄兄望他早点回来，国内工作需人孔急，军事方面尤甚。去年他未回，真失计之至。"①

1925年5月，中共中央作出决定，从苏俄调40人、从法国调50人回国工作。于是在5月底，共产国际通知红军伏龙芝军事学院中国班20余人，于7月底或8月初回国，熊雄也在回国名单之列，算来他在军事学院学习的时间仅有7个月左右。

熊雄，这只矫健的雄鹰，经过了长期的刻苦磨炼，努力探索，终于成长为一名成熟的无产阶级革命战士，他就要回国参加大革命运动，施展他的军事、政治才华了。

---

① 熊巢生等：《中国大革命中的熊雄》，江西人民出版社2002年版，第29页。

下篇　奋斗·献身

奉命回国

1925 年 5 月底，在苏联红军伏龙芝军事学院中国班学习的熊雄接到共产国际的通知，要他与中国班其他 20 余名同学一道，于 7 月底起程，回祖国参加大革命运动。

从 1919 年 12 月熊雄赴欧算起，此时熊雄离开祖国已经有 6 个年头了。他从初出国门时的旧军官，已经成长为一名坚定的马列主义信仰者、无产阶级革命战士。

在此前后，中国国内的革命形势发展很快。1924 年 1 月下旬，孙中山在广州召开了国民党第一次全国代表大会，改组了国民党，重新解释了三民主义，正式提出"联俄、联共、扶助农工"三大政策，国共两党实行合作。大会最后选举的 24 名国民党中央委员中有 3 名共产党人，17 名中央候补委员中有 7 名共产党人。

与此同时，国民党筹建军事学校的工作也在广州黄埔岛上紧锣密鼓地展开，蒋介石被孙中山任命为筹备委员长。1924 年 6 月 16 日，黄埔军校正式开学，蒋介石任校长，廖仲恺为校党代表。黄埔军校成立后，急需一大批懂军事、懂政治的人才去充实教学和训练工作。召令熊雄等人回国，目的就是帮助国民党创办黄埔军校。

根据现有的资料来看，召熊雄回国是中共早就有的打算。中国国民党第一次全国代表大会后，中共旅莫支部立即举行会议，讨论了当时的国内形势，得出的两点结论：一、确认目前的中国国民革命的性质是资产阶级民主革命；二、中国共产党人加入国民党后，有可能使国民党发展成为民族革命的政党。因此，根据国内的指示，旅莫支部决定待 1924 年东方大学暑假之后，即派在东大学习的部分党员回国工作，其中包括罗觉、彭述之、赵世炎、任弼时和熊雄等 18 人。

但在与共产国际远东局书记维经斯基①商议之后，名单人数作了调整，熊雄这次没有在回国名单上，此事让中共领导人深感惋惜。

1925年3月20日，中共中央总书记陈独秀在给共产国际的第二号报告中，希望共产国际尽量多派东方大学中国班的同学回国。因此在5月份，就有近百名在苏俄和法国等地学习的中国留学生奉调回国，逐渐形成了中国大革命时期旅欧勤工俭学人员返国的一个大潮。熊雄的回国，应该就是这次大潮中的一朵浪花。

准备与熊雄一道回国的人中还有聂荣臻、叶挺、李林、范易等人，由王一飞带队。临行前，第三（共产）国际书记季诺维也夫同他们作了次简短的谈话，着重谈到中国革命的性质是民主主义革命，国内目前正在进行国共合作，希望大家回国后，帮助国民党办好黄埔军校。当时参加过谈话的聂荣臻回忆说："我当时的印象是，他就是怕我们回国后搞'左'了。"②

1925年8月上旬，熊雄一行20余人，在王一飞的带队下，离开莫斯科，先是乘火车到海参崴（符拉迪沃斯托克 Владивосток）。当时苏联的经济状况也不是很好，火车还是老式的蒸汽机车，速度慢，车上设备条件都很差，从莫斯科经西伯利亚到海参崴，2000多公里的路程，竟然走了近半个月。

熊雄他们在回国的途中，国内传来一个令人震惊的噩耗：与中国共产党合作密切的国民党左派中坚、黄埔军校党代表廖仲恺先生，8月20日上午被国民党右派分子收买的暴徒刺杀身亡。

廖仲恺是公认的国民党左派领袖，他自始至终参与了黄埔军校的筹建策划工作，1924年中国国民党改组之后，他又被选任中央执行委员兼农工部长。他的夫人何香凝曾经回忆说："孙中山和仲恺之所以这样苦心孤诣地创办黄埔，就是深知军阀终不可靠，一定要成立一支进步的、与民众相结合的革命武装力量，才足以反抗帝国主义，并最后消灭封建军阀的反动武装。"③而现在廖公被刺，令

---

① 维经斯基（1883—1953），俄国人，原名格里格里·纳乌莫维奇·札尔欣（沃依琴斯基），在华期间化名吴廷康，笔名魏琴、卫金等，是共产国际帮助成立中国共产党的第一人。

② 《聂荣臻回忆录》（上），战士出版社1983年版，第41页。

③ 何香凝：《我的回忆》，载《辛亥革命回忆录》第一集，中华书局1961年版。

身在旅途中的熊雄悲痛万分。联想到 3 月份刚刚去世的孙中山先生，更令熊雄担忧：两位伟人在半年时间内相继离世，今后中国国内的政局将向何处发展？国共合作的局面是否会出现新的变数？

经过两个星期的旅程，熊雄等 20 余人才来到海参崴，这是苏俄在远东地区最南端的大城市，靠近日本海，紧邻中国吉林省。

临近祖国国门了，但熊雄他们仍然不敢松懈，因为海参崴的华侨很多，而熊雄他们又是学军事的，尽管他们想上街看看，苏联方面还是特别强调保密，不让他们上街。这 20 多人就在苏联远东海军司令家里待着。

直到 8 月下旬，负责接待的苏方人员才通知熊雄他们，已经买到了由海参崴到上海的轮船票，一行人又化装成学生模样上船。尽管他们在船上非常小心，日本的特务机关还是发觉了这批从苏俄回国的人员。当轮船到日本长崎暂停时，当地的报纸就登出消息，说有一批在苏联学习军事的中国学生最近回国，弄得熊雄他们很是紧张。为了以防不测，他们每个人都想好了一套回国原因的说辞，准备到上海登岸遇到危险时好应付。

好在有惊无险。9 月上旬，一行人到达上海，那时的上海还是张作霖奉系军阀的统治地盘，他们忙于军阀间的争斗，注意力没有放在这上面，熊雄他们才得以顺利通过了海关，简单查验了一下护照和行李就被放行了。

这批人回国后的工作安排得由中共中央确定。关于到上海后的情形，与熊雄同行的聂荣臻回忆说：

陈独秀

在上海，我们先分散住进了旅馆，以后按约定的时间到中央报到。接待我们的是王若飞同志，他也是留法勤工俭学学生，在莫斯科学习过，比我们早回来一些时候，我们很熟悉。他当时负责党中央秘书处的工作，一般事情都先经过他。他先领我们去见了陈独秀。陈独秀是赫赫有名的人物，是党中央的总书记兼组织部长，我们的工作就由他分配。这是我第一次见到陈独秀，比较注意。只见他手里拿了一张纸，是已经定了的分配名单。他先宣布了我们的分配去向，以后简单地问了一下每个人的情况，表示欢迎我们回国，接着就讲了一通国内革命形势和我们的任务。大意是，你们回来好啊，一部分人到南方，一部分人到北方。到南方主要是去加强黄埔军校的工作，具体岗位，到了广东区党委再决定。到北方主要是去加强冯玉祥西北军的工作。到黄埔以后工作怎么办？将来我们为着什么？他没有讲，只是说，你们要参加国民革命，这个革命的性质是资产阶级民主主义革命，我们参加这个革命，使革命获得成功，就是好事情。分配结果，我和叶挺、熊雄、张善铭、纪德福、杨善集等 12 人到南方；李林、范易等到北方；王一飞、颜昌颐被留在党中央做军委工作。①

熊雄等人在上海停留了约一个星期，分配工作完后，到南方去的 12 人就乘轮船到了广州。在中共广东区委见到了书记陈延年和周恩来。此时周恩来已经担任黄埔军校的政治部主任，是特意从军校赶过来迎接熊雄等人的。他们俩曾经与熊雄一起，也在法国、德国勤工俭学过，比熊雄早些时候回的国。战友相逢，大家分外高兴。

刚从苏联归来的熊雄

熊雄自 1919 年离开祖国留学，阔别故乡 6 年。这次回国，本应顺道回趟江西老家，看望年迈的母亲和其他长辈，以尽孝道。然而革命工作的急迫，令他"忠孝不能两全"，只能强忍心中的思念，决定与同志们一道，尽快到岗。仅在离开上海前夕，熊雄匆匆给大哥移嵩（熊春和）写了一封信：

移哥左右：

雄已于月之三日东归抵上海，本拟即图归省，奈人事纷纭，又须再作南游也。知注谨闻，并乞转报慈亲，请勿倚念。详情俟到达剑处（时熊雄三哥剑霜在广州工作——引者）再告。左右近来对物质和精神两方状态如

① 《聂荣臻回忆录》（上），战士出版社 1983 年版，第 36 页。

何？遐望详示，俾资商榷。故园消息如何，亦盼示及。蕃儿（熊雄大哥的长子熊蕃昌，时亦在广州工作——引者）等闻甚进步，晤次益当相与勉之，勿念，匆匆即祝，起居康胜。弟雄上，九月七日于上海。①

可见，熊雄对亲情的思念并不比常人少，只是因为革命工作的紧迫而无暇顾及罢了。顺便说一句，由于在海外留学，归国后在黄埔军校工作又十分繁忙，熊雄自妻子亡故后，再也没有续弦，一直过着独身生活。熊雄时值青壮年，但从未传出过男女绯闻，可见其人品之高尚。

写完给大哥的信，熊雄立即乘船浮海南下，到黄埔军校报到。

踏进黄埔军校

根据中共中央的指示，熊雄与叶挺、聂荣臻等12人于1925年9月中旬乘轮船到达广州，随即由中共广东区委分配到黄埔军校工作，聂荣臻任军校政治部秘书，熊雄任军校政治教官，并参与军校第四期学员的招生工作。

熊雄进入黄埔军校报到的具体日期现已无法确定。但应该说，从他踏进黄埔军校的那一刻起，他一生中最光辉的革命生涯就开始了。

黄埔军校创办之初，全称为"中国国民党陆军军官学校"，又以校址位于广州市黄埔区长洲岛，亦称为"黄埔陆军军官学校"，简称黄埔军校。从校名就可得知，这是一所党立的军校。

军校距广州城约四十里，岛上林木葱茏，山峦起伏，南面与当年林则徐禁烟之地虎门相连，为广州第二门户，岛上有长洲要塞。此地曾为广东陆军学校及海军学校旧址，但因年久失修，败瓦颓垣，荒烟蔓草，已久为狐鼠窃据之所。孙中山决定创办军校，见其地四面环水，隔绝城市，地当枢要，便于兴学讲武，

---

① 转引自熊巢生等编著《中国大革命中的熊雄》，江西人民出版社2002年版，第176页。

遂指定为军校校址。

黄埔军校是中国大革命时期国共两党合作创办的，从开办之初到1927年之前，黄埔军校在国共两党的携手合作之下，是一段辉煌时期，名气远播海内外，全国各地的进步青年纷纷呐喊着"到黄埔去！"

黄埔军校

的口号。但在1927年四一五广州"清党"之后，国共合作破裂，两党反目成仇，黄埔军校也日渐失去了它的光环。熊雄在黄埔军校的一年多时间，正是军校从辉煌走向突变、两党从合作转为破裂的时期。

国共两党当年是如何合作创办军校的？为什么后来合作会破裂，以至于反目成仇，在军校大肆"清党"？要了解此问题的渊源，就必须弄清楚此次两党合作的起因、方式和过程。

中国共产党和中国国民党在历史上曾有过两次合作，第一次合作的成果是创办了黄埔军校，第二次合作的成果是联手打败了日本帝国主义，取得了抗日战争的胜利。之所以第一次合作会失败而第二次合作会成功，主要原因在于两次合作的方式不同：第一次合作的方式是党内合作，第二次合作方式是党外联合。而第一次合作采用党内合作方式，是因为在共产国际的压力下形成的。

中国共产党在成立之初人数非常少，1921年党的一大召开时全国才有50余名党员，1922年二大时才有195名党员，1923年三大时有420名党员，1925年召开党的四大时也才有994名党员。相比起中国革命的宏伟目标和异常艰巨的任务，这点力量是很微小的，尽管它在各地组织工会、领导罢工等做出了出色的成绩，但是难以掀起全国性的革命风暴。

而国民党在此时已经是一个有着十几年历史的全国性的大党了，只不过是党内派别众多，明争暗斗，意见纷杂，难以形成合力，连国民党的总理孙中山

孙中山

先生也看得很清楚，"国民党正在堕落中死亡，因此要救活它就需要新血液"[1]。

1922 年 3 月中旬，共产国际代表马林来到上海，首次向中共中央提出了共产党员和青年团员加入国民党，以党内合作形式建立革命统一战线的建议，共产党要"改变对国民党的排斥态度并在国民党内部开展工作"，以便"通过国民党同南方的工人和士兵取得联系"[2]。

与此同时，从 1920 年共产国际二大后，列宁和共产国际的策略思想也有重大转变，列宁更加重视殖民地附属国特别是东方各国革命运动的发展，提出了资本主义各国的无产阶级革命与殖民地半殖民地国家民族解放运动互相支持的思想，这就要求这些国家的无产阶级和共产党不但要积极参加民族民主革命，要与资产阶级及其政党建立统一战线，而且要夺取革命的领导权。

列宁为了贯彻自己的思想，在 1922 年 1 月远东各国共产党及民族革命团体第一次代表大会期间，亲自接见了由张国焘（中共代表）、张秋白（孙中山指派的国民党代表）、邓培（铁路工人）组成的代表团，促进共产党与国民党的合作。他问张秋白和张国焘："中国国民党和中国共产党是否可以合作？"张秋白回答："国共两党一定可以很好合作！"张国焘也做了肯定回答，并表示："在两党合作过程中可能发生若干困难，不过这些困难相信是可以克服的。"列宁很满意[3]。

然而此时的陈独秀以长期以来形成的对国民党的认识，对国民党没有好感。这位共产党的最高负责人在 1922 年 4 月 6 日给共产国际远东局书记维经斯基的信中郑重表示："马林君提议中国共产党及社会主义青年团均加入国民党，余等则特反对。"其理由是："共产党与国民党革命之宗旨及所据之基础不同。""国

---

① 孙中山与宋庆龄的谈话，转引自宋庆龄著《儒教与现代中国》，人民出版社 1966 年版，第 109 页。

② 唐宝林：《陈独秀全传》，社会科学文献出版社 2013 年版，第 326 页。

③ 张国焘：《我的回忆》第 1 册，东方出版社 1991 年版，第 198 页。

民党联美、联张作霖、段祺瑞等政策和共产主义太不相容。""国民党……仍是一争权夺利之政党,共产党倘加入该党,则在社会上信仰全失(尤其是青年社会),永无发展之机会。"①

必须指出,当时陈独秀反对的是党内合作的方式,而不是反对统一战线政策本身。相反,在接受列宁关于殖民地革命的理论后,陈独秀和党中央坚决扭转了一大时排斥与资产阶级党派联合的观念,而树立起明确的统一战线观念。这一点,陈独秀在4月份所写的《告做劳动运动的人》一文中就有所论述。接着,在6月15日发表的《中共中央第一次对于时局的主张》中,他更是以党的决议的形式向全国宣告:

> 中国共产党的方法是要邀请国民党等革命的民主派及革命的社会主义各团体,开一个联席会议,在上列原则的基础上,共同建立一个民主主义的联合战线,向封建式的军阀继续战争。这种联合战争,是解放我们中国人民受列强和军阀两重压迫的战争。②

8月中旬,国际远东局代表马林来到上海,他一面命令共产党执行加入国民党的决定,一面做国民党的工作。为此,他与国共两党领导人频繁接触,还把李大钊调到上海,帮助工作,因为李大钊对孙中山和陈独秀都有较大影响。这时,孙中山因受到陈炯明背叛的沉重打击,处于"光杆司令"的极度困难和绝望的精神状态中,所以他非常欢迎共产党员和青年团员这批"新鲜血液"的输入,以挽救国民党。这也是他要共产党人加入国民党、只同意党内合作的根本原因。

8月28日至30日,在马林的要求下,中共中央在杭州召开特别会议,讨论共产国际的决定。会上,由于陈独秀等多数中央委员继续反对马林的意见,发生激烈争论。马林说国民党不是"资产阶级的政党",而是一个"各阶级革命

---

① 《陈独秀致吴廷康的信》,见中央档案馆编《中共中央文件选集》第一册,中共中央党校出版社1989年版,第31页。

② 中央档案馆:《中共中央文件选集》第一册,中共中央党校出版社1989年版,第26页。

分子的联盟"。陈独秀反对，强调"国民党主要是一个资产阶级的政党"，共产党员加入国民党，"会引起许多复杂而不易解决的问题，其结果将有害于革命势力的团结"，"混合了阶级组织和牵制了我们的独立政策"。最后，马林只得拿出"尚方宝剑"，说这是共产国际的决定，不同意也得服从。

因为当时中国共产党只是共产国际的一个支部，所以陈独秀也只好无奈地表示："如果这是共产国际的不可改变的决定，我们应当服从。"但他提出的条件是：孙中山必须取消按手模宣誓服从他等封建独裁的入党办法，并根据民主主义原则改组国民党。

杭州会议一结束，陈独秀即与马林、李大钊一起去拜访孙中山。孙中山听取了陈独秀等人关于改组国民党的意见，在9月4日召开了国民党各省区50余名负责人开会，讨论改组问题。会后，在孙中山同意改组并取消入党时按手模宣誓效忠于他的情况下，陈独秀、蔡和森、张太雷由张继介绍、孙中山主持加入了国民党。6日，陈独秀等9名国民党骨干即被孙中山指定组成国民党政务改进起草委员会。

1923年1月12日，共产国际正式做出了关于共产党与国民党合作的决议——《共产国际执行委员会关于中国共产党与国民党关系问题的决议》。《决议》中关于党内合作的形式是"中国共产党党员留在国民党内"，即以个人身份加入国民党；关于加入国民党的原则是"不能以取消中国共产党独特的政治面貌为代价，党必须保持自己原有的组织和严格集中的领导机构"。"中国共产党应当在自己的旗帜下行动，不依赖于其他任何政治集团，但同时要避免同民族革命运动发生冲突。""只要国民党在客观上实行正确的政策，中国共产党就应当在民族革命战线的一切运动中支持它。"加入国民党的目的是："组织和教育工人群众，建立工会，以便为强大的群众性的共产党准备基础。"①

站在中共的立场上，这个《决议》无疑是正确的，中心思想就是必须保持中共的独立性，支持国民党是有条件的。因此，后来陈独秀在宣传这个《决议》时还强调："此种联合，纯粹是两阶级革命行动之联合，决非两阶级主义之联合，

---

① 中共二大史料编纂委员会：《中国共产党第二次全国代表大会》，中共党史出版社2006年版，第135—136页。

此绝对不容混同者也。"①

　　陈独秀尽管在国共合作方式上与共产国际有意见分歧，但一旦共产国际作出了决议，他还是按照组织原则予以坚决贯彻执行。1923 年 12 月 25 日，也即孙中山在广州召开国民党第一次全国代表大会前一个月，他以中国共产党委员长的名义，签署发布了《中国共产党通告十三号》，《通告》号召"有国民党组织之地方，同志们立时全体加入；没有国民党组织之地方，望即将同志非同志可加入国民党之人数及何人可以负责，报告中局（指中央总部——引者），以便中局向国民党接洽，请其派人前往成立分部"②。

　　但是，这种"党内合作"的模式并没有按照共产国际设想的好的方向发展。

　　1923 年 8 月，取代马林的共产国际代表鲍罗廷③来到中国，他带来了苏联援助而国民党急切需要的经费和创办黄埔军校军训用的枪械弹药，孙中山任命他为国民党组织教练员。在国民党的一届二中全会上，鲍罗廷虽然否决了国民党右派提出的请共产党员退出国民党的"弹劾共产党案"，但仍赞同支持《有关容纳共产分子问题之训令》，训令认为"中国共产党的活动，有关国民革命者，实有为国民党周知的必要；中国共产党对于其加入国民党的党员施以指导，使之对于国民党应如何尽力……本党更不能不过问"④。这就要求

鲍罗廷

孙中山给鲍罗廷的委任书

---

　　① 《民主联合战线与劳资妥协》，《劳动周刊》第 6 期，1923 年 5 月 26 日。

　　② 广东革命历史博物馆：《黄埔军校史料（1924—1927）》，广东人民出版社 1982 年版，第 14 页。

　　③ 鲍罗廷（1884—1951），全名米哈伊尔·马尔科维奇·鲍罗廷，俄罗斯人，国民革命时期共产国际代表。

　　④ 荣孟源：《中国国民党历次代表大会及中央全会资料》（上），光明日报出版社 1985 年版，第 72—75 页。

中共将自身活动中与国民党有关者全部公开通报给国民党。在当时共产党员和青年团员全部加入国民党的情况下，接受这个决议，就意味着共产党失去独立性，完全接受国民党的监督和领导。这样的两党合作势必发生日益尖锐的矛盾和冲突。

为此，1924 年 9 月 7 日，陈独秀给远东局书记维经斯基写信，认为国民党一届二中全会"对我们是一个很大的打击……实际上，他们利用反动派施加的压力和他们的反共宣传来压制我们，目的在于把我们中国共产党置于国民党的领导之下……鲍罗廷同志不是站出来反对，而是建议他们成立所谓国际联络委员会，隶属于国民党政治委员会，并且拥有解决（国共）两党问题的全权"①。陈独秀对鲍罗廷不与自己和共产党商量的做法表示不满。

此后，为了保持年轻的中国共产党的独立性和对革命的一定程度的领导权，陈独秀和党中央还多次给鲍罗廷和共产国际远东局去信，据理力争，使得鲍罗廷等策划的企图控制共产党的"国际联络委员会"胎死腹中，没起什么作用。在国内，他们与国民党右派势力也作了不屈不挠的斗争。

黄埔军校就正是在国共两党的这种争执下所形成的"合作"中，亦即是两党的激烈矛盾中诞生的。

但是，在 1925 年 8 月以后，共产国际受了斯大林为首的联共中央的压力，逐渐违背两年前作出的《共产国际执行委员会关于中国共产党与国民党关系问题的决议》中的一些原则，逐渐剥夺中共的独立性，使其变成任国民党宰割的附庸（具体情况后面章节还会叙述）。黄埔军校中左、右两派的斗争和矛盾更加激烈，以至于发展到水火不容的地步。

在熊雄进入黄埔军校之前，军校已经开办了一年半时间了，共招了三期学员。此处对前三期情况有简单介绍之必要。

1924 年 1 月国民党召开一大、实行改组之后，孙中山首先抓的就是创办黄埔军校，一直到 6 月 16 日正式开学，其开办经费主要依靠苏联援助。

黄博军校开创之初，由孙中山兼总理，蒋介石为校长，廖仲恺为党代表，

---

① 陈独秀：《陈独秀文集》第三卷，人民出版社 2013 年版，第 118 页。

黄埔军校开学典礼，主席台上从左至右廖仲恺、蒋介石、孙中山、宋庆龄

下设政治部、教练部、教授部、总教官室、管理部、军需部、军医部等机构，分别以戴季陶、李济深、王柏龄、何应钦、林振雄、周骏彦、宋荣昌为主任。之后各期的机构均有变动，各部主任也有调整，如政治部主任在军校第一期时，先后就有戴季陶、邵元冲、周恩来任职。周恩来兼任第一师党代表随军东征后，军校第二期后半段的政治部主任由汪精卫兼任，第三期则由邵力子担任政治部主任。孙中山在 1925 年 3 月逝世后，军校总理一职一直虚缺，实权掌握在蒋介石手中。廖仲恺被刺身亡后，军校党代表为汪精卫。

　　黄埔军校是在国共两党以"党内合作"形式下创办的。创办之初，共产党在全国的党员人数还不满一千，在军校内，共产党员和青年团员的人数相加，也不及校内教官和学生总数的十分之一，其余的都是国民党员（军校规定，入校者都必须加入国民党）。军校上层领导机构的主要职位都是由国民党要员担任，其中不少就是国民党内的铁杆右派，如戴季陶、王柏龄等；还有一些是假左实右派，如蒋介石、汪精卫等；真正的国民党左派中坚人物如廖仲恺等，在军校内是很少的。就是孙中山，在陈独秀的眼中，也只是国民党内的中派^①。因此，共产党在军校内，名义上是"合作"，实则处于从属、附庸地位，没有实质性的领导权。即便是在共产党员较多的军校政治部，周恩来担任主任也只是在第一期的后半段和第二期的前半段，时间不超过半年。加之进入军校的共产党员都得加入国民党，都得遵守国民党的纪律，他们如果发表任何批评国民党的言论，都会被国民党看作"党员反党"的证据，军校内就曾接连发生过检举共产党人"违纪"进而联署反对共产党员"跨党"的案件。可想而知，在这种所谓的"合作"之下，共产党员处境之尴尬、开展工作之掣肘、表达政治意图之困难。

军校前三期共招收了2327名学生，其中第一期645名，第二期449名，第三期1233名。开办之初，孙中山批发了300支粤造七九式毛瑟枪给军校作训练之用，但当时的兵工厂迟迟不交货，到开校时才领到30支，勉强给卫兵守卫。开学三个月后，经鲍罗廷的周旋，苏联才援助军校俄式步枪8000支、小手枪10支，每枪配子弹500发。

黄埔军校刚开办时异常艰苦。曾任军校第三期入伍生总队上校总队长的张治中将军回忆刚创办时："我们虽然有了这五百个学生，但是我们教育器材是不够的，武器弹药是不够的，马是没有的。这还不讲，就是一天三餐的伙食，还是有了早上不知道晚上，有了今天不知道明天……学生的服装只是一套灰布的衣服，没有袜子，赤着足穿草鞋。住的房子更是简陋得很，当时只有一部分学生借用从前黄埔陆军小学的瓦房来住的，此外就完全住在临时用芦席搭成的棚子，睡的是用竹子担（搭）起的床。"^②

---

① 如1924年7月13日，陈独秀在写给远东局书记维经斯基的信中明确地说："孙中山和另外几个领导人是中派，而不是左派（即便戴季陶也不是左翼理论家）。"9月7日，他又给维经斯基写信说："孙中山等人的态度在口头上保持中立。他们不能同我们的同志争吵，也不敢得罪右派和反动派，但实际上，他们利用反动派施加的压力和他们的反共宣传来压制我们，目的在于把中国共产党置于国民党的领导之下，或至少使中国共产党对它开放。"见中共中央党史研究室第一研究部译《联共（布）、共产国际与中国国民革命运动（1920—1925）》，北京图书馆出版社1997年版，第507、528页。

② 张治中：《黄埔精神与国民革命》，见广东革命历史博物馆编《黄埔军校史料（1924—1927）》，广东人民出版社1982年版，第67—68页。

军校初期的生活虽然很艰苦，但学生的斗志非常高昂。1924 年 10 月间，军校开学不久，广州地区发生了商团叛乱事件。军校师生执行孙中山的手令，平定了这次叛乱，首次树立了军威。

1925 年 2 月，广东革命政府举行第一次东征。军校师生和教导团组成的校军人数不过三千，担任右翼作战。依靠周恩来领导的政治工作，师生们浴血奋战，使部队很快就挺进东江，连战皆捷，在两个月之内取得了第一次东征的胜利。

第一次东征归来，校军教导团迅速壮大，扩编为党军一旅三团。6 月初，滇系军阀杨希闵和桂系军阀刘震寰叛乱，占领广州。在此危急关头，东征军立即撤离东江，回师平乱。留校入伍生也从猎德渡河，配合作战，于一周之内平定了杨刘之乱，光复了广州。

1925 年 6 月间，香港和广州沙面工人举行了震惊中外的省港大罢工。在这期间，黄埔军校师生积极投入这场反帝斗争，支持了工农运动。

然而，黄埔军校自创办之时始，校内的国民党左、右两派以及国民党右派与共产党的斗争就非常激烈。蒋介石表面上赞成革命，但他从未真心拥护过联俄、联共的政策，也从未真心与共产党合作。在蒋介石看来，国民党与共产党之间不是合作的关系，而是国民党在执行"容共政策"[①]。"容共"者，即国民党允许共产党加入也，蒋始终是把国民党看作是正统而共产党只是一个附庸。

周恩来在 1924 年 11 月至 1925 年上半年任黄埔军校的政治部主任，他回忆：

> 当时黄埔军校有六百学生，大部分是我党从各省秘密活动来的左倾青年，其中党、团员五、六十人，占学生的十分之一。蒋介石对这些人是提防、限制的。他的军阀思想在那时也是发展的……黄埔军校内的队长都是他的私人。有一次我派了几个左派的人当队长，他就大为不满，撤销任命。他用人的方法是制造矛盾、利用矛盾、操纵矛盾，拿一个反动的看住一个进步的，叫一个反左派的牵制一个左派的，用反共的牵制相信共产主义的。例如第一师师长是何应钦，党代表就可用我周恩来。第二师师长王懋功因接近汪精卫而成为当时的左派，我推荐我党的鲁易同志去当党代表，他就

---

① 可参看《中央陆军军官学校史稿》第六篇《党务》，1936 年版，第 19 页。

无论如何也不干，用了右派的人。第三师师长谭曙卿是右派，他就用鲁易同志为党代表……廖仲恺去世以后，他赶走了胡汉民、许崇智，表面上是反对右派，表示革命，实际上他是为了夺取个人权力。①

以上这些就是熊雄踏进黄埔之前军校的大概情况，也是他在军校施展政治才华、职掌军校政治部工作的历史背景。

首次亮相

熊雄踏进黄埔军校，也就登上了一个斑斓多彩、大有用武之地的政治历史舞台。军校任命他的第一个职务是政治教官，同时又接受了军校第四期招生的任务。立足于这个位置，他肯定要先了解、掌握军校中的基本情况，交往上下左右各种人物，辨识各类矛盾。因此，他进校后的第一个动作就带有亮相、表态性质：表明他的政治态度，他的学识才华，他的人格品位。

现在我们能找到的反映熊雄进军校后的第一件史料，是熊雄1925年10月10日发表在军校《中国军人》杂志第七期上的一篇文章《革命军人与地方主义》。熊雄在10月初开始的第二次东征中被任命为东征军总政治部秘书，10月6日即随军出发，在此之前，他还要做许多准备东征的工作。而熊雄是9月中旬才进军校，因此，这篇文章只可能是在9月下旬写就，写好后便交给《中国军人》杂志编委，直到10月10日才发表出来。

这篇文章不长，全文如下：

　　　读了汪精卫先生关于军事计划报告之后，我们觉得有两个注意点：第

----

① 周恩来：《关于一九二四至二六年党对国民党的关系》，《周恩来选集》上卷，人民出版社1980年版，第115—118页。

一点是关于政治方面的；第二点是关于思想方面的。特分述如下：

第一点关于政治方面的：广东为革命根据地，凡革命者，都知道要想革命发展，然有保全这个根据地的必要。然而内有反革命的骚乱，外来帝国主义的进攻，风雨飘摇，不绝如缕，我军人如果真正了解革命和实行革命，要想达到民族革命的目的，实现中山先生的遗言，然非实行汪先生军事计划的三个步骤不为功。但想把这三个步骤，步步做到，更非革命军人真能集中革命力量，廓清部落思想和地方主义，不仅无济时艰，并且没有能力保育刚生的革命稚子——国民政府。

第二点关于思想方面的：自民国以来，即有许多封建遗孽，如袁世凯及段张吴唐，利用南北皖直奉湘鄂川滇粤桂等部落和地方观念，驱民相杀，争相雄长。在广东革命政府之下，也不幸有此败类，挂起革命招牌，充满部落思想。自陈炯明变叛以至今日，这种足以危害革命政府的事实，屈指难数。当此上海残杀、沙基惨变而后，凡属革命军人，莫不忠勇奋发，积极的向着仇敌——帝国主义及其工具猛烈进攻，不但求雪奇耻，并且进而为一切被压迫民族解放的奋斗！然而自廖案发生后，一般忧世之士，弱者渐抱悲观，积极者仍有果敢的决心，应付时局，思欲继承中山的遗志，担负历史的使命。即以汪先生对于驱逐客军的解释来看，也就革命前途一线的生机，他说："魏邦平一般人口口声声说，要驱逐客军。这是他们的故意中伤。其实我们是要集合全国革命的分子，以主义为结合，不必分什么主客。我们只要革命的军队，打倒反革命的军队，不分省界。"又说："我们用革命的军队，打倒反革命的军队，不应主军赶走客军，我们应集合革命的军队，扫除反革命的军队，我们只问他们是不是革命的军队，不必问是哪一省的军队。他们喜用客、外江等名称来离间革命势力，我们不要上他们的当。我们把反革命的军队扫除了，我们正是要进一步打倒不革命和反革命的军队。"以上两段的谈话，是非常对的，因为中国问题，即为世界问题。全国的革命民众不但不能分省界，并且不应抱狭义的国家主义。要知道现代帝国资本主义的经济结构，已经把全世界打成一片了，世界的劳工群众，都已经被他们锁链束缚住了，一般的弱小民族，已经被他们的暴力征服下了。自上海五卅事变以来，一般久已酣睡的中国民众，睹俄罗斯社会革命的怒潮，受土耳其民族革命的余波，亦已打醒清梦，奋起抗敌，空拳白战，再接再厉。因此，东方病夫之民族，亦已经得到全世界大多数人的同情了。记者浪游欧土，耳闻目见，至今还有很深的印象，颇是增吾人世界革命的精神。

总之，社会上所表现的思想、政治等……都有他一定的经济背景，因此就要反映一定的政治思潮。这种思潮，是从各阶级间利益冲突而产生的，冲突达于极点，即为革命。民族革命，即系被压迫民族求解放运动的最高表现；社会革命，即系被压迫阶级求解放的最高表现。吾人倘能找着革命的来源和去路，自然会有革命的理论和行动。这样一来，在政治方面，才有整个的观念，知道什么是自己的责任，在思想方面，才不致为一切旧观念所拘，知道什么是自己的使命，继以积极的精神，不断的努力，方可成为真正的革命军人。如果一个革命军人，还带有地方主义和部落思想的色彩，那么就说不上是个革命军人，只可说是个封建社会里的酋长。既然时代错误，那就难逃天然的公例了。

作为在黄埔军校政治舞台上的第一次亮相，熊雄采用写文章的方式，是非常高明的，文章的容量大、受众面广、影响力强。就文章本身也可以看出，熊雄对选题、内容、投稿等各方面都经过了深思熟虑。

首先，文章是投给《中国军人》杂志的。《中国军人》是由黄埔军校部分官佐及第一、二期学员中左派积极分子组成的"中国青年军人联合会"于1925年2月创刊的杂志，不定期刊行。在联合会中，起核心作用的是军校学员中的共产党员，如李之龙、蒋先云、王一飞、吴明等，都是公开了身份广为人知的共产党员。蒋先云是联合会的常务委员，管理联合会日常组织活动；王一飞担任联合会的机关刊物《中国军人》的编委。据王逸常回忆："青年军人联合会是政治部联系青年军人的桥梁，是对青年军人进行革命思想教育的组织形式。周恩来同志经常找该会的负责人蒋先云等研究情况，给他们出谋划策。"[1]

与此同时，军校中另有部分官佐和学员也组织了一个"孙文主义学会"，他们也有自己的会刊《国民革命》和《革命青年》。"孙文主义学会"的右派倾向

---

① 王逸常：《周恩来同志在黄埔军校》，《长江日报》1960年1月6日。

比较明显，他们打着研究三民主义和孙中山学说的幌子，攻击共产党和社会主义学说，在青年学员中有很大的迷惑性。两个会参加的人数不相上下，且在成立之初都得到了蒋介石等军校领导的支持。

熊雄将他进校后的首篇文章投给《中国军人》而不是投《国民革命》或《革命青年》，其行动本身就说明了他的立场和政治倾向。

其次，文章的中心思想是号召加强团结，消除地方主义和部落思想。这一观点在当时来讲，无论左、右两派都无可挑剔，都能够接受。且当时广州革命政府在全国的大棋盘上还处于弱势，近有陈炯明的叛军，远有直、奉等各大军阀，广东作为革命的大本营，日后还担负着北伐的重任，因此革命军人内部的团结就显得尤为重要。

但是，熊雄没有就团结论团结，而是把这个问题上升到中国革命、世界革命的大局、全局来论述，并且再进一步从政治经济学的观点来审视政治思潮、审视革命运动。熊雄在文章的最后一段非常清晰地论述了"经济—政治思潮—革命"的关系。他认为，只有"找着了革命的来源和去路"，才会有"革命的理论和行动"，然后才能知道"自己的责任"，"才不致为一切旧观念所拘"，也才能"成为真正的革命军人"，真正消除"地方主义和部落思想的色彩"。因此，他号召"酣睡的中国民众"，"打醒清梦，奋起抗敌"，并以他留学欧洲的经历，认定中国的革命已得到全世界大多数人的同情，上海由共产党人领导的五卅运动亦成为世界革命的一部分。其论述条理分明，层层深入，令人叹服。

再次，熊雄通过这篇文章，用阶级斗争的观点来解释社会革命，认为这是"被压迫阶级求解放的最高表现"，非常明显地宣扬了共产党的主张，这种思想在当时是比较激进的，在中国舆论界也是不多见的。熊雄通过这篇文章，使黄埔军校的教职员工和全体学员都能感受和认识到他过人的才识、精彩的文笔、扎实的政治理论功底。

另外，熊雄的这篇文章是通过读了汪精卫的关于军事计划报告之后有感而发的，并且在文章中直接引用了汪精卫的两段话，认为汪讲得"非常对的"。这也是一种政治表态。

当时汪精卫是军校党代表，是与蒋介石平起平坐的军校最高领导人。熊雄说这话是否有拍马屁之嫌呢？非也！

从熊雄的性格、学养和政治态度来讲，熊雄不是个动辄争斗、锋芒毕露的人，而是一个稳重、随和而又坚定的马克思主义者，他决不会为讨好领导而丧失原则，更不会为了某种利益而去拍别人的马屁。

蒋介石、汪精卫等人在黄埔军校初创时期，至少在北伐战争开始之前，表面上是非常革命的，给人的感觉、印象都是个响当当的国民党左派形象。且不说他们的革命口号叫得比谁都响，就是他们追随孙中山的革命经历，也不能不使人钦佩。蒋介石在孙中山遭叛军陈炯明攻打，逃至永丰舰避难的50多天中，一直守护在孙中山身边，是孙中山的心腹爱将，是孙中山钦点的军校校长，他的位置谁也撼动不了。汪精卫是国民党的元老，是孙中山临终时遗嘱的记录者，他在清末刺杀摄政王载沣的壮举，令当时无数的革命青年仰慕，他接替廖仲恺当军校的党代表，也是众望所归。对这样的军校最高领导，刚进军校不久的熊雄当然会是恭敬有加，不折不扣地执行他们的指令。再则，熊雄从踏进黄埔军校的那天起，他所面临的生活、工作环境，较之他在辛亥年间军旅生涯时期和在欧洲留学时期都截然不同。他在黄埔军校，只是个中层干部，上有校长、校党代表，中有各部、各单位的同仁，下有他所领导的职员和所授教的学员。在错综复杂的人事关系网中，他必须处理好上下左右的关系，这对他以后的工作开展关系极大。因此，他选择从读汪精卫的报告而后发表感想这种做法并赞同汪的观点，只能表示他们上下级之间关系和谐，更是一种协调关系，讲团结、讲统一战线的行为。

熊雄进校后的首次政治亮相，实在是高明、精彩、漂亮！

随军东征

熊雄进校后，作为政治教官他还未正式向学生上课，就接到了一个更为紧急、更为重要的政治任务：随国民革命军第一军东征。

此次东征是第二次东征，征讨的对象是广东地方军阀陈炯明。

陈炯明原系广州革命政府陆军部部长，1922年6月背叛孙中山，发动武装叛乱。1923年1月被逐出广州，占据东江地区（今惠州、河源、汕尾、梅州、汕头）后，在英帝国主义和北洋军阀支持下，勾结湘、赣、闽等邻省军阀和驻粤川、滇、桂军，伺机夺取广州，推翻革命政府。

1924年冬，陈炯明乘孙中山应冯玉祥等人邀请北上，广东的建国军主力进驻粤北、赣南，留守广州兵力薄弱之机，将所部改称"救粤军"，自任总司令，以约7万之众分三路进逼广州。1925年1月，广州革命政府决定以留守广州的建国粤、桂、滇军和黄埔军校校军等共约5万人，组成东征联军，兵分三路，前后交战20余阵，至4月下旬，潮梅汕地区才全部为东征军攻占，第一次东征结束。

9月16日，不甘心失败的陈炯明以"迭接旧部之敦促"为名，"由沪抵港，筹划讨蒋事宜"。在福建、江西督军的支持下，重占东江。9月24日，还将海丰农民自卫军大队长、黄埔二期学生李劳工（共产党员）残酷杀害，使东江各地农民运动遭受摧残和破坏。陈军还四处破坏省港罢工，强迫工人返港复工，破坏对香港的封锁。一时间，东江境内乌云翻滚，民众重陷陈军魔爪之下。

在此情况下，举行第二次东征迫在眉睫，刻不容缓。9月28日，国民政府军事委员会任命蒋介石为第二次东征军总指挥，任命周恩来为第一军第一师党代表和第一军政治部主任（这是中国军队设立政治部的开始，这种制度在以后中国共产党领导的工农红军和八路军、新四军中得到承续和发展）。29日，国民政府东征军组成。东征军分为左、中、右三纵队，总指挥蒋介石在中路督战，黄埔军校系统的军队主要集中在第一（中路）纵队。周恩来为总指挥部政治部主任（简称总政治部主任，隶属总指挥部），全权负责前方政治工作。陈赓任东征军总指挥部警卫连连长。

第二次东征时总政治部主任周恩来

10月1日，第二次东征部队誓师。蒋介石、汪精卫发布《重征东江训诫》。

誓师大会上，周恩来发表了重要讲话，他说："希望全体将士不怕牺牲，奋勇杀敌。我们的战争是正义的，正义的军队必胜。陈炯明与我们势不两立，反动军阀不彻底铲除干净，国民政府就不能巩固。"①周恩来的讲话博得了全场的热烈掌声。誓师大会后，第一军第一师立即出发。

熊雄在第二次东征中的职务是国民革命军第一军政治部秘书，同时也是东征军总政治部秘书，协助总政治部主任周恩来工作；在中共党内，熊雄还是第一军支部书记。

熊雄任东征军第一军政治部秘书

国民革命军第一军以共产党员和国民党左派为骨干，政治素质好，战斗力强。特别是中共党员，除周恩来、鲁易分别被任命为第一军第一师和第三师的党代表外，黄埔军校的中共党员教官金佛庄、包惠僧、徐坚和第一期学生中的共产党蒋先云、张际春、王逸常等也担任了团党代表，可以说，熊雄这个第一军中共支部书记麾下真是人才济济。刘天在《赤黄埔系的形成与没落》一文中也说："其时赤黄埔系之势力，已由军校向外发展，最主要者为第一军。第一军军长由蒋校长兼任，中下级军官以黄埔同学为多，师团长亦多为黄埔教官，故黄埔共党之在一军者亦甚多。周恩来本人，自任军政治部主任，黄埔一期中之 CP 活动分子②，如黄锦辉、刘仇西、王逸常等，亦均在第一军中任政治工作，故一军支部之书记虽为熊雄，而主要成分皆为黄埔同学也。"③国民党右派惊呼第二次东征是"赤黄埔系"由军校向外发展的时期。

在第二次东征中，熊雄除了做好第一军中共支部书记的工作外，整个二次东征中的政治宣传工作，他也是重要的组织者和参与者。

二次东征出发前夕，熊雄就按照周恩来的指示，组织制定了《战时政治宣传大纲》。《大纲》认为：革命军队能打胜仗，根本原因是军队内有政治宣传，"这

---

① 舒风：《周恩来与邵力子》，华文出版社 2012 年版，第 26 页。
② CP 为中国共产党的英文缩写。
③ 刘天：《赤黄埔系的形成与没落》，《社会新闻》1935 年第 10 卷第 7 期。

种政治宣传工作，在平时要紧，在战时更为要紧。在战时要使人民与军队合作以协力对付敌人，全靠这种工作做得好"①。因此，总政治部组织了强大的237人的宣传队，熊雄直接参与组织了政治宣传队并指导其工作。

宣传队由东征军总政治部统率，依照战事政治宣传大纲，宣传队于总队之下分三大支队，每支队下又分三分队，各分队下又分为四小队，组织十分严密。其工作主要有以下几项：

一、对东征军的宣传工作，包括（1）解释东征军此次作战之意义，即是肃清反革命，巩固革命政府，发展革命势力，与帝国主义及其工具军阀作战以达到民族解放的目的。（2）解释东征军实力之准备程度，以固军心，如说明粮饷之供给，子弹之补充，野战医院之设备，及民众之同情等实在情形，使兵士无顾虑。并酌量情形，指示东征军应注意之点，使官兵不敢发生骄傲心理。（3）说明敌军实力及其弱点，使兵士了解敌情，增加自信力。（4）激励兵士感情，鼓励兵士勇气。（5）引导兵士与民众发生密切之关系。（六）殷勤慰劳伤兵。（七）于行军宿营时，尽可能组织各种娱乐。

二、对敌军的宣传工作，包括（1）宣传革命军与反革命军的区别，指出敌军的出路。（2）宣传敌军官长与帝国主义勾结情形，鼓动其士兵的民族思想，使其趋向革命。（3）宣传敌军兵士被压迫苦况，及革命军人精神上与物质上的快乐状况。宣传敌军俘虏，并殷勤安慰之，优待之。

三、对民众的宣传工作，主要有（1）解释此次出师的意义。（2）解释国民革命军严明的纪律，其所代表的是工农群众之利益。（3）宣传工农民众痛苦的根源。（4）宣传反革命残杀人民、为害地方的种种事实。（5）随处扶助并发展农工组织，并尽力为农工解决一切痛苦问题。（6）随处散发宣传印刷品（当以书报及画片为主，浅显传单为副），教导民众唱革命歌曲，呼叫革命口号。（7）尽可能的召集军民联欢会，于会中极力优待民众，多设娱乐活动。（8）解说国民政府成立后，拥护人民利益之事实（如废除苛捐杂税，严禁烟赌，扫除反革

---

① 据《东征纪略》,《政治周报》1925 年 12 月 20 日第三期,转引自广东革命历史博物馆编《黄埔军校史料（1924—1927）》,广东人民出版社 1982 年版, 第 308 页。

熊雄传

在政治部的宣传
鼓动下,东征得到广
大群众支援。图为省
港罢工工人运输队在
东江前线

命军队等)。①

　　应该说,东征军总政治部对政治宣传队的工作规定是十分详尽的,这份《战事政治宣传大纲》极有可能是熊雄亲自执笔编写的。

　　此外,总政治部还拟定《政治设施方案》,实行禁绝烟赌、轻徭薄赋、整顿财政、澄清吏治。总政治部还成立了社会运动科,以扶助工农运动,发展党务工作。

　　在实际工作中,由共产党领导的政治宣传工作得到普遍的开展。宣传队注意利用一切时间,及时向士兵和民众进行宣传,注意纠正兵士的一些越轨行动。如及时教育士兵搞好军民关系,不要任意毁坏民房家具,要善于以身作则,鼓舞士气,稳定军心;在沿途的车站、码头以及通衢小巷、宿营地和各处公共场所,广泛张贴标语及图画,广插五彩旗帜;于行军休息、宿营时,及时举办演讲活动,演唱演奏革命歌曲,举办军民联欢活动;组织战地记者,采访战斗中的感人事迹,拍照战时情形及兵民联欢等照片。每一次行军,政治宣传队的人员都走在部队前头,刷写"肃清东江""统一广东""为人民利益而战""不怕死,不要钱,是革命军队的本色!"等标语口号,激励部队勇猛杀敌。据统计,东征途中,共散发各种政治宣传品170多万份;仅政治宣传队第一支队沿途召开联欢大会就

　　① 据《东征纪略》,《政治周报》1925年12月20日第三期,转引自广东革命历史博物馆编《黄埔军校史料(1924—1927)》,广东人民出版社1982年版,第310—311页。

有 61 次，对民众演讲 878 次，对友军演讲 61 次[①]。连蒋介石都对二次东征中的政治宣传工作颇为赞赏。1925 年 11 月 15 日，他在听完政治宣传队的成绩汇报时说："此次行师，各军中有党代表政治人员，则官兵鲜有顾忌。演讲使明主义，乃能勇敢摧敌，经行一地，开军民联欢会，宣言标语，播所革命宗旨，故民众愿与合作。"[②] 这或许也可看作是蒋介石对熊雄工作的肯定，这对他日后在军校中重用熊雄也可能有些影响。

正是由于有如此出色的政治宣传工作，故而在整个东征战役中，东征军士气高涨，军队行进势如破竹，军队与地方民众关系融洽，战事进展非常顺利。熊雄为广东革命根据地的统一作出了很大贡献。

惠州战役

关于二次东征，文史工作者没有找到直接署名熊雄的文字材料。但有一篇署名"铁血余生"的《惠州战役日记》，据熊雄之胞侄、江西省林业厅离休干部熊巢生考证，应为熊雄所写[③]。

《惠州战役日记》刊登于"中国青年军人联合会"1925 年 11 月 20 日出版的会刊《中国军人》第八期。该文记述了二次东征时，东征军总指挥部自出发至攻克惠州的 11 天（1925 年 10 月 6 日至 16 日）时间内紧张工作的情况，约17000 字，同时也记述了东征途中得到工农商学各界支持援助的情景，更详尽记录了攻克惠州的战斗经过，均为作者亲见、亲历、亲为之事件。此时整个东征战役还未完全结束，因此此文也可看作是战况即时速写，可信度非常高。

① 张其雄：《东征时期政治工作概略》，载《军事政治月刊》第 2 期，1926 年 2 月出版。
② 中国第二历史档案馆：《蒋介石年谱（1887—1926）》，九州出版社 2012 年版，第 407 页。
③ 熊巢生：《〈惠州战役日记〉作者考》，载江西人民出版社 2002 年版《中国大革命中的熊雄》第 261 页。另外，本节中凡引用的原话都出自此《日记》，不再另注。

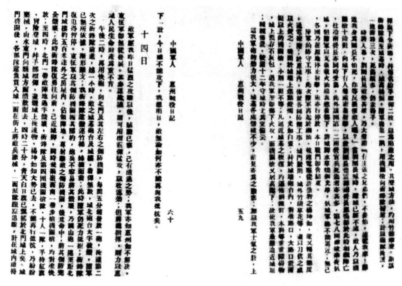

熊雄署名"铁血余生"所写的《惠州战役日记》，登于《中国军人》杂志

据此《日记》言，作者（熊雄）在东征军出发之际，又奉令为宪兵营营党代表，随总指挥部行止。因此，熊雄不但要做总政治部秘书工作、宣传队工作，还要做宪兵营的工作，其繁忙程度可想而知。现根据《日记》记述，可知熊雄在东征战役中工作的大概情景：

10月6日，熊雄率宪兵营随东征军总指挥部出发。在此之前，第一期东征军已于10月1日出发，第二期也于2日出发。下午3点，总指挥部及宪兵营队伍到达大沙头车站，受到当地各界民众数千人的热烈欢迎。下午9时，部队抵达石龙镇，各队伍分觅祠堂驻扎，不占用民房，总指挥部设行营于石龙商会，熊雄率宪兵营驻石龙市东庆坊东江、培英两小学校。

10月8日，东征军政治部宣传总队在石龙公园举行工农兵学商各界联欢大会，到会各界团体24个，民众2000余人，其中以工人为多，学生次之。下午3时，宣布开会，先恭诵孙中山遗嘱，向孙中山、廖仲恺遗像三鞠躬，尔后由商会、农协、学联、工会的代表以及省港罢工委员会代表和军界代表演说，继而由总政治部主任周恩来演说，重申这次东征完全是为人民幸福而来，人民应与革命军联合起来，如同兄弟一样互相亲爱，互相提携，将敌人早日打倒才是。演说完毕，民众高唱《国民革命歌》，高呼口号，会上还散发了《本军告石龙人民书》。联欢会尽欢而散。

10月9日下午，熊雄到第二连。该连有一学生班，在总政治部担任警戒。有一位刘姓军校学生对熊雄说：我们一定要同敌人亲身拼命才好，像这样不生不死的当守卫，实在不愿意。熊雄于是再三向刘姓学生解释："革命军人，固在以武力镇压敌人，然用宣传工夫，使人民明了主义，明了此次作战的意义，也是很重要的，我们虽然不能径往前方与敌相搏，如果我们能抽点工夫，向石龙各界人民尽力宣传，如此虽不敢云尽职，也算无愧。到了我们与敌相搏的时候，再勇往向前，也还不迟，望你们努力。"

因10月10日是"双十节"（辛亥革命纪念日），总政治部于9日下午举行筹备会议，由熊雄召集，讨论了第二天的庆祝事宜。最后议决，由总政治部召集各界举行游街大会，会场一切布置、标语均由总政治部派员负责。

"双十节"的游街活动主要由培英等两小学校的学生巡行。熊雄一早便来到小学校内，学生们一见到熊雄，非常欢迎，让座递茶，围绕谈笑，还再三要求熊雄教他们唱歌。于是熊雄在黑板上写了《国民革命歌》和《杀贼歌》两首歌词，并向他们解释词义，继而教以唱法。熊雄说："我的歌唱，本来不太好，不过他们唱的时候，还是声音明亮，全场一致，也算好听，足以助兴。"

上午10时开完会，即整队巡行。前面以排灯引导，继以醒狮，随后是学生和教职员工队伍，沿街巡行，时而唱歌，时而呼口号，市民观者不下数千人。

11、12两日，东征军继续向博罗、惠州进发。13日上午9时，前线开始攻打惠州城。

惠州城历来易守难攻，此次攻城计划，以

1925年10月13日，东征军进攻东江门户、号称"东江天险"的惠州城

国民革命军第一军担任中路，为作战主干，以第四军为右翼，以攻鄂军为左翼。蒋介石也于12日晚抵达城外飞鹅岭，靠前指挥作战。

自攻城命令下达后，东征军大炮机关枪声密如连珠炮，打得城内敌军不敢抬头。至13日中午时分，东征军的炮火愈加猛烈，毁去敌军阵地数处。下午2点，城北门内无线电台中一开花弹，火光冲天，延烧至3点钟才熄。总指挥蒋介石旋即下令冲锋，东征军用竹梯攀登城墙。讵料冲锋队进至城基时，城高梯短。敌军麇集一隅，用机枪向冲锋队扫射，东征军一连冲锋三次，均未得手。

时将入暮，团长刘尧宸见敌势甚雄，乃大声高呼："有主义之兄弟们，不要怕，速从我来！难道我身为团长不怕死，你等反畏惧敌人吗！"当他高喊时，敌人乃以机关枪十余挺，向城下有人声处密集扫射，以至刘团长等相继阵亡。此外该团第一、二两营官兵死伤者甚多。该日战斗因天色已晚，即告结束。

14日，战斗更为猛烈，敌军渐渐不支，有溃退之势。下午，东征军调来山炮一连，专射敌人的侧防机关，将其完全毁坏。此时冲锋队再次勇往向前，同时飞鹅岭西南一带步枪机关枪均对准快放。至4时，北门一线敌阵地毁损

攻下惠州后，官兵在惠州城北

过半，冲锋队及第四团机关枪队，十人一队，手持红旗，冒险登城，并掷手榴弹，尽毁城上掩护物。敌军见大势已去，乃纷纷弃械，向北溃散而去。下午4点20分，东征军胜利占领惠州城。

惠州为千年古城，历史上曾有28次被围攻而未能攻克的记录，这次东征军只花两天时间，即将其攻陷，熊雄认为，这主要是靠东征军的勇敢精神，"可知革命军为主义而战，为人民而战，无坚不可破，无险不可冒矣！"《日记》详细记载了攻城时战士们的勇敢顽强、不怕牺牲的情景："此次扒城竹梯，长二丈有二，重可五十斤，须三人舁之行，但当冲锋号奏，五百健儿，只臂挽梯，一手持枪，且发且吆喝而进。虽城垣上机关枪弹，密如雨下，而前仆后继，无稍畏馁，热血如潮，紧张不可耐。但见登城之人及半，忽而下坠，未几即有继者。如是者约两分钟，北门之上，已现出青天白日之旗帜矣。"另外，东征军的钢铁纪律、政治宣传以及敌军的腐败，也是取得这次胜利的必要因素。《日记》中有一段熊雄与一受伤俘虏兵的对话，深刻反映了敌军的腐败和不得人心：

熊雄见一受伤俘虏兵呻吟不已，走近前去，恳切慰问他："等一下军医就来给你上药。"然后又问他："你是第几军几师几团？"

那俘虏兵回答："粤军第六军第四一团。"

问："你的军师团长是谁？"

答："军长杨坤如，师长杨启明。"

问："你们的官长爱你们么？"

答："我们已有7个月没有发饷，只每日领伙食一毫；所有的衣服用品，都是我们自己在各处弄来的。"

问："你们为哪个打仗？"

答："我们不知道为谁打仗。"

问："你们知道这一次同谁打仗呢？"

答："我们不知道。"

问："你知道你们的总司令和香港的英国政府，干的什么勾当？"

答："听说香港的英国人要给我们总司令一万支枪，五百万子弹，二百万块钱，但我现在一个钱也没有得到，这二百万块钱，到底挪到了没有，我不知道。"

问："你们同我们打仗的时候，官长在哪里？"

答："打仗的时候，没有看到官长，不知在哪里。"

问："这一次你们为甚么打我们？"

答："我们的总司令说，如果我们不打仗，就是永远不发饷，但是如果我们打到了广州，不仅可以月月发饷，还要每人发衣服一套，打进广州的时候，可以特别允许我们大抢三天，大新公司可以自己看戏；而且广州地方，不像惠州这样穷，甚么都有，哪一个不想发财呢？我们何必死守惠州，所以我们要同你们打仗。"

这个俘虏兵的话深深地震撼着熊雄，令他"毛骨悚然"，他说："我们由此也可以知道，军阀对待士兵，竟是如此，养士兵竟是如此作用，真正的肉麻！"这对他日后在军校向学员进行正确的革命人生观、价值观教育，不能说不无一丝影响。因此他感叹道："凡我革命军人，应勇往向前，将久受压迫的同胞，早日解放啊！"

10月15日，熊雄一早就去面见周恩来，送去攻克惠州的战斗经过报告。之后，与总政治部组织科科长郭德昭一道，前往城内街市巡查。只见大街小巷，弹痕遍地，店铺倒歪破烂，敌人尸首满街，臭不可闻，不禁嘘唏不已。下午，在城西门，见到第四连袁副连长，询问战斗情形。袁副连长说："此次伤亡，为本军以前所未有，尤其是刘（尧宸）团长，与谭副营长，死的凄惨。"说到此处，袁副连长泣不成声。熊雄安慰他道："已死的同志，固可痛惜，但我们后死者，如能继续其未竟之志，向前奋进，早日促成国民革命，已死诸同志亦瞑目矣。我辈一齐努力吧！"

16日，熊雄上午在总指挥部听总指挥蒋介石训话，下午参加惠州阵亡将士追悼大会。大会会场设在惠州第一公园内，自蒋总指挥之下，均全体到会致祭。会场上方搭有茅棚，上悬为党牺牲及精神不死等横额，中置阵亡将士灵位，两旁为军校党代表汪精卫和校长蒋介石的挽联，其联为"一鼓克天险惠城，取义成仁，长留浩气；余事为后死本责，鞠躬尽瘁，共建殊勋"。会上，先由总政治部主任周恩来宣读祭文，之后，总指挥蒋介石、俄国顾问罗加觉夫、第一纵队何应钦等相继演说，最后是周恩来演说。周恩来说："我们上次打了淡水、五华、兴宁等城（指第一次东征——编者注），造成了党军的名义；这

10月16日，东征军在惠州第一公园举行追悼阵亡将士大会

一次打下了惠州，造成了国民革命军第一军的名义。我们的发展，真令敌人胆寒。但我们前途的障碍还很多，打下了惠州，远未达到总理遗嘱百分之一。因为总理遗嘱里，最少是包含了广东的统一问题，打倒军阀统一中国的问题，和打倒帝国主义、使中国立于独立平等的地位。我们现在连广东问题还未解决，凡我同志，应继续向前努力，才是三民主义的信徒，才是真正救国救民的革命军人！"

《惠州战役日记》只记录到10月16日，此时第二次东征还远未结束（第二次东征到11月底才胜利结束）。对之后的情形，《日记》之所以没有记述，只有一种可能，那就是熊雄奉命返回了黄埔军校。

东征军进入惠州城后，与惠州各界群众进行联欢

参与军校招生

熊雄之所以从前线赶回军校，是因为招生工作任务很急，熊雄被任命为军校入伍生部政治部主任，成为招生工作的主要负责人之一。其时，入伍生部的部长为方鼎英。

所谓入伍生，亦即为预科生。黄埔军校是培养军官的学校，在军校招生的第一、二期学生中，考生大多数都是通过各地国民党党部和共产党地方组织引荐，因此都是一些有革命思想、远大抱负和参加过进步活动的有志青年，具有较好思想政治素质和较高文化水平。如第一期学生中，有大学毕业生 18 人，大学肄业生 63 人，专科毕业生 26 人，专科肄业生 46 人，师范毕业生 46 人，高中毕业生 159 人，还有很多人在旧军队中有从军经历。到第三期招生时，由于招生人数增多，一些小学未毕业但思想要求进步的农家子弟也来报考，这批人其他条件尚可，只是文化水平低些，且从未摸过枪杆子。于是军校从第四期开始，"始有入伍生部之设立"[1]，将这一批人编在入伍生部，从最基本的军事知识学习起。经过短暂的入伍生锻炼后，再行考试，合格者才转为正式军校学员。此后，军校第四、五、六期都设有入伍生部。

黄埔四期入伍生从 1925 年秋开始招生，陆续入学。因二次东征，招生工作中途有所中断，东征回来后又重新恢复，因此前后共分 7 次招考。此时正是军校第四期招生最繁忙的时期，熊雄顾不上东征战斗的鞍马劳顿，立即投入了四期生的招生工作。

根据黄埔军校的《招生简章》，报考生年龄须在 18 岁以上、25 岁以下，具

---

① 方鼎英：《一年来本校的教育情形》，见广东省立中山图书馆、广州市社会科学院、中山大学图书馆编《黄埔军校史料汇编》第一辑第十一册，广东教育出版社 2012 年版，第 531 页。

有中学或与中学相当之学校毕业的学历，身体强健。如果是国民党员则优先录取，如果不是，也要能了解国民革命运动的基本知识，或具有接受三民主义之可能、无抵触三民主义之思想，或有国民党党员的介绍。报考条件合格者，还须进行笔试、面试、身体检查等。考试过关者，即为入伍生。入伍生的期限为6个月，期满后再甄别，及格者升入本校为学生，修习军事学术，一年毕业。而事实上，由于当时东征、北伐等战事紧张，入伍生期限和军校学习时间都达不到《招生简章》要求，如第四期学员仅学习了半年多就毕业了。

入伍生的招生工作量非常大，熊雄在这一时期常常忙得不亦乐乎。

中共中央对军校第四期的招生工作非常重视，认为这是发展、壮大共产党力量，为党培养军事人才的极好机遇。1925年11月1日，中共中央专为此事在党内发出第62号通告：

各级同学们：

广州黄埔军校正拟招收三千名入伍生，望各地速速多选工作不甚重要之同学、少校同学及民校左派同学，自备川资和旅费，前往广州投考，以免该校为反动派所据。此事关系甚大，各地万勿忽视。投考者须一律携带民校介绍证书。本校及少校同学均须由各地委直接另给介绍书于本校广东区委（粤华路，省署东，杨家祠，杨匏庵转）。程度须在高小以上，在名额未满以前本校及少校同学，均可望不至落选。惟各地派定人数，须在未出发以前报告中局，以便中央统计人数已否满额决定行止。招考期本月底截止，派送人务于月底到粤。钟英白①

此通告为党内文件，文中有的使用代号。如"各级同学"指"各级党组织"，"本校"指"共产党"，"少校"指"共青团"，"民校"指"国民党"，"钟英"是中央的谐音。

此通告发出后，各地年轻的共产党员和青年团员以及国民党内的左派青年

---

① 广东革命历史博物馆：《黄埔军校史料（1924—1927）》，广东人民出版社1982年版，第70页。原件藏黄埔军校旧址陈列室。

熊雄传

親愛精誠
校训
蔣中正

蒋介石为黄埔军校写的校训

纷纷奔赴广州，争相报考军校。因此，招生工作进展很快，到1926年1月底即告基本完成。

第四期入伍生自1925年7月开始，先后招考了7批次，"考试学生7000余人，阅卷万余本"[①]。最后招收生员近3000人。由于来自全国各地以及朝鲜、越南等国的学生很多，校方为加强对入伍生的管理，从本期起专门设立入伍生部，专职管理有关事宜。此时正是国民政府举行第二次东征的时候，黄埔军校肩负的任务空前繁重，各入伍生入校伊始就被编为3个团，分别被派赴各地，执行驻守惠州、卫戍广州、警戒江门等项任务。直到1926年3月初，入伍生教育才结束，经考试升为正式学生的有2654人。

熊雄负责招收的军校四期生素质都比较高。据统计，该期学员毕业后，在国民党军队中履任师长级（含副师长）实职或少将以上者有318人，其中军级以上的有93人；在共产党军队中履任师长以上级别的有53人[②]，其中在中华人民共和国成立后被授以军衔的有：林彪（元帅）、萧克（上将）、郭化若（中将）、倪志亮（中将）、唐天际（中将）、李逸民（少将）、方之中（少将）、曹广化（少将）、洪水（少将）、白天（少将）。

当然，也有一些四期生毕业后并没有从军，或是在革命斗争中很早就牺牲了，但他们在参与政务活动、抗击外来侵略者、对中国军队的建设和军事理论的论述等方面也作出过重大贡献。在共产党方面过早牺牲的著名人物如：

段德昌，1933年牺牲，1988年被中央军委确定为中国人民解放军军事家；

曾钟圣，1935年牺牲，1988年被中央军委确定为中国人民解放军军事家；

---

① 熊雄：《一年来本校之政治工作》，《黄埔日刊》新年增刊，1927年1月1日，第7版，转引自江西省宜丰县史志工作办公室编《黄埔精英——熊雄》，南海出版公司1990年版，第165页。

② 以上数字参见陈予欢著《雄关漫道——黄埔军校第四期生研究》，中山大学出版社2009年版。

袁国平，1941 年在"皖南事变"中牺牲，曾任新四军政治部主任；

刘志丹，1936 年牺牲，陕甘宁根据地的创建人，1988 年被中央军委确定为中国人民解放军军事家；

赵尚志，1942 年牺牲，东北抗日联军总司令，创建了珠河、汤原抗日游击根据地。

国民党军队中在抗日战争时期牺牲的高级将官也有不少。

入伍生部设有秘书、总务、军事、外语等科，管理入伍生的学习、生活、军训等。军校对入伍生的训练应该说是抓得很紧的，校领导经常到入伍生部来视察、指导。11 月初，还在招收学员期间，校长蒋介石于东征途中，在入伍生部部长方鼎英、入伍生部政治部主任熊雄陪同下，来到驻守惠州的入伍生第二团团部驻地，与团长郭大荣、团副胡树森及入伍生们见面，详细询问学员情况，询问招生工作进展情况。

黄埔军校在 1927 年"四一二"反革命政变之前，在广州本部共招收了 5 期学员，其中经熊雄主持及参与招收的有第四期和第五期。

1926 年 3 月，黄埔军校第四期入伍生升为正式学生，而第五期入伍生也从 3 月份开始招生，到 11 月经考试升为正式学生。作为入伍生部政治部主任熊雄，对入伍生的政治教育抓得十分紧，他知道对这批入伍生的政治教育是为日后打下思想基础的预备教育，因此他经常集合入伍生训话，宣传灌输革命思想，教育入伍生遵守革命纪律，自觉锻炼革命意志，刻苦训练军事技术，以期成为国民革命所需要的军事政治人才。方鼎英介绍说：

> 入伍生及学生军并军士教导队的教育与训练，其范围亦包括军事政治党务之内……关于政治党务教育，授以三民主义，中国国民党史，政治经济大要，帝国主义大要，各省革命史略，党的组织问题等。使之拥护党纲，服从主义。此外为免除升学后听讲之困难起见，授以扼要之普通科学，如三角、几何、代数、物理、化学、历史、地理、外国语等门之补习。盖入伍生教育之目的，在使之具有士兵充分之知识，以为升入本校学生队之预备。
>
> 学生军……授以基础的军事、学术二科，政治党务教育，较入伍生为浅显简要。其程度优者，得升为入伍生，次者得充当军队中军士及担负其

他较普通的军事工作。①

由此可见，军校中对入伍生的教育，是很正规也是很繁重的。政治部对入伍生的教育抓得这么紧，"在使学生于短少时间内，造就革命军官必要之军事政治知识"，"养成其牺牲奋斗之精神，俾成为革命军队之干部人才，及专门军事与参谋人才为目的"。②熊雄在其教育中，是花费了不少心血的，也得到了教育长方鼎英及校长蒋介石的赞许。

就任军校政治部主任

1926年1月6日，熊雄就任黄埔军校政治部主任。

军校政治部主任是个非同一般的重要位置，熊雄能够出任政治部主任，不外乎两个因素：一是校长蒋介石非常看重熊雄的才识，蒋虽然早在1923年就与熊雄在莫斯科相识，但那只是一般的工作交往。这次熊雄在第二次东征期间非凡的组织才能和宣传鼓动能力，令蒋介石对熊雄特别赏识；二是熊雄原本就是军校第四期入伍生部的政治部主任，而第四期入伍生训练又即将结束，不久就要正式开学了，因此将他升格为本校政治部主任也顺理成章。

从黄埔军校成立到此时，熊雄是军校的第七任政治部主任了。此前担任或代理过政治部主任的人的基本情况是：

戴季陶，字传贤，军校首任政治部主任。五四运动期间，他的思想激进，是中国马克思主义最早研究者之一。在中国共产党诞生之前的酝酿筹备期间，

---

① 方鼎英：《本校教育述要》，见广东革命历史博物馆编《黄埔军校史料（1924—1927）》，广东人民出版社1982年版，第82—83页。

② 方鼎英：《本校教育述要》，见广东革命历史博物馆编《黄埔军校史料（1924—1927）》，广东人民出版社1982年版，第81页。

曾在上海参与中共创始人陈独秀组织发起的一些活动，后来转变为国民党的三民主义理论家，成为国民党右派的旗帜性人物。他任政治部主任不到一个月，于 1924 年 6 月 19 日辞职，远走上海。戴走后，政治部副主任、共产党员张申府也辞职离开了军校。

邵元冲，字翼如，早年参加入同盟会，与孙中山关系密切。戴季陶辞职后，邵元冲代理军校政治部主任。8 月 25 日，即去上海结婚，他在代理主任位置上实际只干了两个月。此后直到 11 月，军校政治部没有主任。

周恩来，字翔宇，中共党员，1924 年 11 月起担任军校政治部主任。此时军校第一期学生即将毕业，第二期学生已经进校。1925 年 2 月第一次东征开始后，周恩来随军出征。4 月，国民党中央执行委员会任命周恩来为东江各地党务组织主任。

包惠僧，又名晦生，参加过中共一大。因周恩来随军东征，军校政治部的工作兼顾不过来，因此在 1925 年 5 月 4 日，由廖仲恺以军校党代表的名义，发布委任令，令包惠僧代理党立陆军军官学校政治部主任①。

汪精卫，字兆铭，国民党要员，黄埔军校初创期为政治教官。由于包惠僧代理军校政治部主任期间，正是军校第三期入伍生招生入校之时，加之平定杨刘叛乱和"沙基惨案"发生，校内校外的工作十分繁忙，包惠僧也只够应付政治部的日常工作，并没有留下太多的业绩，在黄埔军校第二期和第三期的"教职员名录"中竟然都没有留下包惠僧的名字。于是在 1925 年 7 月 10 日，国民党中央执行委员会决议周恩来为党军第一师党代表，汪精卫为陆军军官学校政治部主任，邵力子为副主任。

邵力子，字仲辉，号凤寿，早期同盟会员，国民党员，同时亦为中共早期党员。1925 年 8 月，"廖案"发生。9 月 15 日，国民党中央执行委员会任命汪精卫为军校党代表，汪不能兼顾政治部的事，于是，邵力子、鲁易（中共党员）被任命为军校政治部的正、副主任。然而邵力子又兼了军校秘书长，11 月又因事赴上海，部务工作全由鲁易担任。鲁易是名优秀的共产党员，但不久又调到

---

① 委任令藏台北中国国民党党史馆黄埔军校档案，编号汉 3429—2，转引自梁尚贤著《廖仲恺与黄埔军校》，见《近代史资料》总 106 号，中国社会科学出版社 2003 年版，第 125 页。

第三师去当党代表了，完全不能兼管到政治部的工作。

可知，熊雄在1月份担任军校政治部主任，是接替邵力子。

据熊雄《一年来本校之政治工作》，可以看出他在此任上做了大量工作：

> 我自东征归来，一月六日即奉命为本校政治部主任。当时第三期学生尚未毕业，部中现象极形涣散，其组织，主任秘书之下，设宣传、组织两科，全部职员不过二十余人，所有工作亦颇简单。对内工作，只出《黄埔潮》及壁报两种，共印五六千份。在学生中，为客观条件所限，尚无系统的政治教育，只有零碎的政治讨论会。到十五日后，大部分学生已毕业出发，只留三百人组织军事政治训练班，加紧教育，预备校中的下级干部……在二月整个工作中，除参加全校工作外，政治部组织上，已有变更，由原来两科已增设一事务科，人员亦略有扩充，并聘政治教官四五人，曾定官长一月的政治教育计划，考试学生七千余人，阅卷万余本，并将政治教育大纲制定。本校改组事宜，亦已告竣。①

统观熊雄在这段时间内的工作，主要有三大项：一为招收第四期入伍生，"考试学生七千余人，阅卷万余本"；二为调整健全政治部内部机构，"增设一事务科"，"聘政治教官四五人"；三是制定教育计划。

招生工作上节已经论述，此处不再议。

健全政治部机构是熊雄上任后最迫切的工作。在戴季陶、邵元冲任政治部主任期间，军校几乎是没有政治教育课程的。在最初组建黄埔军校时，孙中山曾指定汪精卫、胡汉民、邵元冲为政治部的教官②，但这三人都是国民党的高级幕僚，他们根本没有正式给学员上过政治课。周恩来接任政治部主任后，已是军校第二期了，设有秘书股、指导股、编纂股，并配有干事、指导员、编纂员，部内工作逐步走上正轨。但随后周恩来离校参加第一次东征，又兼任了第一师

---

①　熊雄：《一年来本校之政治工作》，《黄埔日刊》新年增刊，1927年1月1日第7版。

②　《陆军军官学校最初组织官长名录》，见广东革命历史博物馆编《黄埔军校史料（1924—1927）》，广东人民出版社1982年版，第504页。

党代表，军校政治部主任由汪精卫接任，政治部的工作又随之涣散。1925年秋，邵力子接任军校第三期的政治部主任，将政治部内设机构改为宣传、组织两科，各科仅配有科员数人，也没有聘任专职的政治教官。由于第二次东征的战事紧迫，加上政治部人手少，工作基本处于应付状态，书刊印数少，学生的政治课几乎没有，仅有过几次政治讨论会。

熊雄接任政治部主任后，内部增设了一个事务科，"人员亦略有扩充"。特别重要的是，聘请了专职的政治教官四五人，而且基本上聘任的都是共产党员。现在能查到的军校第四期教职员名录中，有这么几位共产党员教官基本可以肯定是在1926年一二月份期间受聘进校的：

于树德（1894—1982），1922年6月由李大钊介绍入党，参加过中共三大。1924年1月参加中国国民党第一次全国代表大会，并被选为中央执行委员，之后担任军校政治教官。

廖划平（1891—1952），1924年入党，为四川早期党员之一。1926年1月与吴玉章等作为川籍代表参加在广州召开的国民党第二次全国代表大会，随后任军校政治教官。

李合林（1898—1927），1920年赴法勤工俭学，与熊雄交往颇深。1923年在莫斯科东方大学时又与熊雄同班。1924年回国后加入中国共产党，应熊雄之邀，到黄埔军校任政治教官。

王懋廷（1898—1930），1922年入党，1925年秋到广州，不久即到军校任政治教官。

高语罕（1888—1948），1920年参加北京共产党早期组织。1922年8月赴德入读哥廷根大学。1925年回国，12月到广州，参加国民党第二次全国代表大会，会后即受邓演达委派到军校任政治教官。

聘请共产党员担任黄埔军校的政治教官，这是军校政治部工作中一个里程碑式的事件，也是全校政治教育工作中举足轻重的大事件：一是开创了聘任专职政治教官的先河，为军校向学员开展正规政治教育提供了人才保障，以前孙中山指定的是"政治部教官"，现在聘任的是"政治教官"，一字之差，内涵大不相同；二是在聘任的政治教官队伍里，共产党员是主体，这就为军校政治教育的方向提供了保障。当然这些教官并不都是熊雄招揽进来的，而且人数也不多，但这是项开创性工作。熊雄作为政治部主任，功不可没。

熊雄担任军校政治部主任期间的另一项重要工作，就是制定《官长政治教育计划》和《政治教育大纲》。这也是项非常重要的工作，因为它关系到政治教育的教学内容、教学原则等重大问题。《政治教育大纲》后来以《中央军事政治学校政治教育大纲草案》的形式正式公布，而且它的作用也是到军校改组之后再显现，因此后面有关章节还会提及，此处仅论述《官长政治教育计划》。

在黄埔军校受教的对象，除青年学员外，军校内各部、处准尉以上军官每周都必须集中学习，听有关人士的讲演，《官长政治教育计划》就是为此而制定的。熊雄任黄埔军校（党立陆军军官学校）政治部主任时间仅一个月左右，因此这个《官长政治教育计划》真正起作用也是在改组后的中央军事政治学校时期。

《官长政治教育计划》全文如下：

一、官长政治教育于每星期举行特别讲演二次，每次约一点半钟，于星期二、星期五夜七点开始。

二、每次特别讲演，各部处准尉以上官长除特别勤务及因要事请假外，一律均须出席听讲。

三、特别讲演在校本部大花厅举行，由政治部按各部处人员数目划分座次，校值星官负责考查各部处出席人总数，由各部处值星官查明缺席人姓名，每周呈报校长办公厅，以资查考。

四、每次特别讲演，由政治部负责规定题目，敦请党部与政府名人到校讲演，若临时不到，应由政治部派教官讲演，此项预备替代之题目亦当预先公布。

五、每次特别讲演，由政治部派员笔记，于最短期间整理印发各官长以供参考。①

1月17日，黄埔军校举行第三期学生1224人毕业典礼，宋庆龄、何香凝

---

① 见1926年11月16日《黄埔日刊》。

等党政高级官员和军校各部、处官长等出席。典礼之后，大部分学生毕业出发，只留下300人组织军事政治训练班，加紧教育，预备担任校中的下级干部。熊雄也参与了这300人的政治训练和教育工作。

军校改组，从主任到副主任

1924年黄埔军校创办初期，是一座中国国民党的党立军校，当时的校名"中国国民党陆军军官学校"就突出表现了这一特征。

1925年6月15日，国民党中央执行委员会通过了"改组大元帅府为国民政府""建国军、党军改称为国民革命军"等决议案。7月1日，国民政府在广州正式成立，之后便着手统一军政，规范中央政府职能。8月3日，成立军事委员会，直属于国民政府。8月26日，将所辖军队统一改编为国民革命军。黄埔军校学生军和一部分粤军改称为第一军，以蒋介石兼任军长；湘军、滇军、粤军、闽军分别改称为第二军、第三军、第四军、第五军，程潜所部援鄂军和一些零星部队合编为第六军，各军并先后建立了党代表、政治部和政治工作制度。从此，军政开始统一。

各地方军统一改编为国民革命军、军政收归中央政府后，也迫切要求黄埔军校由党立改为国办，原各地方军所办军校也收归国办。

原来，黄埔军校成立后，各军也相继办了各自的军校，如滇军设干部学校，湘军设讲武堂，粤军设讲习所，桂军设军官学校等等。在国民政府成立，军政、财政统一的情况下，名目各异的军事学校的存在显然与时局不适合。1926年1月12日，国民政府军事委员会召集会议，讨论改组陆军军官学校。此次会议上，汪精卫提议：国民革命军在军事、政治教育上必须统一，应该合并陆军军官学校及各军所立学校，改组为中央军事政治学校，分军官班、军官预备班、入伍生班，校址仍在黄埔岛陆军军官学校。会上，全体委员通过了汪的提议。

1926年2月1日，国民政府军事委员会任命蒋介石、邓演达、严重、邵力子、熊雄、陈公博、冯宝森等7人为黄埔军校改组筹备委员 ①，军校改组工作正式开始。这7人中，邵力子、熊雄是军校中公开了身份的中共党员，都曾先后担任军校政治部主任；邓演达是国民党左派的中心人物；陈公博曾是中共一大代表，后自行脱离中共，参加了国民党，此时是国民政府军事委员会政治训练部主任；严重此时担任黄埔军校训练部部长，曾任军校一、二、三期学生队总队长；冯宝森也曾任大元帅府大本营军政部政治科长。因此可以说，筹备委员中左派力量还是比较强的。

为什么要改组黄埔军校，特别是要合并其他各军所成立的学校？其缘由后来汪精卫在中央军事政治学校成立典礼训话时讲得很清楚：

> 当时继黄埔陆军军官学校而创办军校的，有第二军谭（延闿）军长和第三军朱（培德）军长。谭军长前年跟大元帅带兵北伐，进了江西，后来虽然失败了，但是他并不因失败而灰心，回到广州，马上就成立湘军整理处，更进一步又创办湘军讲武堂——第二军军官学校。朱军长跟大元帅的历史很久，也受过许多艰难困苦，替本党做了一番很大的工作，他想改良他的军队。后来也有第三军军官学校的组织。现在第四军、第五军和第六军——援鄂军，都先后创办了同样的军校……
>
> 各军长大家注意改良军队，创办军官学校，并不是理想上如此，是事实上如此的。如果我们拿全盘来计划，本来只有一个军官学校便够了，并用不着一军成立一个军官学校，因为各军都是受国民党的指导监督的。如果一个军有一个军校，就含有地方主义色彩了，从前政府决议把湘滇粤等军的名目，编为第二、三、四军，就是要打破地方主义，我们不仅在名义上要如此，在实际上也应该如此。不然，还是换汤不换药。所以政府为打破地方主义，为集中人才起见，不能不统一军事学校。因此当时本校的名称拟叫做统一军事政治学校，后来因为国民党向来用中央二字的名义，才

① 熊雄：《一年来本校政治工作》，载《黄埔日刊》新年增刊，1927年1月1日第7版。

改为国民革命军中央军事政治学校。[①]

对于军校如何改组，如何由党立学校改为国办学校，在随后颁布的《国民革命军中央军事政治学校组织大纲》中做出了详细的规定：1.中央军事政治学校直隶于军事委员会。2.中央军事政治学校校长由有功勋的将领担任，军阶与军长同等。3.设立由校长任主席的校委员会；军事委员会高等顾问、参谋团主任、政治训练部主任及校内最高顾问等为校委员会委员。委员会依军事政治目的审定教育纲领、草案和预备教育工作等。4.学校分设预备军官班（毕业后试充军职）和军官班（毕业后任正式军职）。5.学校设步兵、炮兵、工兵、政治和军需等科。6.设立军官班初学学程，以便缺乏军事学识的青年军官补习后再升入军官班。7.学校的教育、政治、训练、供需和组织等方案报军事委员会核定后实施。

为了达到改组的目的，国民政府中央军事委员会决定，以现在最好的军事学校——黄埔陆军军官学校做基础，整理及合并其他一切的军事学校；利用以前各军事学校里最好的将校和教授——军事的和政治的——充当这统一的学校教职员；利用以前各军事学校的一切设备，以完成这统一的学校的设备；以批准发给各军官学校的款项总数为基础，建立军校财务预算。

2月11日、12日，广州国民政府军事委员会连续发文，要求各军校的财务、教育用具通通交由军需局接收保管，统一转发中央军事政治学校。

经过一系列紧张的改组筹备工作，1926年3月1日，中央军事政治学校举行成立典礼，新的军校校址仍在黄埔岛，故史学界

1926年3月，中央军事政治学校成立典礼

----

① 《汪党代表在本校成立典礼时的训话》，《黄埔潮》"开学纪念特刊"，1926年3月8日开学纪念特刊。

仍旧称之为黄埔军校。中央军事政治学校仍以蒋介石任校长，汪精卫任党代表。汪精卫在典礼大会上训话，着重讲述了中央军事政治学校建立的缘由以及它的重大意义，最后他说：

《时报》刊登的黄埔军校改组的消息

现在中央军事政治学校宣布成立了，我们知道，从前军官学校已尽了种种责任，有很光荣的成绩。现在更大的责任，放在了我们教职员的肩上了！……所以中央军事政治学校以后的任务，是要继续从前陆军军官学校还没有做完的任务去努力奋斗！在最短时间，要统一中国！

我们要负起这个重大使命，一定要有两方面的准备，一方面是精神上的，一方面是技术上的。在精神方面的，要常常记着总理所说"革命尚未成功"六个字。这六个字是何等沉痛！总理做了四十年革命还没有成功，我们要怎么样把它成功！在技术方面，我们的责任，既然是一天一天的重大，我们的本领和学问也一天一天的要充实起来，才能够完成我们的任务……

精神上技术上固然很重要，政治上更加重要！如果一知半解，卤莽从事，比较军事上没有弄好同敌人去打仗一样的危险，所以同时要注意的。①

熊雄作为军校改组筹备委员，肯定做了大量的工作。但是，军校由"陆军

---

① 《汪党代表在本校成立典礼时的训话》，《黄埔潮》"开学纪念特刊"，1926年3月8日开学纪念特刊。

军官学校"改组为"中央军事政治学校"之后，熊雄仅任军校政治部副主任，主任由邵力子担任。

熊雄好似降职了？

这事看起来好生奇怪，也令许多党史工作者疑惑不解。有的人在写这段历史时，总认为熊雄在《一年来本校之政治工作》一文中"我自东征归来，一月六日即奉命为本校政治部主任"这句话写错了，不应写"政治部主任"，而应写"政治部副主任"。就连熊雄的胞侄熊巢生先生在写《中国大革命中的熊雄》一文时，干脆写"1月6日，熊雄出任黄埔军校政治部副主任（时政治部主任仍由邵力子兼任……）"①。这是他们没有考虑军校改组这个因素的结果。

熊雄的《一年来本校之政治工作》一文收录于军校出版的《过去之一九二六年》一书中，是应当时的军校教育长方鼎英编写《一年来本校的教育情形》而作，同时应命写的还有李铎的《一年来本校教授部之教育情形》等②。在这样庄重、正规的出版物中，熊雄不可能将自己的职务写错，否则是会受到组织处分的。何况熊雄这么高的政治、学识水平，为人又稳重、成熟，不可能出这么大的错。

还有一种意见认为：熊雄1月6日就任军校政治部主任，为何在军校教职员名录上没有他的名字？的确，在军校第三期、第四期的教职员名录"政治部主任"一栏中，都只有邵力子的名字而没有熊雄的名字。事实是，熊雄1月6日就任政治部主任，这时第三期即将毕业（1月17日举行的毕业典礼），第四期又还没有开学。而军校的改组到2月中旬即告完成，熊雄任政治部主任时间仅仅一个月多一点，他能算是哪一期的政治部主任呢？

在1936年编的《中央陆军军官学校史稿》第七篇第二章第一节《第四期学生时代》中，有这么一句话："十五年一月十二日，军事委员会议决改组本校为中央军事政治学校，任命蒋中正为校长。二月一日，蒋校长呈请邵力子为政治

---

① 熊巢生等：《中国大革命中的熊雄》，江西人民出版社2002年版，第41页。

② 可参见广东省中山图书馆、广州市社会科学院、中山大学图书馆编《黄埔军校史料汇编》第一辑第十一册，广东教育出版社2012年版，第531—543页。

部主任……"①因此也有人认为，熊雄起码在 1926 年 2 月 1 日之后，就应是政治部副主任了，他就算是当过政治部主任，也只是在 1 月 6 日之后到 2 月 1 日之前这 20 多天中。但是，在这段话中，蒋介石是"呈请"邵力子为政治部主任，从呈请到军事委员会批复，起码还有一段时间，而中央军事政治学校正式成立典礼是在 3 月 1 日，因此把熊雄任陆军军官学校政治部主任的时段定为 1 个月多一点（具体哪天卸任则无法确定），应该是不错的。

校长蒋介石

军校改组后，由邵力子担任政治部主任、熊雄担任副主任，正确的解释应该是：军校改组之后，规模扩大了，原来仅是国民党的党立军校，改组后成了国民政府的国立军校，各军所办的各种名目的干部学校、讲武堂、讲习所、军官学校等，都统一于黄埔军校。军校内不仅有招生来的第四期学员、第五期入伍生（这两期生员是主体），还有军官班、军官预备班及其他的训练班等，同时在校的生员多达 6000 余人（最多时达 1 万余人），比改组之前增加了两倍。而且，校名改为"中央军事政治学校"后，政治的分量大大加重，非以前的陆军军官学校时期可比。这样，就必须有一个重量级的人物来挂帅政治部。以邵力子与熊雄相比，当然邵力子的分量更重。邵力子 1906 年即加入了同盟会，与孙中山等人交往极深，在国民党内的资历比蒋介石还老。1920 年 5 月，邵力子与陈独秀等人在上海发起建立马克思主义研究会，8 月加入了中国共产党。可以说，邵力子在国共两党中、在国民革命军的各军中都极有人脉，是位德高望重的人物。何况邵力子也是熊雄的前任政治部主任，此时又回到了黄埔军校，改组后政治部主任的位子当然非他莫属。

当然，军校特别是校长蒋介石也非常看重熊雄的才华。邵力子虽然是政治

---

① 《中央陆军军官学校史稿》，1936 年版，第七编第二章第一节第 22 页。

部主任，但他主要负责的工作是军校秘书长，他不可能经常驻校，军校政治部的日常工作还是由熊雄主持。而且在 3 月 16 日，军校还任命熊雄兼任潮州分校的政治部主任①。

充实机构，延揽人才

黄埔军校改组为中央军事政治学校后，熊雄虽然是政治部的副主任，但他实际上仍然主持全校的政治教育工作，他将改组前政治部未完成的一些工作继续抓紧完善。

政治部的职责，"是负担政治教育及在学生与人民群众中发展国民革命的意识之唯一机关。政治部对党及党代表负责，党代表命令并指导政治部，务使严重（格）的军队纪律在正确的政治认识和指导之下，以巩固战斗力之基础，使部队成为严密的组织"②。至于校军属下团队之党代表，皆由政治部管理。

军校改组后，由于规模大为扩大，政治教育的任务也加倍繁重，因此，熊

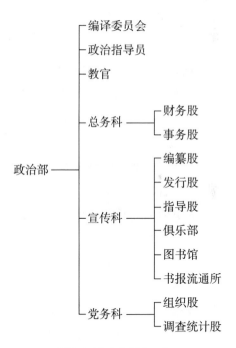

军校政治部组织结构示意图

① 《本校十五年三月以来之大事记》，见广东省中山图书馆、广州市社会科学院、中山大学图书馆编《黄埔军校史料汇编》第一辑第十一册，广东教育出版社 2012 年版，第 550 页。

② 杨其纲：《本校之概况》，《黄埔日刊》1927 年 3 月 1 日，转引自广东革命历史博物馆编《黄埔军校史料（1924—1927）》，广东人民出版社 1982 年版，第 86 页。

雄继续主持政治部工作后，狠抓了机构的扩充和人才的配备 。

军校第三期政治部在正副主任之下设有秘书一名（聂荣臻），下分宣传科、组织科、图书管理 3 个机构，科长、科员、干事、司书等全部工作人员才 27 人，这与军校改组后军事、政治并重的格局是非常不适应的。从第四期开始，军校政治部的机构作了大的调整，在主任、副主任和秘书之下设总务、宣传、党务 3 科，下分财务、事务、编纂、发行、指导、组织、调查统计 7 股和俱乐部、图书馆、书报流通所。另有编译委员会、政治指导员和教官，直归政治部领导，工作人员增至 70 多人，较第三期扩大了 3 倍。1926 年 8 月份后，又增设了政治指导委员会，直属政治部领导。

政治部是专司全校政治教育、训练事宜的机构，其分掌职务为：一、关于政治训练事项；二、关于宣传教育计划事项；三、关于宣传教材编纂及发行事项；四、关于政治图书保管事项 ；五、关于党务工作辅助进行事项；六、关于伤亡调查及抚恤事项；七、关于所属人员统计及升降任免、调补赏罚考绩等事项；八、关于俱乐部之计划设施及管理事项。

可见，熊雄及其政治部的工作是非常繁重的，它要求工作人员具有很高的政治素质。为此，熊雄延揽了大批共产党员进入政治部，特别是政治讲师、政治教官、各科室负责人、政治科的各队队长，几乎全为共产党员所掌握。刘天在《赤黄埔系的形成与没落》一文中说：

> 及第三期毕业，第四期入伍开学，因黄埔军校之人数增加，CP 分子亦增多。其时不仅学生增多，且教职员中之 CP 分子，亦增加甚多，尤其是政治教官，盖黄埔军校虽开办时即设有政治部，但一向无政治教官，直至三期毕业，四期开始，军校改名为中央军事政治学校，特设政治科，故聘请政治教官极多，此种政治教官，什九系著名 CP 也。①

除了聘请社会上著名的共产党员担任军校政治教官外，熊雄还遴选了第一、

---

① 刘天：《赤黄埔系的形成与没落》，文载 1935 年版《社会新闻》第 10 卷第 7 期，见广东革命历史博物馆编《黄埔军校史料（1924—1927）》，广东人民出版社 1982 年版，第 121 页。

第二、第三期毕业生中的共产党员留校，在政治部内任职。据军校《第四期教职员名录》及《第四届特别党部委员名录》所载，军校第四期时政治部中的中共党员有：

姓名	别字	年龄	籍贯	职别	备注
邵力子	仲辉	45	浙江绍兴	秘书处秘书长 政治部主任	第三期校长办 公厅秘书长
熊 雄	披素	34	江西宜丰	政治部副主任 第四届特别党部监察委员	
陈启修		41	四川中江	政治讲师	
于树德	永滋	32	直隶静海	国民党中央执行委员 政治教官	
恽代英		30	湖北	国民党中央执行委员 政治主任教官	
廖划平		34	四川内江	政治教官	
李合林		24	四川郫县	政治教官	
安体诚	存真	31	直隶丰润	政治教官	
张秋人		28	浙江诸暨	政治教官	
吴 云		29	安徽	政治教官	
王懋廷		26	云南祥云	政治教官	
杨其纲		25	直隶衡水	政治部	第三期政治部宣传科员
邝 庸	子一	26	湖南常宁	政治部	第三期政治部宣传科员
饶来杰		26	江西南昌	政治部	
姚成武		23	浙江永嘉	政治部	
尹伯休		23	四川仁寿	政治部	第三期学生
江雄风		23	浙江温岭	政治部	第三期学生
黄铁民		25	安徽寿县	政治部	第三期学生
张从周		24	江苏南通	政治部	
毛 覃		21	湖南长沙	政治部	即毛泽覃，毛泽东之弟

续表

姓名	别字	年龄	籍贯	职别	备注
乔茂材		26	四川北川	政治部	第三期学生
胡 灿	星如	26	江西兴国	政治部	第三期学生
宛希先	爱庐	20	湖北黄梅	政治部	
白明善				政治部	
陈述善				政治部	
王尚德				政治部	
胡公冕		27	浙江温州	政治科大队长	第一期管理部卫兵长
陈奇涵	圣涯	29	江西兴国	政治科队长	第三期上尉队长
刘先临		23	河南	政治科队长	第一期学生
蒋作舟		24	湖北	政治科区队长	第三期学生
曹伯球			湖南	政治科区队长	第三期学生
刘铁超	旭如		湖南	政治科区队长	第三期学生

另外，在军校的各种《名录》中未录其名的第四期教职员中的中共党员，还有《黄埔日刊》编辑宋云彬和政治教官高语罕、欧阳继修、黄克谦、李世璋及政治部宣传科长雷经天等。

在政治部 70 多名工作人员中，共产党员占了半数，特别是政治讲师和政治教官，竟有十余人之多，这在军校各部属长官中不能说不是个奇特现象。如果加上第五期以后共产党员到军校任政治教官的孙炳文、萧楚女、韩麟符、施存统、熊锐、张庆孚等，军校的政治教官队伍真是人才济济。这些人进入黄埔军校，虽然不尽是熊雄工作所为（有些是党的安排或推荐），但与他延揽人才的努力是分不开的。

熊雄利用军校改组这个契机，以军校的名义，除了聘请专任政治教官外，还聘请了临时政治教官十余人，其中绝大多数是共产党员，其余的也是国民党左派或社会知名人士。如共产党人毛泽东、刘少奇、苏兆征、吴玉章，知名人士何香凝、邓中夏、罗绮园、鲁迅，以及苏俄顾问鲍罗廷等，熊雄都通过不同方式，请他们到军校作过政治演讲，深受师生欢迎。

政治部教官合影，前排右三为聂荣臻

　　熊雄还向校方建议，新设政治主任教官一职，以负责全校的政治教育的实施，督同各政治教官实施政治教育以及与各营连的政治训练的联络工作。在熊雄任政治部副主任期间，军校先后聘请了恽代英（第四期）、孙炳文（第五期）担任政治主任教官。这两人都是著名的共产党人，恽代英在国民党二大上新当选为中央执行委员；孙炳文曾任国民革命军总司令部总政治部秘书，北伐后奉命留守广州，任总政治部后方留守主任。设立政治主任教官后，军校的政治教育和政治训练就有了专人统一管理，政治教育的收效更为明显。

　　熊雄主持军校政治部工作时，到底有多少人担任过政治教官，史学界至今还没有一个统一的人数和名单。据军校《第四期教职员名录》的记载有：政治主任教官恽代英；政治讲师甘乃光、陈启修、陈其瑗；政治教官于树德、安体诚、廖划平、张荣福、汤澄波、李合林、张秋人、罗霞天、潘怀素、王志文、吴云、陈群、王懋廷、杨道腴、梁鼎铭等，共 19 人[①]。

---

　　① 《第四期教职员名录》，见广东革命历史博物馆编《黄埔军校史料（1924—1927）》，广东人民出版社 1982 年版，第 515—516 页。

政治部办公室

又据 1926 年 12 月 1 日，政治部召开的第五期第一次政治教育会议，对政治课科目的分配，"所有科目暂以现有教官叶启芳、余鸣銮、罗霞天、陈其瑗、廖划平、张秋人、汤澄波、陈祖康、杨道腴、林祖烈、李求实、刘侃元、萧楚女、甘乃光、熊雄等分别担任之"[①]，可知第五期的政治教官相比之上一期有很大调整，时有教官 15 人（熊雄也兼了课目）。另外，政治教官高语罕在"中山舰事件"时被视为"黄埔四凶"之一，被蒋介石逐出黄埔军校，故在军校的各种名录中缺名。另有欧阳继修、黄克谦、李世璋、施存统、韩麟符、熊锐等共产党员教官和许德珩等进步人士教官也因各种原因未能上军校名录。所以在黄埔军校任过政治教官的人数和名单实难统计。

颁行教育大纲，健全各项制度

黄埔军校改组为中央军事政治学校、政治部机构人员增加后，原先的一些规章制度、教学大纲、训练学习内容等等都有健全、完善和改进的必要。熊雄

---

① 见《中央陆军军官学校史稿》第七篇《政治训练与政治工作》第二章，1936 年版，第 30 页。

担纲政治部领导工作后，配合相关单位，在这方面下了很大工夫，逐步建章立制，使一些规章得以完善。最重要的有以下几个：

《中央军事政治学校政治教育大纲草案》

军校改组改名后，新的教育方针总原则是"军事与政治打成一片"，政治教育的分量大大加重。作为对学生进行政治教育的依据，制定好《政治教育大纲》显得尤为重要。熊雄在军校改组之前曾主持制定了《政治教育大纲》初稿[①]，军校改组后，政治部又将此《大纲》作了多次修正，于1926年11月15日第五期学生开学后才以《中央军事政治学校政治教育大纲草案》的名义正式颁布。

《中央军事政治学校政治教育大纲草案》（部分）

该《政治教育大纲草案》非常详细，全文共5800余字。在"总纲"中，明令"政治训练应依据下列之十条计划施行"：

一、使学生彻底了解党与党军之作用，并明白自己的地位与责任，俾能担负，使一切与国民相结合的武力成为真正国民之重要武力。是以在肄业时期，必须有极充分之预备功夫，则将来派遣于任何军队，皆能坚忍切

---

① 熊雄在《一年来本校之政治工作》一文中有"并将政治教育大纲制定"的话，见熊巢生等编著《中国大革命中的熊雄》，江西人民出版社2002年版，第136页。

实改善其内容，使达到国民革命军水平之标准。

二、使学生彻底了解军队中政治工作的重要。因政治工作能阐明本党之主张与革命之理论，使官兵确定革命观点，方可保证军队之统一与为主义而奋斗之革命精神。国民革命军前途之希望，在能接受本党之政治工作，一天天革命化；若是不能使他们表同情而接受政治工作，以至于将来离开革命立脚点，即是中国革命之大损失。

三、使学生彻底了解本党总理之根本原理，及本党全国代表大会与中央执行委员会之宣言并决议案之要点，尤其是本党组织问题与农工政策问题。要这样才能明确的认识本党，坚定而勇敢的站在党的立脚点上以应付一切的问题，不致为一切党内外怯弱浅陋之徒的误解或意存挑拨破坏之口号所摇动。

四、使学生彻底了解中国的国民革命，是欧美资本主义发展成为帝国主义，控制了全世界的弱小民族，破坏弱小民族本身的农工生产事业时，所发生的反抗运动。所以中国的国民革命是民众实际生活的要求，不只是一二人的高尚理想，中国国民革命，一定要与世界反抗资本主义、帝国主义的革命势力联合起来，不妥协的打倒一切帝国主义与他的走狗（军阀与买办阶级）。并且要认清中国革命是世界上革命的一部分，狭义的地方主义与国家主义都是必须要反对的。

五、使学生彻底了解各种革命运动与社会科学常识有密切之关系，使之因此更能了解党义与政策。社会科学不但可以供给学生许多必要之常识，而且可以洗刷学生在入校前所受许多流俗传说之错误见解之影响，以养成其确定革命之人生观。

六、使学生彻底了解世界与中国政治经济方面各种重要之现象与问题，同时使之注意中国各城市与乡村政治经济状况。因为这样始能使其了解客观之事实与其因果关系，然后对于党之政策才能有正确了解与适当之宣传。

七、使学生彻底了解革命运动是起于农工群众物质要求，革命之胜利，亦必须恃靠农工群众之努力，始能有所保障而抵于成功。所以本党之生命，不仅维系于一二革命领袖之天才或人格，亦不仅恃一部分同志个人之勇敢奋斗，而在有领袖能够领导同志深入群众，有这些勇敢之同志能在各种群众中发生影响，才可以用党之主义造就下层阶级造成民从之实力，以求贯彻党的一切主张。

八、使学生彻底了解纪律是造成统一集中之力量所必要的。革命党员须为革命利益而牺牲个人自由，在军队组织上说，把他的自由贡献给军队，在党的观点上说，把他的自由贡献给党。若是主张个人的自由，不肯遵从党纪与军纪，便是叛党叛军的行为。

九、使学生彻底了解军事学术与训练，对于革命意义上之重要，务须根本矫正一般文弱习惯及藐视军事学术之观念，且须具有健全之知识与身体，方能担负将来军队中为革命工作之责任，而随时应付军队中一切问题。

十、使学生彻底了解军队中政治工作应注意事项，尤须使其注意眼前军队之实际内容，认清在此种军队中政治工作之特别重要与其工作上之困难，以使之充分预备，以求完全适合于工作上之需要。①

这个《大纲草案》被称为军校"政治教育之最高原则"②，它确实是一个纲领性文件。以上这 10 个方面，可以说是军校对学生进行政治教育的出发点和落脚点，也可看作是进行政治教育的目的。军校围绕这个目的要求，在《大纲草案》中设置了 18 门政治教育课程，作为全体学生必学的课程，它们是：中国国民党党史、三民主义、帝国主义侵略中国史、中国近代史、帝国主义、社会进化史、社会学科概论、社会问题、社会主义、政治学、经济学、经济思想史、各国宪法比较、军队政治工作、党的组织问题、中国政治经济状况、世界政治经济状况、政治经济地理。而对学校政治科学生，还加入了国民革命概论、本党宣言训令、近代国际问题、苏俄研究、中国民族史、各国革命史、宣传煽动问题、经济政策、农民运动、青年运动、劳动运动、商民运动等课程，总共多达 30 多门。

不但如此，《大纲草案》还规定了每门课的大致内容、讲授这门程的目的

---

① 《中央陆军军官学校史稿》第七篇《政治训练与政治工作》第二章，1936 年版，第 27—28 页。

② 《中央陆军军官学校史稿》第七篇《政治训练与政治工作》第二章，1936 年版，第 27 页。

要求及要注意的事项。应该说,《大纲草案》规定这样的课程设置和内容,在那个时代来讲,是符合历史潮流的,具有历史的眼光和前瞻性。

《政治教育计划纲领草案》

这一草案应该是上面《政治教育大纲草案》的补充。《计划纲领草案》认为,"政治教育,切忌使学生知其然而不知其所以然。如果政治教育的效用,只能鼓动学生革命,而不能使其彻底了解何以需要革命,其必然的结果,定使学生发生种种错误的观念和信仰"。另外,政治教育还要"切忌使学生专重理论,离开事实","切忌使学生只知纸上谈兵,不能实际运用","切忌使学生因受过政治教育,致妨碍军队纪律"。为以上目的,该《草案》作出了详尽的教育计划,使全校的政治教育课程安排、教学内容等方面更加全面、完善[1]。

《政治部服务细则》

这是一个专门针对政治部工作人员制定的制度,也可以说是熊雄对内部人员的要求。《细则》全文134条,9000余字,十分详细,反映了政治部在军校全盛时期的工作概况。《细则》明文规定:"本部为校长、党代表之政治教育的佐理机关,遵守总理遗嘱之全部旨意,专司本校一切政治工作。"它的职责是:"对于全校官佐、员生、士兵、工伕负有政治训练或指导之责,使其具正确的政治知识,增进革命精神,自觉的遵守革命纪律,坚确本党主义之信仰,完成国民革命之历史的使命。对外负宣传组织及政治指导之责,务使人民确知革命军为被压迫民众谋利益而奋斗,以实现总理武力与人民结合,成为人民的武力之遗训,而收军事进行上得人民帮助之实效。"[2]

《细则》还详细规定了政治部主任、副主任、秘书、政治主任教官、政治教官等官佐各自的权责。例如规定政治部主任的权责有7条,主要是:主任有督率本部各官佐、教职员,分司一切工作及对于全校官佐、员生、士兵、工伕施行政治训练之责;主任对于执行政治工作人员负指导之全责,并须采取种种方法训练,使为健全的政治工作人员;主任对于政治工作事宜,有定期召

---

① 转引自《黄埔军校史料汇编》第8册(精藏版),广东教育出版社2012年版,第278页。

② 《政治部服务细则》,见广东革命历史博物馆编《黄埔军校史料(1924—1927)》,广东人民出版社1982年版,第182页。

集各有关人员和各部、处、队主管官，开政治工作会议或扩大政治工作会议之权。副主任的责权有 5 条，他有辅助主任整理执行本部一切工作之权，在主任因故离部时应代行其职权。《细则》还规定，政治主任教官受主任及副主任之指挥，对于政治教育之实施，负督察及指导之责，而政治教官则有辅助政治主任教官，分任教授之责。这样明确的职责要求，在以前的军校文件中是从未有过的。

由于政治部人员职责的特殊性，因此，《细则》要求："凡本部人员须守下列之规定：一、特别遵守纪律，为革命军人与党员之模范；二、特别努力干实际工作，以取得全校官佐员生士兵工伕之信赖；三、态度应和平诚恳，以期全校官佐员生士兵工伕与政治工作人员感情之融洽；四、起居、饮食、服装以及日常用品，应与各部队中所有者一致，并力求俭朴。"[1] 这就是说，政治部人员除了与军校其他人员一样，应遵守军校的一切规定、纪律之外，还要做得比其他人员更好。

《宣传队组织条例》

黄埔军校的政治宣传搞得非常活跃。当时规定，军校设宣传总队，由政治部宣传科指导股股长兼任总队队长。总队以下以学生队为单位设宣传支队，支队长由政治指导员兼任，支队以下以队为单位设宣传分队，分队以下以区队为单位设宣传组。因此这支宣传队伍是非常庞大的。宣传方式通常为讲演、谈话、接洽、散布宣传品或张贴标语、举行各种联欢会、化装演出等，每遇有群众运动大会或纪念日时，宣传队都要向民众宣传。《条例》共有 22 条[2]。

《本校政治部政治指导员条例》

从第四期起，为适应政治教育与各种政治工作的需要，国民革命军各部队均设有政治部和政治指导员，这些政治指导员归军校政治部管理，由军校政治部遴选相当人才，推荐校长任命。政治指导员在工作上对政治部负责。《条例》

---

① 《政治部服务细则》，见广东革命历史博物馆编《黄埔军校史料（1924—1927）》，广东人民出版社 1982 年版，第 182 页。

② 广东革命历史博物馆：《黄埔军校史料（1924—1927）》，广东人民出版社 1982 年版，第 206—207 页。

明文规定了他们的职限权限，共 8 条，主要是在各部队考察与调查。政治指导员常驻部队，非得政治部允许，不得请假擅离职守，不得擅自向各部队长官学生正式发表意见。政治指导员每星期由政治部召集会议一次，报告工作，讨论以后进行方法，接受政治部之指导①。

《政治讨论会规则》

政治讨论会是以促进下级官佐、士兵、员工等"了解本党主义，提高研究政治问题的兴趣和观察力为目的"而设立的。由政治部主持，以各区队为讨论班，每区队选定学生 3 人组成主席团，另推 2 人任记录。《规则》规定了主席团和记录员之责任、讨论之内容、发言时间之规定、讨论班之纪律等。政治部于每次开讨论会时都分派指导员前来指导巡视。讨论结束后，值日主席须将讨论之情形、讨论结果及以后讨论应改良之点一一填表，两日内送交驻队政治指导员转呈政治部。《规则》共有 12 条②。

《政治问答制度》

在熊雄主持政治部工作时期，军校内设有"政治问答箱"，凡学生对于一切政治、经济问题有疑问时，均可以信函的方式投于箱内，每星期一由政治部派员开箱，检查各种质疑函件，然后由主任、教官分别以书面或口头方式答复质问者。采用政治问答箱这种设备，目的在于引起学生对政治问题研究的兴趣，而教官通过学生的提问，在编写讲义时不至于无的放矢，免于注入式。这种制度在第四、五期军校全盛期坚持实行，并将教官给学生的答案在校刊发表③。

《政治测验制度》

军校政治部对于学生特别是入伍生都会不定期地进行政治测验，每次出题五至六道，以考查学生对政治问题的认知。测验结束后，政治部会将标准答案在校内刊物上登出，由学生自行对照，使学生加深对政治的兴趣和认识。如第五期入伍生第一团第二次政治测验的试题就有说明社会主义的意义、解释巴黎

---

① 详见 1926 年 11 月 19 日《黄埔日刊》。

② 广东革命历史博物馆：《黄埔军校史料（1924—1927）》，广东人民出版社 1982 年版，第 209—210 页。

③ 可参见 1926 年 6 月 3 日上海《民国日报》。

公社、比较克林威尔与拿破仑等①。这样一些测验题应该说还是有些难度的。测验之后，政治部会在《民众的武力》杂志上刊出答案。

另外，政治部还制定了《政治部编辑委员会规则》(9条)、《俱乐部规则》(15条)、《俱乐部委员会规则》(7条)、《政治部印刷委员会规则》(5条)、《黄埔通讯社简章》(16条)、《政治部图书馆规则》(6条)、《图书馆借阅书报规则》(10条)、《政治部宣传品出版规则》(7条)、《发行书报规则》(8条)、《政治书籍翻印规则》(5条)、《政治书报代售规则》(6条)、《黄埔日刊新闻记者规则》(6条)、《参加群众运动规则》(5条)、《党务科参加党务工作规则》(9条)、《党务科组织社团规则》(11条)等②。这些制度和规则，从一个侧面反映了黄埔军校自改组之后，在熊雄的主持领导下，政治教育鼎盛时期的面貌，保障和规范了全校政治教育工作的开展。

创新军校政治教育

熊雄在黄埔前后一年零九个月，其中主持政治部工作时间有一年零五个月，是主持工作最长的一位。在他的任职期内，军校政治部面貌一新，组织机构有较大变化，工作内容有新的扩展。特别是在政治教育方面，有很大的创新。

一、特设政治科。 黄埔军校前3期，有步兵、炮兵、辎重、工兵、宪兵等科，而没有设政治科（第三期办学中途，曾组办政治训练班，接受训练者仅50人）。1925年底，中共广东区委提出在黄埔军校增设政治科，以专门培养军队政治工

---

① 详见《民众的武力》1926年第5期，转引自广东省立中山图书馆、广州市社会科学院、中山大学图书馆编《黄埔军校史料汇编》第一辑第五册，广东教育出版社2012年版，第577页。

② 这些规则可详见《中央军事政治学校法规全部》第三项《政治》，见广东省立中山图书馆、广州市社会科学院、中山大学图书馆编《黄埔军校史料汇编》第一辑第二十一册，广东教育出版社2012年版，第421—445页。

熊雄传

作干部的建议，得到当时军校的教育长邓演达的积极支持。熊雄主持政治部工作后，曾与邓演达一起多次商讨，并向校长蒋介石反映交涉，最终得到蒋的同意。于是军校决定从第四期开始增设政治科，以专门培养军队政治工作干部。第四期政治科招生 500 人，约占全期学生人数（2000 多人）的五分之一，这等于在黄埔军校内增设了一个二级学院——政治学院。政治科的学生编入政治科大队，先是由熊雄兼任大队长，后由胡公冕任大队长，下设 3 个队，分别由陈奇涵、刘先临、詹觉民任队长。政治科大队直接由军校政治部管理。特设政治科，是军校由"陆军军官学校"改组为"中央军事政治学校"的一个重大成果。

　　二、改变了黄埔军校单纯军事学校的性质，使之成为军事与政治并重的一所革命学校。这也是军校改组的重大成果，正如熊雄所指出："尤其是改组后，本校由单纯的军事学校而变成军事政治并重的革命党员制造所。"[①] 这是黄埔军校历史发展的重要一步。

　　军校性质的改变使政治教育的分量加重。军校从第四期开始，真正实施了军事、政治并重的方针，提出了"两个打成一片"，即军事与政治打成一片，理论与实际打成一片。其中，军事与政治打成一片是军校教育方针的"总原则"。熊雄在《一年来本校

军校学生上政治课

之政治工作》一文中指出，军校的"教育方针的总原则，就是'军事与政治打成一片'。政治部依据这个原则，故对学生官长兵伕，乃有贯注全部的政治教育

---

　　① 　熊雄：《我对于本校"三一"纪念的希望》，《黄埔日刊》1927 年 3 月 1 日第 269 期。

计划"①。这个"全部的政治教育计划"具体是:步、炮、工各科以十分之七的时间学军事,十分之三的时间学政治;政治科则反之,十分之七时间学政治,十分之三时间学军事。这样安排的目的,是让学生兼学军事与政治,以期使步、炮、工各科学生懂政治,使政治科学生懂军事,从而成为文武双全、全面发展的革命军人。理论与实际打成一片,主要是对政治理论学习而言,尤其是对政治科的教学活动而言,强调要贯彻列宁"没有革命的理论,就没有革命运动"的名言,必须理论联系实际,反对空想与盲动。这体现了黄埔军校的教育在不断总结实践经验中得到了新的发展。这"两个打成一片"的提出,主要是黄埔共产党人特别是熊雄的贡献(关于熊雄"两个打成一片"理论的提出,后文还将提及)。

具体到军校学生队、高级班、入伍生队、学生军及军士的教育,虽然各自侧重点不同,但都不出军事训练、政治训练、党务训练3项范围。而3项范围中,就有2项是属政治部主管或参与授课的。

学生队的军事学教授课目共计9门。每星期以48小时分配教授之,务使各学生熟悉军事学之一切;军事训练课目分为教练课目和演习课目两项;政治、党务的教育与训练课目有中国国民党史、三民主义、帝国主义侵略史、世界革命、帝国主义、社会学、政治学、经济学、社会进化史、社会问题、社会主义、党的组织问题、军队政治工作等项。务使学生了解党的主义政策,精悉国内外政治经济情况,以期对于革命能尽忠诚的任务为目的。

高级班的教育,除上列各种课目将其程度提高、概行教授外,对于学科上更加以特种战术、战略学、战史、作战计划、动员计划、参谋勤务、后方勤务、输送勤务、兵棋、国际公法及其他军事专门学科,如无线电、航空等类;并加以参谋旅行、幕僚勤务演习、见学旅行等;对于政治学则增加20种之多。凡关于世界政治经济状况、各种社会运动,均进而为精密的研求,并期提高各学员军事政治各项知识,以便担任革命军中较重要或专门之军事政治工作。

入伍生的军事教育分为3期,共约6个月。所授之课目,关于军事学科的为典范令、精神教育;关于军事术科的为基本教练、散兵教练、班排连教练、

---

① 熊雄:《一年来本校之政治工作》,《黄埔日刊》1927年1月1日新年增刊,转引自江西省宜丰县史志办公室编《黄埔精英——熊雄》,南海出版公司1990年版,第165页。

熊雄传

黄埔军校入伍
生训练

连之战斗教练、射击教育、野外演习，散兵壕构造法等；关于政治党务教育，授以三民主义、中国国民党史、政治经济大要、帝国主义大要、各国革命史略、党的组织问题等。此外为免除升学后听讲之困难起见，授以扼要之普通科学，如三角、几何、代数、物理、化学、历史、地理、外国语等门之补习。

学生军及军士教导队的教育与训练，授以基础的军事、学术二科，政治、党务的教育，较入伍生为浅显简要。其程度优者，得升为入伍生，次者得充当军队中军士及担负其他较普通的军事工作。军士教导队是预备充当班长的军士人才。军事方面，授以新兵教育、军士教育、精神讲话等，政治党务方面，授以浅明简要的政治、党务必具之常识，以养成真正革命的军士为目的。

黄埔军校教育，除上列学生、入伍生、士兵之外，对于全校的官长，亦有军事、政治、党务的训练，如每周开军事讲演会、政治讲演会、党务的各种会议等，以期教学相长。故军校下自士兵，上及官长，无不日日在军事、政治、党务之中；不过有深浅难易、专门普通之分而已。

三、设立政治工作会议制度。这是个不定期的会议制度，在北伐开始之前，以校长蒋介石为会议主席，政治部主任、教官、科长等均出席。例如 1926 年 5 月 3 日举行的第一次会议，就决议了三件事：一是分散军官研究班到各处工作；二是军校《黄埔潮》杂志自 5 月起改作月刊，内容分军事、政治两大门；三是官长政治教育由校长直接负责，每星期作一次政治演讲，勤务兵政治教育先由政治部拟定计划，其他各团队教官的政治教育由政治部负责。

北伐开始之后，蒋介石离开了黄埔，会议主席或是由教育长方鼎英担任，或是由政治部副主任熊雄担任。如 1926 年 10 月 12 日，政治部召集全体职员会议，就由熊雄主持，决议了纪律和工作要点多项。11 月 23 日的政治工作会议亦由熊雄担任会议主席，主要是报告第四期政治工作情形，提出第五期政治工作计划以及印刷刊物、添设校园、扩大宣传、调查统计本校官长、实施政治测验、设立革命博览室等事项。11 月 24 日下午，政治部又开第五期第一次政治工作会议，则由方鼎英担任主席，熊雄及各政治教官、各学生队队长及指导员、各部秘书、入伍生政治部主任、总政治部后方留守主任孙炳文等 60 余人出席。12 月 16 日，政治部又开第五期第二次工作会议，亦由方鼎英主持，决议通过了 12 个事项。

四、不定期召开政治教育会议。1926 年 3 月军校改组之后，仅设政治与训练两部，原来的有些部都改成了处。军校的教育会议亦分为政治教育会议和军事教育会议，军事教育会议由训练部举行，政治教育会议则由政治部举行。政治教育会议专门讨论解决政治教育中出现的问题，议决一些政治教育中的重大事项。下面是第五期第一次教务会议记录，读者可从中看出政治部特别是熊雄对待全校政治教育工作的认真负责的态度。

（1926 年）12 月 1 日，政治部开第五期第一次教务会议，政治部股长以上官长均出席，熊副主任雄主席。议事程序：

（一）主席恭读总理遗嘱。

（二）主席宣布开会理由，略谓昔政治教官多住广州，难于召集，且有恽教官常川驻校，遇事能负完全责任，无时常开会之必要，故迟至今日始开第一次会议。本校之校务会议与教育会议每月各举行二次，以谋本校军事之进展云云。

（三）主席说明政治部之责任，略谓本校自改组后仅设训练、政治两部，训练部负全校军事教育之责，政治部负全校政治教育之责。本校为工作便利起见，特规定所有政治教育关于教授方面及管理方面诸事，概归本部直接办理。

第五期第一次教务会议由熊雄任会议主席，会议记录刊登于《黄埔日刊》

（四）决议事项：

1. 工作之分配：甲、所有科目暂以现有教官叶启芳、余鸣銮、罗霞天、陈其瑷、廖划平、张秋人、汤澄波、陈祖康、杨道腴、林祖烈、李求实、刘侃元、萧楚女、甘乃光、熊雄等分别担任之；乙、政治讨论会每周举行一次，由各教官出题并负责作答案、结论，讨论时由宣传科指导股派员监督之；丙、政治测验每两周举行一次，由教官出题作答案，内容简单，注重实际问题；丁、政治问答每两周举行一次，由教官出题。

2. 改良教授方法：甲、各科教官将该科纲目与熊副主任或孙（炳文）主任讨论之后再决定教材；乙、每授课时间须提一二刻为学生发问，如无问题，则由教官提问，再问再做结论；丙、各科须有讲义并须作提纲。

3. 规定请假办法：甲、照校章在24小时以内者向主任请假，24小时以外者须经主任呈请校长、党代表批准后方为手续完备；乙、补课及调课之规定，凡教官因要事请假须于3日前报告主任及主任教官，以便准假后即将预定时间另派教官担任，如临时发生事故必须请假者亦应报告主任教官，无论事前请假及临时请假，均应自请其他教官替代补课或调课，总以不缺课为原则。

4. 音乐授课时为免妨碍他班听讲起见，向各队交涉，另觅僻静教室。

5. 张秋人教育提案参考图书由各教官开具购书名单，限下星期三以前呈请熊副主任即行购置。

6. 规定学生在讲堂发问范围，按每次授课到一段落时，学生在本门科目范围内可以发问，非在本门科目范围内发问者，可用书面质问箱，由政治部答复。[①]

五、政治教育课程内容大为扩展。按照政治部制定的教育计划，军校的政治课程达 26 门之多。其中针对士兵的训练课程就有：《三民主义浅说》（授课 6 次）、《本党政策》（4 次）、《国民革命概论》（6 次）、《不平等条约概略》（6 次）、《帝国主义浅说》（6 次）、《中国政治经济状况》（3 次）、《农民运动》（3 次）、《工人运动》（3 次）、《失业问题》（3 次）等等。对各课程的讲授内容，政治部也拟定了纲要，如讲授《三民主义浅说》，就要求讲清楚：1. 三民主义之解释及其相互间之关系；2. 民族主义中关于中国民族受帝国主义经济压迫、民不聊生、人口逐渐减少之危险；3. 民权主义中治权与政权之解释及各阶级联合战线；4. 民生主义中平均地权、节制资本之理由与方法，及民生主义与共产主义之异同。这些内容都非常适合中国当时的实际，士兵们也易于接受。此外，政治部还针对不同的听课对象，如入伍生、学生军、官长等，都制定了不同的授课内容。如对官长的政治教育，就主要采取特别讲演的形式，由政治部拟定题目，聘请各界知名人士或本校政治教官主讲[②]。

六、定期对学生的品行思想情况加以考查。军校为了掌握学生品性之修养、思想之整理、主义之信仰，每月都要对学生进行详密调查，"以免散漫无稽而收统一严整之效"。各团、营、连长都"应随时注意精细考查，并将考查所得，于每月底作详细报告，逐名加具评语，呈由直属长官汇报，以凭考核"[③]。

七、令各部队调军官到军校补习党义。各建国军整编为国民革命军后，不少军队还存在地方狭隘思想和排除异己等问题。要使他们改造成革命军，政治教育是必须的、十分重要的。军事委员会于是调各部队的军官到黄埔军校学习国民党党义，以提高政治思想，为国民革命奋斗。

八、经常举行政治讲演竞赛与政治宣传实习。这主要是针对学生的一种训

---

① 《中央陆军军官学校史稿》第七篇《政治训练与政治工作》第二章，第 30 页。

② 参见广东革命历史博物馆编《黄埔军校史料（1924—1927）》，广东人民出版社 1982 年版，第 200—202 页。

③ 《中央陆军军官学校史稿》第七篇《政治训练与政治工作》第二章，第 21 页。

练措施。政治工作之成效有赖于口头宣传，故军校的政治教育十分注意养成学生的讲演技能，一方面举行政治讲学竞赛，提高练习讲学之兴趣，一方面实际向民众讲演，藉以锻炼宣传之技术，以便将来能更好地担任宣传工作。如1926年7月1日，各连、科、队选出学生，在教授班举行竞赛，讲演题目为《中国民族革命之意义及其策略》和《三民主义与中国》。9月9日，第四期政治大队的学生在郊外野营演习地对附近的民众作了"此次野营演习之意义"的宣传。该大队有150名学生参加此次野营，分为8个组，每组由政治部派员指导，分途讲演，受到沿途40余个村的村民欢迎。

九、经常开展政治调查、政治讨论和政治测验。政治部规定本校学生每月须填写政治部发下的政治问答表，以检查学生掌握政治知识的进度，据以制定政治训练之标准。1926年8月12日，政治部为调查各军中本校学生的政治工作情况，还制表下发各军，要求各期学生认真填写，调查事项分姓名、职别、部队名称、驻军地点、本军党务状况、政治训练之方法及程度、对于民众政治训练之方法及效果、官佐士兵娱乐之情形、军民间之感情、当地党务及行政状况、人民生活状况、人民团体及学校之数目、团体行政机关之思想及行动、人民对于革命认识之程度等项。军校为改变"由教官口授，学生静听"的注入式教育，经常举办政治讨论会，由政治部派员分赴各团、科、队以指导，此方法"颇能引起学生对于政治讨论之兴趣，收效甚宏"[1]。讨论之余，还辅以政治测验。

十、注重士兵与民众之政治教育。这主要是针对下层士兵如勤务兵、后勤人员和普通民众的教育。由政治部派员，每星期作一次政治报告，课以"三民主义浅说"等，"以广见闻而增其革命思想，提高其政治知识"。对黄埔岛上的民众教育，政治部也不放松。1926年7、8月间，军校教育长方鼎英和政治部副主任熊雄等为唤起民众，还在岛上积极筹办了黄埔中山小学。

总之，黄埔军校实施政治教育，是中国军校教育史上的一个创举，这里面，浸透着中国共产党人的心血，也是以周恩来、熊雄等为首的共产党人对黄埔军校发展的一大贡献。

也正因为黄埔军校有了强有力的政治工作制度和政治思想教育，才使孙中

---

① 《中央陆军军官学校史稿》第七篇《政治训练与政治工作》第二章，第22页。

山的办校宗旨得以实现。毛泽东曾对黄埔军校的政治教育工作给予极高的评价："那时军队设立了党代表和政治部，这种制度是中国历史上没有的，靠了这种制度使军队一新其面目。一九二七年以后的红军以至今日的八路军，是继承了这种制度而加以发展的。"[①] 历史证明，在熊雄领导、主持军校政治部时期，革命的政治工作制度和政治思想教育对建设一支革命军起着决定性作用。

熊雄在主持军校政治部时期，还十分注重对校内士兵和校外民众的政治宣传。1926年4月27日，政治部出台了《宣传队组织大纲》，于军官团、政治科大队、步、炮、工等科选取有文艺、讲演特长的学生390人，组成宣传队，在"五一"、"五卅"等纪念日，广泛向民众宣传，说明各种纪念的意义以及反抗帝国主义的必要。

5月1日为世界劳动节，这天上午8时，宣传队会同军官团、军官预备团两营，由张治中团长带队，赴广州参加五一劳动节大巡行，并向民众作宣传。5月30日，是"五卅"惨案纪念日，这天上午，政治部组织宣传队15组共169人，分别在广州市大街小巷讲演"五卅"惨案真相，散发"五卅"特刊、"五卅"惨案宣言及传单数万份，之后又在大操场召开纪念大会。此外，如国民政府成立周年纪念日、沙基惨案纪念日、五七国耻纪念日（5月7日是日本强迫我国承认二十一条的日子），宣传队也均有组织地在广州及黄埔岛一带进行宣传。

1926年8、9月间，英帝国主义制造了万县惨案，我军民死伤二三百人。消息传来，军校师生无不义愤填膺。10月26日，广州各界在东校场召开反抗英舰炮击万县示威大会，军校政治科大队一、二中队学生全体赴省城参加。政治部宣传科将两队学生中善于演讲者编为12个临时宣传队，分向省城各地宣传演讲，其余政治科大队学生参加群众示威游行。政治部还另派本部人员随同散发《对万县惨案之宣言》及传单10万余张。

熊雄开始主持政治部工作时，军校还在沿用陆军军官学校时期的校歌。而自1926年3月校名改称中央军事政治学校之后，军校再用老校歌则显得不相宜了。

---

① 毛泽东：《和英国记者贝特兰的谈话》，《毛泽东选集》第二卷，人民出版社1991年版，第380页。

一天，熊雄找到陈祖康说："到现在，四期已经开学很久了，学校万事俱备，惟校歌尚付阙如，似乎有些说不过去了。政治部方面大家都认为你对诗歌独具专长，要你撰写一篇校歌的歌词，请你立即动笔。"陈祖康无从推辞，很快动笔写了歌词，歌词写好后交音乐教官林庆培制谱。

陈祖康与熊雄是留法时的同学。他于1919年秋赴法国勤工俭学，1923年参加中国少年共产党，1924年6月转为中共党员，1925年夏毕业于法国西方工学院，并被聘为该院的助理教授。那时，正值中国国民革命蓬勃开展，先于陈祖康回国的熊雄多次去函去电，请陈祖康返国参加革命，陈祖康遂辞去西方工学院的教职，于1926年春离法回国，来到黄埔军校任政治教官。

陈祖康所写歌词全文如下：

怒潮澎湃，党旗飞舞，这是革命的黄埔！主义须贯彻，纪律莫放松，预备作奋斗的先锋！打条血路，引导被压迫民众，携着手，向前行；路不远，莫要惊。亲爱精诚，继续永守，发扬吾校精神，发扬吾校精神。

黄埔军校校歌

陈祖康词
林庆培曲

1=♭A 4/4

激昂进行曲

| 5.1 | 3 3 1.3 2 | 5 - 3.2 1.3 | 2.1 2 - 1.3 |
| 怒潮 | 澎 湃 党旗 飞 | 舞 这是 革命 | 的黄 埔 主义 |

| 5 5 5 3.5 | 6 6 2 2.3 | 4 5 i 3.4 | 5 - - 5.1 |
| 须贯 彻 纪律 | 莫 放 松 预备 | 作 奋 斗 的先 | 锋 打条 |

| 3 3 3.2 1.3 | 5 3.2 i 7.1 | 2 - - 1.2 | 3 - - 2.3 |
| 血 路 引导 被压 | 迫 民 众 携着 | 手 向前 | 行 路不 |

| 4 - - 3.4 | 5 - - 5.4 | 3 2.3 i 7.6 | 5 2.3 i 0.5 |
| 远 莫要 | 惊 亲 | 爱 精 诚继 | 续 永 守 发 |

| 5 - 5.3 2.3 | i - - 0.5 | 5 - 5.3 2.3 | i - - ‖ |
| 扬 吾校 精 | 神 发 | 扬 吾校 精 | 神 |

歌词慷慨激昂，令人振奋，催人激进，其中"亲爱精诚"一句是孙中山亲自为黄埔军校制定的校训。

1927年6月16日，这首歌被勒石刻碑。

不管风云如何变幻，黄埔校歌一直激励着黄埔同学。2001年6月16日，"黄埔军校同学会"与台湾"中华黄埔四海同心会"举行纪念会，参会者在黄埔岛上追忆往昔，憧憬未来，自发地唱起这首激昂的校歌："怒潮澎湃，党旗飞舞，这是革命的黄埔!……"

创办《黄埔日刊》

1924年11月，周恩来到黄埔军校任政治部主任，上任之初，他便"提议政治部要做好三项工作：其一是向新成立的校军教导第一团选派党代表；其二是建立青年军人联合会，出油印壁报《士兵之友》……"① 这《士兵之友》就是黄埔军校最早的校刊。

《士兵之友》的主要编辑是杨其纲、洪剑雄，他两人均是黄埔军校第一期毕业生，1924年加入中国共产党。毕业后，任军校政治部干事，参与编辑出版军校壁报《士兵之友》。杨其纲后来担任政治部编纂股主任，洪剑雄后来担任国民革命军一军十四师政治部主任。

此时由于军校刚刚创办，办学经费十分匮乏，在印刷器材方面受到很大的局限，所以《士兵之友》仅用手工油印，版面模糊，一星期或半星期才出一小张，内容非常简单，没有引起人们的兴趣。

熊雄主持黄埔军校政治部工作后，为适应形势的发展，配合政治宣传工作，1926年3月3日创办了《国民革命军中央军事政治学校日刊》。与此同时，壁报《士

---

① 王逸常：《周恩来与军校政治部》，见广东革命历史博物馆编《黄埔军校史料（1924—1927）》，广东人民出版社1982年版，第181页。

兵之友》在发行了一年零四个月后停办。

在《中央陆军军官学校史稿》中有这么一段话：

> 本年 3 月 1 日，本校张贴之陆军军官学校《壁报》日刊，改为《国民革命军中央军事政治学校日刊》，3 日出版，日出 1 张，内容分命令、通讯、新闻、革命之路、特载 5 大栏。新闻栏又分校务党务、国民政府、军政、农工商学、帝国主义、北方军政、敌情、世界现状 8 项。6 月 4 日，本刊改名为《黄埔日刊》，扩充篇幅，增加材料，内容分新闻、党务、革命运动、中国经济政治状况、国际经济政治状况、特载、革命之路、政治报告 8 栏。[1]

《国民革命军中央军事政治学校日刊》每日两大版，其中"革命之路"一栏占两大版中的四分之一，其他通讯、启事等也占有不少篇幅。但对于国内外的重要新闻，只有零碎的简短的记载。当时，该报发行局限性很大，主要在校内发行。随着形势的发展和革命势力的扩大，该刊也得以一天天的发展，到了第 68 期，即 1926 年 6 月 4 日，它便扩充篇幅到四大版，又以原来的名称太长而改称为《黄埔日刊》。更名后，报纸序列号延续，在刊头上，除本报名称做了改变外，期刊号的表示也有小小的改变，由原来的"第 ×× 回"，改为"第 ××号（期）"，当时人们把《国民革命军中央军事政治学校日刊》看成是《黄埔日刊》的小名，1926 年 3 月 3 日被人们认定为《黄埔日刊》的创刊日。

熊雄主持政治部时创刊的《黄埔日刊》，与《士兵之友》《国民革命军中央军事政治学校日刊》是一脉相承的。

《黄埔日刊》由当时的中央军事政治学校政治部宣传科负责出版发行，是一份革命性很强的刊物。初期的编辑委员会由军校政治部宣传科科长安体诚任主编，宣传股长宋云彬、李逸民等任委员，编委全部是共产党员，熊雄、恽代英、萧楚女、方鼎英、罗懋其等是主要撰稿人。《黄埔日刊》内容丰富、特色鲜明。

第一，分栏编排，栏目众多。

《黄埔日刊》内容十分丰富，从国内新闻到国外大事，从时局分析到本校要

---

① 《中央陆军军官学校史稿》第七篇《政治训练与政治工作》第二章，1936 年版，第 24 页。

军校政治部编辑出版的《黄埔日刊》

讯，从革命理论探讨到军事训练实践，无所不包。在新闻方面，有苏联等通讯社直接寄稿。因为当时交通工具的局限，消息的发布比普通日报要迟一天，但该刊编辑们把各种消息归纳起来后，指出该消息关于政治经济等的背景，使读者得到一个系统的概念，颇具特色。《黄埔日刊》的主要栏目有时评、日评、周言、宣传大纲、时局口号、校闻、党务、军事、政治、经济、群众运动、革命之路、杂闻等，各栏目从不同的角度讲述不同的话题，精彩纷呈，读者一目了然，印象深刻。

第二，《革命之路》一栏的特色。

在众多的栏目中，《革命之路》所占版面最多，编辑之所以给栏目冠以这个名称，寓意深刻，所谓"革命之路"即被压迫阶级唯一的生路。在日刊更名前，它占两大版中的四分之一，更名后，日刊扩大至四大版，《革命之路》一栏排列在独立的版面，一般均固定在日刊的第三版和第四版，占全张的四分之二。《革命之路》收到的投稿很多，在这里，军校官长学生均可以充分阐述自己对革命的看法与认识，理论性较强，对鼓舞士气、发扬黄埔精神起到了很大的作用。《黄埔日刊》第190号上刊登了《本刊编辑者的要求》一文，内中明确地指出："《革命之路》一栏，仿佛是现在日报里的副刊。我们一向所采取的材料，都是关于革命的理论和方法等等。"

《黄埔日刊》的编辑为了使《革命之路》栏目办得更为出色，除广泛征稿外，还经常征求读者对本栏目的改良意见。读者认为：《革命之路》缺少短篇的而含有讽刺性的作品，须努力加以改进。在以后的若干份日刊中，经过改良后的《革命之路》又增加了几个短小、精悍、讽刺性极强的小栏目，如"短箭""短兵"等，增加了革命的元素，为本刊增色不少。由于《革命之路》成了军校广大师生最亲近的朋友，于是编辑们把《革命之路》里面没有时间性的论文等汇编印成小册子，发给士兵，受到士兵们的喜爱。

第三，知识性强并具有现实意义的《政治问答》。

《黄埔日刊》几乎每天都登载《政治问答》，或多或少，虽然它总是默默出现在整张报纸的最后部分，但其蕴含的能量却很大，它对于明辨是非、坚定革命信念、提高广大士兵理论知识水平、扩大知识面等都起着举足轻重的作用。《政治问答》没有时空限制，更具现实意义。如1926年11月20日《黄埔日刊》第194号刊登的政治问答：

问："三点会"、"道尔斯计划"、"克伦斯基的政府"是什么？
答："三点会"是两广福建一带的秘密结社的会党。"道尔斯计划"乃协约国和美帝国主义割德国、使之贡献其劳动者之血汗以为欧战赔款的一种国际共管德国财政的计划，由美国副总统道尔斯拟定的。"克伦斯基政府"即俄国十月革命以前的政府，由克伦斯基所组织的。

由此可以看出政治问答的知识性、政治性都很强。

第四，特刊、纪念刊的特点。

《黄埔日刊》另一个显著的特点是出版的特刊、纪念刊非常多。特刊增多的一个重要原因是因为军校特别重视政治教育工作。军校的教育方针是军事教育与政治教育并重，特别是在军校政治科和入伍生部，政治教育更有超过军事教育之势。《黄埔日刊》总是借用各种机会，唤起中国民众的革命精神。除了总理纪念日按惯例出纪念特号外，每逢特殊的日子均出版特刊。如军校第五期开学纪念号、军校第五期政治教育工作特号、援助汉口惨案及纪念李卜克内西卢森堡特号、列宁逝世三周年纪念特号、二七纪念四周年特号、国际妇女日及军校开学周年纪念、欢迎由赣来校学员特号等等，每期特刊都是精心编排，具有强烈的震撼力。

特刊除大量刊载官长文章外，学生作品亦不少，如 1926 年 11 月 12 日《黄埔日刊》第 189 号《总理诞生纪念日特号》上，就载有第二学生队陈鸿濂的纪念文章《总理诞日告同志们》，文中写道："……因为为革命奋斗四十余年，所谓'毕生学力，尽碎于斯'，并不是为他个人或家族谋幸福，是在求中国之真正自由平等，替数万万被压迫的同胞们谋幸福、求解放，辛亥革命的成功，使我们脱离了四千余年的专制奴隶羁绊，这是谁都知道与承认的。"

在大革命时期，黄埔军校是中国国民党所指导与监督的国民政府之下唯一的革命教育机关，有统一国民革命军各军教育训练及改造全国军队以恢复中国自由平等、完成世界革命的使命，《黄埔日刊》本着这个使命，努力奋斗。

首先，《黄埔日刊》作为本校全体官长学生士兵的舆论机关，它肩负着宣传军校军事与政治并重的教育理论思想的重任。政治与军事并重、理论与实践相结合的办学特色，是黄埔军校区别于其他一切旧式军校的根本标志。熊雄曾对军校学生说："一个真正的革命者，必须有正确的理论，然后才能有很对的实际行动。换言之，必须理论与实际打成一片，方可免掉于空想或盲动。"[1] 这些话促使全体官长学生加深了对政治及军事的教育训练重要性的认识。

其次，帮助青年军人树立革命的人生观、世界观。孙中山曾经说过"革命者要以革命为职业"，《黄埔日刊》登载的大量名人讲演、学生心得体会、政治时事评论，无一不在向学生们宣讲着革命的道德观、人生观。

再次，它唤醒全国农民、士兵、学生和小商人团结起来，巩固被压迫阶级的联合阵线，冲破一切帝国主义及其走狗、军阀、官僚资本家、地主劣绅等压迫阶级的联合战线，取得最后的胜利。1927 年 3 月第 280、281 期的《黄埔日刊》开辟了"三一八惨案一周年纪念及巴黎公社五十六周年纪念特号之一、之二"。

---

① 熊雄：《告第五期诸同学》，《黄埔日刊》1926 年 11 月 17 日，第 191 期。

在特刊中，方鼎英写了题为《"三一八"纪念日述怀》，萧楚女写了《在联合战线上纪念"血腥之日"》，冯恒武写了《巴黎公社与中国民族革命运动》，成武写了《从巴黎到北京——纪念"三一八"》等文章，另外还有本刊记者撰写的《本校"三一八"惨案周年纪念及巴黎公社五十六周年纪念大会纪事》，其中有大量知名教官的讲演，如陈日新教官、任卓宣教官、韩麟符教官的演说，这些文章和演说，总结着不同时期、不同地域的两次事件的历史教训，透过事件使广大民众更加看清了帝国主义、资产阶级的本质，号召民众踏着烈士的血迹继续前进。

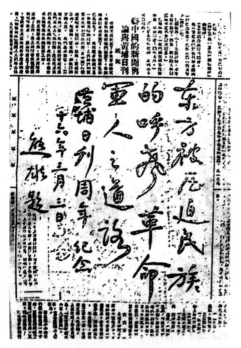

熊雄为《黄埔日刊》创刊一周年题词

1927年3月3日是《黄埔日刊》创刊一周年纪念日，特出版了"纪念《黄埔日刊》创刊一周年特号"，特刊十分明确地指出：本刊是黄埔精神的结晶，它要以正确的革命理论，指导黄埔一万数千武装的革命青年去和敌人决战；它并要引导一般民众走上真正的革命道路。军校当时的教育长方鼎英称赞《黄埔日刊》是"革命洪钟"，主持军校政治部工作的熊雄题字："东方被压迫民族的呼声，革命军人之道路。"同日，熊雄还写了《纪念黄埔日刊一周年》①专文，文章说：

> 黄埔是养成革命人才的学校，也就是实现总理的主义的试验室。所以黄埔的政治工作做得好，就能影响到全国。反之，全国革命空气越是紧张，就越能促进黄埔政治工作进步。黄埔日刊是在这两种原动力之间推动着向

---

① 详见《黄埔日刊》1927年3月3日，第270期。

前走去的。所以凡是免掉一回缺点，就能使黄埔日刊改进了一步，而黄埔日刊之日见改良，就能使政治工作进步一些，这也是互为因素的。

由是我们今后有两种盼望于一切革命同志们的：

1. 要做供给我们做政治工作的材料。换言之，要多多发表革命理论的研究，时势问题之分析，和切实作革命运动的方法的种种大作。

2. 要不客气的指正我们的错误，俾黄埔日刊成为真正能够代表东方被压迫民众的呼声，革命军人之道路的刊物。黄埔日刊既是应革命要求的重要宣传品，是民众和革命武力的舆论机关，那么，我们过去不足之处，就作切实改救不可。

文章写得十分诚恳，既阐明了《黄埔日刊》与全国革命运动的关系，也指出了《黄埔日刊》的不足，为了完成《黄埔日刊》神圣而又伟大的使命，期望能得到"一切革命同志们"的帮助。熊雄最后还希望"在明年今日之黄埔日刊，能够代表被压迫人民在明年的要求的欲望，那时黄埔日刊才是与日俱进"，"我们今日纪念它，就是这样希望着！"

《黄埔日刊》是当时发行量最大、影响最广的革命刊物。最初的发行以校内为主，面向社会，另外还采取了"赠阅"和"函索即寄"等办法以扩大发行。随着革命势力的发展以及随着军校办学规模的扩大，其发行量也在不断地增加。还在《国民革命军中央军事政治学校日刊》期间，"每日出纸五六千份"。更名为《黄埔日刊》后，革命势力渐渐发展，达到长江，普遍到川、湘、赣、鄂、闽诸省，《黄埔日刊》在全国的影响也愈来愈大、愈来愈广，来函索要日刊者日益增多，日刊的发行数量也在逐日上升。发行量最高峰应为1927年年中，"由五六千份增加至四五万份"。而当时国内发行数较大的《申报》和《新闻报》也不过是数万份。熊雄在1927年1月1日发表的《一年来本校之政治工作》一文中提到："……在本校出有《黄埔日刊》，由六千份增至二万六千份之多。"发行地点"几乎普遍全中国各省和东、西洋各大埠"[①]。而1月10日（第231号）中

---

① 见《黄埔日刊》新年增刊，1927年1月1日第7版。

刊有一"编者邮件"，是本刊编辑元杰写给沈炽昌的一封信，信中即说"本刊现已由二万六千份扩充到三万份矣"。亦即4天时间发行量就增加了4000份。因此，设在军校政治部后面两间小房内的印刷所，机器日夜轧轧轰响，没有一刻停息的时间。于是，1927年8月3日的《黄埔日刊》登载一则"本刊启事"："本刊现日销数骤增，已达四万份，对于发行方面，决稍加限制，除团体继续赠阅外，自本月起，所有个人订阅，酌收邮费……"尽管如此，《黄埔日刊》仍不能满足人们的需要，各地来函索阅者仍然愈来愈多，来函者甚至远至南洋群岛及法国巴黎等处的华侨同志。

《黄埔日刊》被公认为当时最具影响力的一份刊物，同时，亦由于它的权威性而成为黄埔军校的机关报。

在长洲岛上，《黄埔日刊》从创刊到1927年11月30日共发行了472期。1928年春，蒋介石复任国民革命军总司令及军事委员会委员长后，加紧了军校由广州黄埔迁往南京的各项工作，3月6日举行了南京本校的开学典礼，《黄埔日刊》继续发行，刊物名称依旧，但发行期号则从1号重新开始。

培育课外教育平台

《中央陆军军官学校史稿》在论述1926年时的军校政治部工作时说：

> 政治部因出版印刷刊物颇多，令总务、宣传两科长及编纂、发行、财务3股长组织一印刷委员会，办理本部一切印刷刊物。委员会成立后，即议决于9月份拟出一年中纪念册、标语集、社会科学常识、国际政治常识、讲演集、北伐专册、九五特刊、九七特刊8种刊物。[1]

---

① 《中央陆军军官学校史稿》第七篇《政治训练与政治工作》第二章，1936年版，第24页。

由此可知，在熊雄主持军校政治部时，仅出版各类刊物的任务就有多么的繁重。据史料记载，当时军校出版的政治丛书有《各国革命运动概论》《本党重要宣言训令之研究》《政治概论》《中国国民党与劳动运动》《中国国民党与农民运动》《帝国主义》《政治学概论》等，报刊方面，有《黄埔旬刊》《黄埔生活》《革命军》《黄埔周刊》《黄埔潮》《中国军人》《革命画报》《民众的武力》《武力与民众》《黄埔日刊》等。除《黄埔日刊》外，"尚有丛书、讲义、各种纪念册及小册子等，综计八个月内，共出刊物已达千万份以上，发行地点已有三四千处"[①]。这些丛书和刊物就是军校对学员进行政治教育的课外平台。除《黄埔日刊》外，军校中影响比较大的刊物和丛书还有：

《政治问答集》

熊雄主持军校政治部工作期间，《黄埔日刊》开辟了一个专栏叫"政治问答"，每天解答一、二题或六、七题。这些题目有些是学生的提问，有些是编辑设计的，而解答者都是军校的政治教官。这类问答知识性、政治性都很强，它对提高广大士兵理论知识水平、扩大知识面等都起着很大的作用。

为了收集军校师生的政治提问，军校在各处设立了"政治问答箱"，凡学生对于政治、经济等问题有疑问时，均可以信函的方式投于箱内，每星期一由政治部派员开箱，检查各种质疑函件，然后由主任、教官分别以书面或口头方式答复质问者。

到1926年底，这一类的问答内容就

1927年1月，政治部将恽代英、萧楚女和张秋人等人在《黄埔日刊》上发表的政治答案编成长达十余万言的《政治问答集》（一）并正式出版

---

① 熊雄：《一年来本校之政治工作》，《黄埔日刊》1927年1月1日新年增刊，转引自熊巢生等编著《中国大革命中的熊雄》，江西人民出版社2002年版，第136页。

很多了。于是在 1927 年 1 月 27 日,军校政治部宣传科将熊雄、恽代英、萧楚女、廖划平、张秋人等在《黄埔日刊》上所刊载的"政治问答",加上平时的"政治测验"题收集起来,归类编辑成《政治问答集》(一)。

《政治问答集》的编辑人员在"弁言"中说:"这里面都是黄埔学生对于政治上没有了解的问题,提出来请政治教官答复的。我们相信:这决不仅是黄埔学生所要求解答的问题,而且是一般青年所要求解答的问题,虽然有许多问题是很普通的。"这本《政治问答集》共分十编:一、关于本党的主义、政策、组织关系等;二、关于马克思、列宁的主义、政策等;三、关于各种主义学说;四、关于经济、政治及社会问题等;五、关于革命的理论、策略、历史等;六、关于革命青年的修养、主义的研究及实际宣传的方法等;七、关于国际间的会议、条约其他国际问题与各国及中国的内政、外交等;八、关于国外、国内的党派及秘密会团等;九、关于各种名词之解释;十、关于宗教、历史、人名及其他不属于上九编者。

《政治问答集》中的解答力求实在,通俗易懂,也体现了那个时期黄埔军校政治教官们的真实水平。这样的解答在军校学生中传播革命思想,影响非常大。

按照编辑人员的设想,这本《政治问答集》仅为第一集,以后还准备出第二集、第三集。可惜到 1927 年 4 月份之后,风云突变,国民党大肆"清党",此后再也没有机会出版这种集子了。

黄埔同学会会刊《黄埔潮》(周刊)

《黄埔潮》原是由军校政治部主办,1925 年 10 月创刊,为三日刊或半周刊,由中共党员杨其纲担任主笔。《黄埔潮》设有特载、评论、大事评述、短兵等栏目,具有鲜明的左派政治色彩。

1926 年 4 月,军校中左、右两大派别团体——中国青年军人联合会和孙文主义学会相继解散。在校长蒋介石的亲自掌控下,军校于 6 月成立了黄埔同学会,将原由军校政治部主办的《黄埔潮》改造成为黄埔同学会会刊,期号也重新编排。史料记载:"《黄埔潮》本是中央军事政治学校政治部出版的半周刊的命名,目前,因种种关系,改半周刊为周刊,并入《军人日报》副刊内,现在黄埔同学会这个刊物是黄埔八千同学言论机关,也就是黄埔潮高涨的声音，所以就借用'黄埔潮'这个名词来做这个周刊的名号。"①

黄埔同学会主办的《黄埔潮》创刊号为 32 开本，封面为金黄色。创刊号主要栏目有时评、特载、论文、短剑、杂俎、通讯、会务报告等，《黄埔潮》（周刊）宣称："为黄埔同学言论及代表黄埔同学革命行动之机关。""凡与本会宗旨相合之文字一律欢迎。"蒋介石还亲自为《黄埔潮》拟定了征稿的主题。此外，《黄埔潮》还在俄国十月革命胜利纪念日、总理逝世周年纪念日等特殊节日出版特刊，向社会各界和黄埔师生征集、约写稿件。由于黄埔师生投稿踊跃，《黄埔潮》（周

军校出版的刊物《黄埔潮》

刊）有时应接不暇，只好推荐给其他刊物。为此，编辑股还多次公开道歉。

《黄埔潮》（周刊）通过 3 种方式发行：订阅、赠阅、零售和代售，除本校学生外，还发行到江苏、云南、上海、河南、北京等处，因此政治影响非常大。

《黄埔潮》改由黄埔同学会主办，变成其机关刊物后，编撰群体也随之扩大。经常在该刊发表文章的，共产党方面的主要有熊雄、游步瀛、饶荣春、余洒度等，其中游步瀛、饶荣春就是《黄埔潮》的编辑负责人。例如《黄埔潮》（周刊）第 11 期上发表的 5 篇署名文章，就有 4 篇是由共产党员写的。《黄埔潮》（周刊）虽然署名"黄埔同学会"印行，但该会亲蒋的孙文主义学会骨干并没有控制这份周刊，相反，它仍然是黄埔共产党员发表言论的主要阵地，是共产党员对军校学生进行课外政治教育的重要平台。

尽管 1926 年 3 月"中山舰事件"和 5 月"整理党务案"风波后，有大批中共党员退出了黄埔军校和第一军，但熊雄等一部分共产党员仍然坚持留在军校工作。对于黄埔同学会的成立，共产党人因势利导，"他们应对的办法，实际上是将蒋的口号接过来，拿在手上，为我所用"。在《黄埔潮》（周刊）上，几乎

---

① 黄埔同学会宣传科编辑股：《编辑股紧要启事》，《黄埔潮》第 1 期，1926 年 7 月 24 日。

熊雄传

每期都刊登有共产党人所写的文章。①

作者	文章题目	期号	发表时间
游步瀛	黄埔同学应注意之事	第 1 期	1926 年 7 月 24 日
	我们今后的努力	第 3 期	1926 年 8 月
	怎样去巩固反帝国主义的联合战线	第 4 期	1926 年 8 月
	赶快起来援助上海大罢工呵	第 8 期	1926 年 9 月 11 日
	义和团与现时革命运动	第 8 期	1926 年 9 月 11 日
	论打倒英国炮舰政策与省港罢工	第 9 期	1926 年 9 月 20 日
	攻下武汉以后的政局与我们工作的标准	第 10 期	1926 年 9 月 26 日
	孙文主义与列宁主义的比较观	第 11 期	1926 年 10 月
	欧战后国际政局之概观及今后革命之路	第 11 期	1926 年 10 月
	应怎样纪念双十节	第 12 期	1926 年 10 月
	欧战后国际政局之概观及今后革命之路（一续）	第 12 期	1926 年 10 月
	欧战后国际政局之概观及今后革命之路（二续）	第 13 期	1926 年 10 月
	十月革命后的苏联各阶级，世界与中国革命运动 ——庆祝十月革命九周年感言	第 15、16 期	1926 年 11 月 7 日
	对于广东省政府的希望	第 18 期	1926 年 11 月 21 日
	军中政治工作人员应具备之条件	第 19 期	1926 年 11 月 28 日
	目下政局与全国民众之责任	第 21 期	1926 年 12 月 12 日
	庆祝北伐胜利的意义	第 22、23 期	1926 年 12 月 26 日
	一年来中国政治的变迁述略	第 24、25 期	1927 年 1 月 7 日
	黄埔同学会十五年度的宣传工作	第 24、25 期	1927 年 1 月 7 日
	纪念李克卜内西、卢森堡之死	第 26 期	1927 年 1 月 16 日
	英帝国主义最近的阴谋	第 26 期	1927 年 1 月 16 日
铁血	国家主义派与西山会议派之过去及现在	第 14 期	1926 年 10 月 24 日
	国家主义派与西山会议派之过去及现在（续）	第 17 期	1926 年 11 月 14 日
	孙文主义与列宁主义的比较观（一续）	第 18 期	1926 年 11 月 21 日
	孙文主义与列宁主义的比较观（二续）	第 19 期	1926 年 11 月 28 日
	孙文主义与列宁主义的比较观（三续）	第 20 期	1926 年 12 月 5 日
	孙文主义与列宁主义的比较观（四续）	第 21 期	1926 年 12 月 12 日
	孙文主义与列宁主义的比较观（五续）	第 22、23 期	1926 年 12 月 26 日
	孙文主义与列宁主义的比较观（六续）	第 26 期	1927 年 1 月 16 日

① 表格中的内容转引自曾庆榴著《共产党人与黄埔军校》，广州出版社 2013 年版，第 411—412 页。

续表

作者	文章题目	期号	发表时间
杨新民	谈谈军队中的政治工作 承继所谓"讨赤"事业的安国军 北伐胜利与农民	第 19 期 第 21 期 第 22、23 期	1926 年 11 月 28 日 1926 年 12 月 12 日 1926 年 12 月 26 日
韩麟符	帝国主义与军阀崩溃中白色恐怖之序幕	第 20 期	1926 年 12 月 5 日
饶荣春	日帝国主义和缓中国革命的又一工具 唐继尧发起组党救国? 中英谈判停顿后的省港罢工问题 纪念廖党代表与援助省港罢工 全国民众应该向英帝国主义下总攻击 对取消中日中比商约的我见 半年来编辑工作纪略 英帝国主义对华政策与中国民众反英运动	第 3 期 第 4 期 第 4 期 第 5 期 第 20 期 第 21 期 第 24、25 期 第 26 期	1926 年 8 月 1926 年 8 月 1926 年 8 月 1926 年 8 月 27 日 1926 年 12 月 5 日 1926 年 12 月 12 日 1927 年 1 月 7 日 1927 年 1 月 16 日
孙炳文	一年来的中国民族运动	第 24、25 期	1927 年 1 月 7 日
萧楚女	一年来帝国主义在华势力之暗斗及其崩析	第 24、25 期	1927 年 1 月 7 日
任卓宣	一年来之工农运动	第 24、25 期	1927 年 1 月 7 日
罗绮园	一年来之广东农民运动	第 24、25 期	1927 年 1 月 7 日
余洒度	廖党代表逝世周年宣传大纲 反对关税会议重开 杜锡珪果真愿走吗? 纪念廖党代表与北伐 黄埔同学会目前重要的工作	第 3 期 第 3 期 第 4 期 第 5 期 第 11 期	1926 年 8 月 1926 年 8 月 1926 年 8 月 1926 年 8 月 27 日 1926 年 10 月
吴善珍	廖党代表逝世后一年来之工农运动 我们对总理的联俄容共政策怀疑吗?	第 5 期 第 11 期	1926 年 8 月 27 日 1926 年 10 月
黄 鳌	黄埔同学应注意的几点	第 5 期	1926 年 8 月 27 日
缪芸人	对于黄埔同学会的认识	第 3 期	1926 年 8 月

熊雄传

在这半年的时间里，能查实的共产党员撰写的文章就有 54 篇之多。其中发表文章最多的人是游步瀛和饶荣春。

值得注意的是 1926 年 10 月至 1927 年 1 月间，在《黄埔潮》（周刊）杂志上连续发表的两篇长文《孙文主义与列宁主义的比较观》《国家主义派与西山会议派之过去及现在》，其中《孙文主义与列宁主义的比较观》分 7 期刊载，除《黄埔潮》第 11 期初次刊载时署名"游步瀛"外，其余各期刊载时均署名"铁血"。《国家主义派与西山会议派之过去及现在》分两期刊载，亦均署名"铁血"。

《黄埔潮》刊登的署名"铁血"的文章

这个"铁血"是谁呢？还是先让我们先看看这两篇文章的基本内容。

《孙文主义与列宁主义的比较观》全文 6 万余字，共分 7 章。第一章、导言；第二章、孙文主义与列宁主义的历史观；第三章、孙文主义中之民族主义与列宁主义中之民族解放主义；第四章、孙文主义中之民权主义与列宁主义中之独裁政治；第五章、孙文主义中之民生主义与列宁主义中之共产主义；第六章、孙文主义与列宁主义革命的策略；第七章、孙文主义与列宁主义比较研究的感言——总结论。可知，该文对列宁主义和孙中山的三民主义作了全面的比较，详细地分析了两种"主义"的理论内涵、相互关系及其相通之点。联系当时的实际来看，此文的写作和发表就是要掌握孙中山思想的解析权、话语权，批判军校中"孙文主义学会"对孙中山思想的曲解及其反动观点。这篇文章的中心思想，是反复说明三民主义、列宁主义是相通的，不能曲解三民主义，不能将两种主义对立起来，更不能以"孙文主义"来反对共产主义。文章指出："中山先生与列宁先生之所以能成其伟大，便是有这个时代的物质条件为基础而建筑真实革命理论与革命主义哩！所以孙文主义与列宁主义之所以产生，之所以成立，在历史上的根源，实是一而二，二而一者也。"[1]

《国家主义派与西山会议派之过去及现在》全文共 2 万余字，分 4 部分：一、无独有偶的怪物；二、国家主义派之过去及现在；三、西山会议派之过去及现在；四、最后几句结论。该文剖析国家主义派、西山会议派的理论及其政治行为的实质，"都是建筑在'反俄''反共''反国民党''反国民政府'上面的；这一年多来的行动，都是依照这一贯的政策进行活动的"[2]。这是一篇意旨明、含义深、针对性很强的论文。

以上两篇长文，洋洋洒洒，大气磅礴，可谓雄辩滔滔，一泻千里。如果没有相当的历史知识、深厚的理论功底，如果不能贯通各种主义，是写不出这种文章的。文章中有"中国共产党就是中国三万万一千万劳苦大众的急先锋"这样鲜明的字句，其为共产党员之作应该是没有疑问的。

但是，文章署名"游步瀛"与"铁血"为何会有不同呢？据中共广东省委党校副校长、党史研究专家曾庆榴先生考证，这个"铁血"极有可能是当时军校政治部副主任熊雄，他考证说：

> 《比较观》的第一篇在《黄埔潮》（周刊）第 11 期发表时，署名游步瀛，以后六续均署名"铁血"，这有两个可能：一、此文的第一篇是游步瀛写的，各续篇是"铁血"写的；二、游步瀛与"铁血"为同一个人。目前所知，在半年之内，仅在这家周刊上，游步瀛已发表了 20 篇文章，几乎每期都有一至两篇，其中有不少是长篇之作。从他这时的工作量来看，他似乎不太

---

① 铁血：《孙文主义与列宁主义的比较观》（六续），《黄埔潮》第 26 期，1927 年 1 月 16 日。

② 铁血：《国家主义派与西山会议派之过去及现在》（续），《黄埔潮》第 17 期，1926 年 11月 14 日。

可能同时又写出上述共达五六万字的两篇长文。故第二种可能性不大，"铁血"必另有其人。那么这位"铁血"到底是谁呢？他，可能就是熊雄……熊雄少年时崇尚"铁血"，到黄埔军校后，曾以"铁血余生"为笔名，在《中国军人》上发表《惠州战役日记》。当上述两篇长文连载时，熊雄在黄埔军校的不同场合，也讲述或写作过批判"国家主义"及全面理解、掌握孙文主义这一类的问题。如1926年12月3日对赴武昌的政治科学生的讲话中，就提到应如何对待同学中的"国家主义者"的问题，并讲了要"实现孙文主义之全部"，也就是要全面、准确地掌握孙文主义的精神实质，其中讲到的务须了解"本国及国际政治经济状况"，就是在《比较观》一文中充分展开论述的内容。1927年1月21日，熊雄又发表了《列宁与黄埔学生》一文："列宁倘死在孙总理之后，他必能帮助孙文主义之目的早日达到，孙总理若今日尚在，他也必亲自帮助列宁主义之目的早日达到！"这也就是《比较观》一文的中心意旨。由此观之，上述两篇长文的作者，极有可能就是共产党员、黄埔军校政治部副主任——熊雄，或者是熊雄指导下的一个写作组。[①]

笔者也认为曾先生的这种分析与见解是有一定道理的。

《黄埔潮》（周刊）上所发表的共产党员的文章，对国民党内的右派和孙文主义学会骨干分子来讲，是匕首，是投枪；对广大要求进步的革命师生来讲，是进行政治教育的极好教材，它起到了课堂教学上所不能起到的作用。而且这里面的文章有很多是军校学生自己所写，这又是一个学生互相进行政治教育的好方式。

随着国民革命形势的发展，1926年12月底，黄埔同学会奉命迁往武汉。蒋介石指示，《黄埔潮》发行到第26期停办，由在汉口新成立的《黄埔潮》周刊社续办。

《青年军人》与《革命军》

1925年2月1日，军校特别区党部主办的杂志《青年军人》创刊，是为黄埔军校创办较早的期刊之一。该刊创办时得到了校长蒋介石和校党代表廖仲恺

---

① 曾庆榴：《共产党人与黄埔军校》，广州出版社2013年版，第414—415页。

的支持，廖仲恺亲自担任《青年军人》社社长，蒋介石担任编辑部长。编辑部组成人员还有吴明、吴阶、刘光烈、陈作为、成恭寅、胡秉铎、王德清、罗汉、卢德铭、麻植，其中除王德清具体情况不明外，其余的都是军校第二或第三期学生中的共产党员，因此《青年军人》杂志名义是军校特别区党部主办，但实际上可看作是共产党或至少是国民党左派占据的政治宣传教育阵地。

1925 年 8 月，《青年军人》从第六期起改刊名为《革命军》，继续以军校特别区党部的名义编辑发行。但《革命军》编辑人员仍然以共产党员为骨干。

《革命军》杂志封面，上有熊雄的手迹

正因为《青年军人》及《革命军》的编辑人员以共产党员为主体，因此军校中共产党人在该杂志上发表的文章也很多。目前能查阅到的资料显示，自《青年军人》创刊后，到 1926 年 3 月 "中山舰事件" 发生之前，军校共产党员在《青年军人》和《革命军》上发表的文章就有 27 篇，其中聂荣臻发表了《苏联红军的新首领》(《革命军》第十期)、恽代英发表了《党纪与军纪》(《革命军》第十期)、周恩来发表了《勿忘党仇》(《革命军》第八期)、鲁易发表了《我们的决心》(《革命军》第八期) 等。

《中国军人》和《中国青年军人联合会周刊》

中国青年军人联合会成立之后创办了两份刊物，一是《中国军人》，一是《中国青年军人联合会周刊》，这两个刊物性质基本相同，又同时存在。

《中国军人》于 1925 年 2 月 20 日创刊，初为半月刊，从第六期起改为不定期出版，前后共出版 9 期。创刊号的 "编辑启事" 宣称："本刊以团结革命军人，拥护革命政府，宣传革命精神为主旨，无论会员与非会员，来稿一律欢迎。"

中国青年军人联合会是一个公开的社会团体，创建之时，会员并不仅仅是具有共产党员身份的 "跨党" 军人，而是国民党左右两派军人都有，因此，在《中国军人》初创时，刊登的文章派别色彩并不是很浓。但从 3 月 12 日发行的

青年军人联合会出版的会刊《中国军人》创刊号封面

第三期在扉页上刊登了马克思的头像后,《中国军人》的左派色彩便日益明显地体现出来。在 4 月 2 日发行的第四期《中国军人》刊载了强调唯物论立场的文章①。之后,这一类文章便不断见诸《中国军人》。

《中国军人》主笔为"青军会"执委、编辑委员王一飞,《中国青年军人联合会周刊》主笔为胡允恭,它们的主要撰稿者基本上都是共产党员。

值得一提的是,1925 年 9 月才进入黄埔军校的熊雄,他的两篇文章《革命军人与地方主义》和《惠州战役日记》就是投稿于《中国军人》第七和第八期。

中国青年军人联合会在 1926 年 4 月因校长蒋介石的干预解散后,《中国军人》和《中国青年军人联合会周刊》也随之停刊。《中国军人》发行了 9 期,《中国青年军人联合会周刊》发行了 27 期。在它们发行期间,共发表共产党员撰写的文稿 56 篇。

《民众的武力》(周刊)

1926 年 9 月初,黄埔军校入伍生部印行的《先声旬刊》创刊,后因北伐战事紧张、事务繁多、编辑人员缺乏而中断。是年底,入伍生部政治部酝酿并着手编辑出版新的刊物,这就是由黄埔本校入伍生部政治部主办的《民众的武力》(周刊)。军校学生入校,最早接触到的军校刊物即是入伍生部的刊物,因此入伍生部编辑印行的《民众的武力》对军校学生的影响甚大。

《民众的武力》(周刊)创刊于 1927 年 1 月 7 日,编辑部、发行部、通讯处设在广州市南堤肇庆会馆。封面竖排版,内文横排左起始行排版。编辑主笔为共产党员苏怡。

---

① 侠公:《从唯物史观所见之中山先生死的问题》,《中国军人》第 4 期第 17 页,1925 年 4 月 2 日。

由于《民众的武力》（周刊）的读者对象主要是军校入伍生，因而所刊载的内容较为浅显，几乎每一期都用很大篇幅刊登政治测验试题和答案以及政治讨论题，以此来加强对入伍生的政治教育。

由于《民众的武力》（周刊）在政治上明显倾向共产党，因此在"四一五"反革命政变后，该刊停刊。一个月后，校入伍生部在该刊基础上另办《入伍生周刊》。前后两本杂志仅在入伍生部组织机构上有渊源，编辑人员及刊物期别却无承续关系。

《军事政治月刊》

1926年1月10日创刊，军校政治部主办。第一期刊登有《国民革命军中央军事政治学校组织大纲》，规定中央军事政治学校直隶于军事委员会，校长以建有功勋的将领充任，其军阶与军长同等；还刊登有《国民革命军党代表条例》，共3章26条。1月12日，军校政治部秘书聂荣臻被推选为《军事政治月刊》政治编辑主任。

《革命画报》

1926年5月创刊，军校政治部主办。这是黄埔军校出版的唯一一种以漫画为主要画种的刊物，逢星期五出版，每期16开横排4版。1927年1月14日，出版第35期；3月12日，出版"总理逝世二周年纪念特刊"（第43期），4月下旬停刊。

《革命画报》

熊雄传

《血花周刊》

1926 年 9 月 1 日创刊，黄埔同学会血花剧社主办。目录横排，正文竖排。第一期的主要文章有《发刊词》、吴稚晖《二十年后之血花剧社》、姚应徵《革命与戏剧》、胡燧《我对于排演者的贡献》、王君培《丰年（创作）》等。1927 年 4 月下旬停刊。

各类政治丛书

1926 年 3 月军校改组之后，校领导及政治部更加重视政治刊物和丛书的出版，多次开会专题研究。《中央陆军军官学校史稿》记载：

> 十五年十月七日，政治部编印政治丛书 3 种：一、帝国主义；二、经济学概论；三、各国革命运动概论。每种印 2 万册，分发本校全体官生研究。又政治部搜集各政治教官材料、名人演说及重要政治问题编辑成册，作为本校政治丛书。本月 15 日印就 5 种：一、本党重要宣言训令之研究；二、国民革命；三、中国国民与劳动运动；四、中国国民党与农民运动；五、政治学概论。①

军校编印的部分讲义

---

① 《中央陆军军官学校史稿》第七篇《政治训练与政治工作》第二章，1936 年版，第 32 页。

以上引文中记载的仅是 1926 年 10 月份的丛书出版情况，其实军校出版的丛书远不止这些，比较重要的还有《孙总理讲演集》《孙文主义大纲》《廖党代表讲演集》《汪党代表讲演集》《中国国民党重要宣言训令集》《黄埔训练集选辑》《中国革命与民生问题》《三民主义讲授大纲》《方教育长言论集》《革命史上的重要纪念日》《社会进化史》《社会科学概论》《军队与政治》《工人运动》《政治经济大要》（上编）《中国革命与民生问题》《过去之一九二六年》《武力与民众》《最近时事宣传大纲》等等。其中有一些丛书是由国民党要员编辑的，如《孙文主义大纲》由甘乃光编著；有一些是共产党员政治教官的授课记录，如恽代英的《本党重要宣言训令之研究》《帝国主义》《政治学概论》和廖划平的《社会进化史》、萧楚女《社会科学概论》等；有的是重大活动的文集，如《武力与民众》就是 1926 年 8 月 30 日黄埔岛上军民联欢会专集，收集了这次联欢会的宣言、大会纪述、官长和各界代表的讲话等；有些是带总结性的文集，如《过去之一九二六年》，收有方鼎英（军校教育长）《一年来本校的教育情形》、熊雄（军校政治部副主任）《一年来本校之政治工作》、李铎（军校教授部主任）《一年来本校教授部之教育情形》等。

恽代英编写的讲义《政治学概论》

军校编印的政治教材

在当时而言，这些丛书的出版都带有很强的政治倾向和政治目的，这就是宣传三民主义，贯彻国民党的建党、建军思想，反对帝国主义的经济封锁和政治压迫。但由于当时处于国共合作政治框架之中，很多书也宣扬了马克思和列宁的思想，传播了社会主义及共产主义的信息，例如《政治经济大要》（上编）一书。

血花剧社

说到黄埔军校课外政治教育平台，就不能不提到当时由共产党人掌控的"血花剧社"。

黄埔军校在建校之初即聚集了一大批青春奔放、思想活跃、素质优秀、富有艺术天赋的学生。加之军校非常重视宣传工作，校园文艺活动相当活跃。在以周恩来为首的军校政治部的推动下，1925年1月18日，正式成立了"血花剧社"，直属于军校政治部。日常事务工作由剧社总务主任、共产党员李之龙（黄埔一期）负责。蒋先云（黄埔一期）、王一飞（黄埔二期）是剧社的主要干部，共产党员杨其纲（黄埔一期）为血花剧社秘书。剧社社员多是共产党员、青年团员和先进青年，鲁易、陈赓、余洒度等是剧社的骨干。可以说，血花剧社的实际领导权掌握在共产党手中。

取名"血花"者，或说取自陆军军官学校校歌中"以血洒花，以校作家"一句，或说取自校党代表廖仲恺的"先烈之血，主义之花"的题词，其意义在于动员广大革命者为实现孙中山的新三民主义不惜流血牺牲，用鲜血浇出主义之花。血花剧社宗旨是"将革命的艺术来改造社会"，用革命艺术来实现孙中山的"唤

血花剧社成员合影

血花剧社剧照

起民众"，提倡"艺术可以改造社会，艺术可以美化人生"。

到第二次东征期间，血花剧社已成长为闻名遐迩的大剧团。他们随东征军深入潮州、梅县一带演出，颇受军民欢迎，对于唤起民众、动员群众支持革命起了重要作用。在革命宣传中，血花剧社广泛采用通俗易懂、群众喜闻乐见的白话剧艺术形式，还把革命话剧的火种带到潮、梅等地点燃，深受群众欢迎。在血花剧社的影响下，广州、潮梅、汕头等地纷纷组织起自己的革命话剧团体，推动了广东革命话剧运动高潮的到来。

1926年3月"中山舰事件"后，一批共产党员被迫离开黄埔军校，退出了血花剧社。鉴于宣传任务繁重，剧社决定改组，隶属关系不变，仍由熊雄主持的军校政治部管理，归属于政治部之下的宣传科。

为适应宣传工作的需要，改组后的血花剧社公开登报，向社会招收男女演员。这是黄埔军校最早招收的女性职员，为军校继而直接招收女学员做了很好的铺垫。11月17日，血花剧社到高等警官学校演出《马上回来》，因有女演员同台演出，大受观众欢迎。

血花剧社先后公演了以国民革命、义和团运动、鸦片战争为题材的《国魂兮归来》《此恨何时灭》《二七惨案》《革命军来了》《三个商会会长》《工厂主》

《夜未央》《弃妇》等众多剧本，好评如潮。

12月13日，蒋介石令血花剧社的隶属关系改为隶属于黄埔同学会。1927年4月，蒋介石集团在上海叛变革命，黄埔的血花剧社停止活动。7月间，汪精卫集团叛变。至此，血花剧社彻底落下了帷幕。

军校政治教育理论家

熊雄在1922年就加入了共产党，很早受到马克思主义学说的熏陶，又有赴日、法、德、俄的经历，阅历丰富，理论水平非常高。他的学生、第五期生许光达（中华人民共和国成立后被授予中国人民解放军大将，装甲兵司令）说："由于熊雄同志天资聪慧，刻苦用功，故成绩斐然，深得马克思主义理论之精髓与奥妙。"①

熊雄在军校除了掌控政治部全面工作的运转、应付日常工作外，还利用业余时间，撰写了大量的理论文章。据目前掌握的资料，熊雄在黄埔军校写的文章有：

署　名	文章标题	发表期刊	发表时间
熊壮飞	对曙风君《旧军新化的问题》之商榷	广州民国日报	1925年10月2日
壮　飞	革命军人与地方主义	《中国军人》第7期	1925年10月10日
铁血余生	惠州战役日记	《中国军人》第8期	1925年11月20日
熊　雄	对于校长"临别赠言"的说明	《黄埔日刊》117期	1926年8月13日
熊　雄	省港罢工的面面观	《拥护省港罢工专号》	1926年8月25日
熊　雄	今日之青年	《黄埔日刊》134期	1926年9月6日

---

① 洛华（许光达）:《熊雄同志略传》，见熊巢生等编著《中国大革命中的熊雄》，江西人民出版社2002年版，第178页。

续表

署　名	文章标题	发表期刊	发表时间
熊　雄	军官政治研究班同学录序	《黄埔日刊》149 期	1926 年 9 月 21 日
熊　雄	告第五期诸同学	《黄埔日刊》191 期	1926 年 11 月 17 日
	纪念周中熊副主任演讲词（李迪初笔记）	《黄埔日刊》200 期	1926 年 11 月 27 日
	熊副主任对于赴武昌政治科学生最后之训话（彭名庚笔记）	《黄埔日刊》205 期	1926 年 12 月 3 日
	熊副主任在高级班无线电科开学演说词	《黄埔日刊》206 期	1926 年 12 月 4 日
	熊副主任对移往武昌的炮工两科学生最后之临别训话（彭名庚笔记）	《黄埔日刊》218 期	1926 年 12 月 18 日
熊　雄	黄埔学生对于基督教应取之态度	《黄埔日刊》225 期	1926 年 12 月 27 日
熊　雄	一年来本校之政治工作	《黄埔日刊》新年增刊	1927 年 1 月 1 日
熊　雄	列宁与黄埔学生	《黄埔日刊》240 期	1927 年 1 月 21 日
	熊主任在列宁逝世周年纪念大会的演讲	《黄埔日刊》245 期	1927 年 1 月 24 日
熊　雄	“二七”在国民革命中之意义	《黄埔日刊》252 期	1927 年 2 月 7 日
熊　雄	二七与国民革命	《二七特刊》	1927 年 2 月 7 日
熊　雄	我对本校“三一”纪念的希望	《黄埔日刊》269 期	1927 年 3 月 1 日
熊　雄	纪念黄埔日刊一周年	《黄埔日刊》270 期	1927 年 3 月 3 日
熊　雄	本校开学周年纪念之意义	《黄埔日刊》274 期	1927 年 3 月 8 日
熊　雄	怎样纪念我们的总理和怎样做我们的工作	《革命军》纪念专刊	1927 年 3 月 12 日
熊　雄	怎样纪念总理	《民众的武力》纪念增刊	1927 年 3 月 12 日
	熊主任在军校国民党特别党部全体党员大会上的答词	《黄埔日刊》295 期	1927 年 4 月 7 日

　　由于史料缺失，特别是 1927 年 4 月军校"清党"以后，对共产党的资料损毁不少，上表所列仅为至今能够查找到的熊雄的部分文章。特别是《黄埔日刊》，在熊雄主持军校政治部时已经出版了 300 多期，但现在国内收集到的完整的《黄埔日刊》仅 80 多期，只有四分之一。在这 80 多期中，有关熊雄的整篇文章就有 22 篇之多，其中除去一些讲活、答辞（这些都是由秘书记录的）、

序言、工作报告、采访报道等之外，有好几篇是由熊雄亲手撰写的政治理论性非常强的文章。如果这几百期都能完整保存至今，我们现在所能看到的熊雄的文章肯定要多不少。因此，熊雄在黄埔军校时期到底写过多少篇文章，至今仍是个谜。

即便从保存下来的熊雄这部分文章中，我们也能看出熊雄深厚的理论功底、鲜明的政治倾向。熊雄的这些文章，多是围绕反帝反封建这个主题，围绕军事与政治并重的军校教育方针，来阐明自己的政治观点，来教育学生树立正确的革命人生观，激励学生们的革命热情，坚定学生们的革命斗志。例如以下几篇：

《今日之青年》

刊登于 1926 年 9 月 6 日《黄埔日刊》第 134 期，是为"少年国际"纪念日所写。文章以阶级和阶级斗争的观点来认识当时的社会，认为"人类自原始时代，无论男女老幼，都要受自然的支配，到了私有制度发生，除自然外，又发生了人与人之间的压迫关系"，而"青年在社会地位上，所受的剥削和压迫尤甚"。按照哪里有压迫，哪里就有反抗，压迫愈重，反抗愈烈的原则，作者认为，"在东方的青年，尤其是中国青年，既受了双重压迫，革命性自然丰富，在现在的国民革命联合战线当中，更有团结的必要"。因此作者号召："今日之青年，尤其是被压迫的青年，应该认清时代潮流，担负历史使命，无论为自己的利益和社会的进化，都要积极去参加广泛的革命工作。"怎样来参加这个工作呢，作者说："这个解放的方法，就是'团结统一''集中革命'。换句话说，就是'联合革命势力，打倒反革命派'。能这样做去，才不辜负时代，才算不虚生。"熊雄在这里号召的对象不仅是社会青年，更是军校中立志革命的青年学生。

《黄埔学生对于基督教应取之态度》

刊登于《黄埔日刊》1926 年 12 月 27 日第 225 期 2 版。基督教是世界三大宗教之一。熊雄在这篇文章中用阶级斗争的观点来认识基督教，认为它的"上帝造人、灵魂不灭、魔鬼、轮回、礼拜、节欲等等"都是"非科学的"，"它的平等、博爱、自由、人道等等抽象的叫喊，只是为一部分人的说法，不是求全人类的解放"。特别是到了帝国主义时代，"那些殖民地和半殖民地的弱小民族，受基督教的厚赐，立即水深火热，几于灭亡"。因此熊雄认为"基督教是帝国主义工具之一"，是"统治阶级压迫民众的工具"，"基督教与黄埔学生是根本相反的两个时代产物——进化的与反进化的，亦即科学的与非科学的，革命的与反革命的"。他要求黄埔学生"站在科学的观点和革命的立场上，以流血的决心，牺牲的勇气，来打倒帝国主义及其一切工具，达到中华民族和全人类的解放"。

熊雄在这篇文章中的言辞是十分激烈的，完全没有照顾到不同人群的信仰自由。但是在中国大革命的特定时代，面对着黄埔军校学生这群特定的读者，这样激烈的言辞也并不过分。因为青年学生正处在人生观、世界观逐渐形成的时期，非如此，难以使学生认清宗教的欺骗性和反科学的本质，也难以使学生树立正确的、革命的、科学的人生观和世界观。

《列宁与黄埔学生》

刊登于《黄埔日刊》1927年1月21日第240期1版。熊雄在莫斯科留学时就非常崇拜列宁，对这位世界革命的导师有深厚的感情。1927年1月21日是列宁逝世3周年纪念日，熊雄在这篇文章结尾落笔"在黄埔追忆列宁之死"，可见他写这篇文章时心情之沉重。文章的前半部分追忆了列宁的丰功伟绩，"他为时代需要为受压迫民众的需要而死，死后留下不死的主义！"但更重要的是针对黄埔学生写的文章的后半部分：

> 黄埔学生，当然是革命的，当然应作一个彻底的革命军人，我们纵未能立列宁那样的殊勋，我们却可学习一点，好一点地决定我们革命人生观，我们正是完成中国国民革命促进世界革命之急需的工具，这是时代所必然的。中国不能不与苏俄站在一条战线上互助，孙文主义和政策不能不与列宁主义和政策发生相得益彰的关系，也是时代需要所然的啊！……我们黄埔学生，应是最勇敢的孙总理的化身！我们黄埔学生，应是最勇敢的列宁精神之模仿者！……黄埔学生！你们是革命的！你们是作彻底的革命的！你们看清你们应当走而可能走的革命之路啊！你们学伟大的孙总理啊！你们学伟大的列宁啊！你们要认识时代，准备为时代需要，为被压迫民众的需要而革命而死！我愿这样和你们同路去死！

多么的沉重！多么的悲壮！熊雄是在用真心、用热血去感召青年学生，这些话既是对他的学生们的期望，也是他自己奋斗的目标、悲壮的诺言。最后，他也确实实现了自己的诺言——为主义而献身了。可以说熊雄是黄埔学生革命的引路人，是思想灵魂的导师。

熊雄在黄埔军校的政治教育工作及军队政治工作的建树和作用是有目共睹的。更为重要的是，熊雄在许多文章中阐发的一些观点、提出的一些理论，即使以现在的眼光来看，也没有过时。现将这些观点与理论分述如下。

一、提出"两个打成一片"的教育理论

黄埔军校成立之初，就提出了要实施军事、政治并重的教育方针。该方针是根据孙中山关于既学军事又学政治的指导思想来制定的。孙中山在军校开学典礼上演说，要求学生要有高深学问，"关于军事学和革命道理的各种书籍及一切杂志报章都要参考研究"[①]。但是，当时谁也没有把孙中山的这一思想提高到理论上来论证。

黄埔军校自 1926 年 3 月改组后，校名也由"陆军军官学校"改称为"中央军事政治学校"，更加突出了"政治"的重要性，根据"军事与政治并重"的教育方针，实施两个"打成一片"。这两个打成一片就是熊雄提出来的。

"两个一片"的具体内容是：军事与政治打成一片，理论与实际打成一片。熊雄在很多场合、多篇文章中对"两个打成一片"都有详细的论述。在《一年来本校之政治工作》中，他指出：

> 本校改组后，教育方针的总原则，就是"军事与政治打成一片"。政治部依据这个原则，故对学生官长兵伕，乃有贯注全部的政治教育计划。在学生方面，因兵科不同，而决定实施军事与政治教育的进度，例如：步、炮、工各科，则以十分之七为学军事的时间，余为学政治的时间，政治科则反是，经理科亦可类推。[②]

---

① 孙中山：《中央陆军军官学校开学训话》，见《中央陆军军官学校史稿》第 1 册，1936 年版，第 115 页。

② 熊雄：《一年来本校之政治工作》，《黄埔日刊》1927 年 1 月 1 日，新年增刊。

在《告第五期诸同学》中，他说：

在思想上须贯通理论与实际。世界革命的领袖列宁先生说："没有革命的理论，便没有革命的运动。"就是说，一个真正的革命者，必须有正确的革命理论，然后才能有很对的实际行动。换言之，必须理论与实际打成一片，方可免掉限于空想或盲动。①

军校政治科的学生要开赴武昌了，他在送别学生时的训话中又说：

政治工作的原则，是理论与实际须打成一片。现在离校的学生，最要留意的是，如何运用理论到实际上去。我们从前学的社会科学，不是凭空杜撰的，都是因为事实如此，乃从事实中产生出来的。②

他在军校改组、中央军事政治学校开学一周年之际写的纪念文章中说：

本校是东方被压迫民族制造武装革命势力的策源地，所以本校自创办以来，即本着党的主义和政策，以训练出纯粹为民众利益而奋斗的武装党员与军队。而要完成此伟大的使命，故本校的教育方针，必须军事与政治并重，使每一个黄埔学生，不仅知道以刺刀和敌人决战，而且使他们明白怎样去运用他的刺刀！

军事教育与政治教育之打成一片，即为本校生命之根本所在……

负政治工作的人员要使以后每一个黄埔学生，都能把理论和行动打成一片，使他们在战壕中所得的胜利，成为完全政治和民众的胜利！③

在熊雄之前，黄埔军校中还没有谁这么确切地提出过"两个打成一片"的

---

① 熊雄：《告第五期诸同学》，《黄埔日刊》1926年11月17日，第191期。
② 《熊副主任对赴武昌政治科学生最后之训话》，《黄埔日刊》1926年12月3日，第205期。
③ 熊雄：《本校开学周年纪念之意义》，《黄埔日刊》1927年3月8日，第274期。

口号；与熊雄同时在军校的校长蒋介石、党代表汪精卫、政治部主任邵力子也没有系统、准确论述过"两个打成一片"的命题，因此说"两个打成一片"的军校教育理论就是熊雄首先提出来的。

熊雄提出"两个打成一片"的教育理论也不是凭空杜撰，而是从实际工作需要，从创办军校的目的和军校的历史使命而提出的。从以上几段话中我们还可以看出，熊雄并不是仅提提口号，浮于空谈，而是对理论有很具体的论述与贯彻。如对军事

没有革命理论便没有革命运动
列宁遗言
熊雄谨书

熊雄手迹

与政治打成一片，具体到不同的学科就有不同的要求：政治科的学生就要以学政治科目为主，学军事科目为辅；步、炮、工等科的学生则以学军事科目为主，学政治科目为辅。只有这样，从黄埔军校毕业的学生，不论学的是哪一科，都是能文能武，军事政治样样是里手，是内行。熊雄的这一理论与以往旧军队中"军人莫问政治"的观念是大不相同的，明确要求官兵必须懂政治，必须树立为主义而战的意识，必须明白"怎样去运用他的刺刀"。熊雄的这种建校、建军思想具有深远的指导意义。

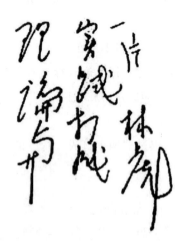

林彪为抗大题词

理论与实践打成一片 林彪

"理论与实际打成一片"的提出，在20世纪20年代中期来讲，无疑是一种创新。"理论与实际打成一片"这几个字，在中国共产党的政治理论教育中，似乎是"理论联系实际"的最早而又最形象的一种说法。熊雄的学生、抗日战争时期任抗日军政大学校长的林彪也曾为抗大题词——"理论与实践打成一片"，实际上就是套用他老师熊雄的原话。

"两个打成一片"的军校教育理论，即使在今日看来，仍然有很强的现实意义，值得学习和借鉴，只要是在共产党的领导下，它永远

也不会过时。

二、提出"黄埔精神是唯物的"观点

与黄埔军校历史相联结的，是军校锻造和弘扬了一种爱国革命、勇于牺牲、团结合作为主要特征的"黄埔精神"，这是军校政治教育的主要成果，也是国共合作精神的体现，是黄埔军人克敌制胜的重要法宝。然而，在军校学生参加两次东征、平息刘杨战斗中取得完全胜利，以及出师北伐后又节节取胜，社会上对"黄埔精神"吹得神乎其神，认为只要有"黄埔精神"，便能处处战无不胜，便能一举荡平北洋军阀。熊雄对此有着清醒的认识，他说：

> 常常听见说"黄埔精神"如何样；甚至把它看得非常神秘，仿佛有了这"黄埔精神"，便可战胜一切。其实先有物质，后有精神，黄埔精神是唯物的，不是唯心的。假如是空空洞洞的唯心的，即无异义和团一般。我也在中国和日本学过陆军几年，参加过多少（次）革命战争，而且看遍了帝国主义国家森严的营垒，深知我们的军队不如帝国主义者的军队远甚，如欲战胜他们，全靠革命的精神。什么是革命的精神呢？唤起民众，联合世界上一切被压迫的民族，共同站在一条战线上面向敌进攻。此种团结才是真正革命的力量，真正的革命精神……我们知道欧战（指第一次世界大战——引者）以后，兵器进步，大有一日千里之势，有些帝国主义者的武器，我们简直不知道使用，甚至名字还不知道。即张作霖的军队，其武器也比我军要充足，各项新的兵器也由帝国主义者供应不少。回顾我们自己，诸般缺乏，即关于各项基本科学亦有同样现象。我们以后对此应特别注意研究，以求物质上之相当准备。总括来说，革命军人若不了解政治，无异于机械；若无军事知识上的相当准备，也不能担负武装党员的责任，并贻将来以莫大的危险，如不能以科学的眼光认清物质与看重物质，则空洞的精神将来必至破产。[1]

---

[1] 《熊副主任对移往武昌的炮工两科学生最后之临别训话》，《黄埔日刊》1926年12月18日，第218期。

熊雄对辩证唯物观的认识，在当时应该是比较前卫的。他的这段话，既给盲目鼓吹"黄埔精神"者泼了一瓢冷水，也给军校的青年学子打了一针清醒剂。熊雄的这个观点，多次对学生们讲过，如他在军校高级班无线电科开学演说词中也说："现在我们革命势力虽已发展到长江去，稍予帝国主义以打击。但我们物质上仍极感缺乏，专靠革命精神与敌搏战，还不可过于乐观。"[①] 熊雄提出"黄埔精神是唯物的"观点，其目的是要求学生不但要了解政治，还要掌握军事知识，不能做一个只会用枪的机器人，也不能做一个光有空洞精神的盲目者。

精神与物质的关系向来是唯物论与唯心论者争论的焦点。熊雄在 20 世纪 20 年代中叶，特别是在社会上对"黄埔精神"吹得过分拔高的时候，作为一个政治教育工作者能有此种清醒认识，应该说是难能可贵的。

三、提出"相对服从与绝对服从"的命题

"军人以服从为天职"，这是一切军队中铁的纪律，是最为强调的观点。熊雄在对学生讲课、训话时，也经常强调"在行动上须遵守革命的纪律"。他说："革命军唯一的特色，就是有党纪相范，军纪相绳，能使每一个分子，对于纪律，都能自觉地遵守，自动地服从。如此，即所谓革命的纪律——铁的纪律。"[②]

但是，熊雄在强调"新的组织中，革命的，相互的，同志关系的纪律，就当极端遵守"的同时，还提出了一个"相对服从与绝对服从"的命题，他说：

> 团体里边的纪律，如果为个人之目的而利用大家去遵守的，便应反抗，应打倒，不应服从一部分或不服从一部分，成为相对的形式。如果它的纪律的目的，是拥护民众利益努力而前进的，便应绝对的服从，再不应徘徊犹豫。即使某种命令不合，某种行动有误，仍然不能以一个人的意思，想去纠正，而对之迟延违背。因为个人的行动，能妨害全体的行动。故在党的下面，只有绝对服从……又如长官所有反革命的行动，当时党部尚无命令，

---

① 《熊副主任在高级班无线电科开学演说词》，《黄埔日刊》1926 年 12 月 4 日，第 206 期。

② 熊雄：《告第五期诸同学》，《黄埔日刊》1926 年 11 月 17 日，第 191 期。

民众尚未觉得时，还是不可鲁莽反抗，仍要表示绝对服从。待到党与民众都已了解，便要绝对不服从，而申讨其罪。故服从与不服从，只有绝对的，原不容有相对存在。[1]

熊雄在这里是针对第五期政治科学生队奉令开赴武昌前的训话。因为是政治科的学生，故而熊雄特别强调学生要分清楚纪律是否"在党的下面"，是否从民众利益出发。是，则要"绝对服从"，如果不是，或者是打着党的旗号，打着主义的招牌，而为个人目的发布的纪律，"便应反抗"。那么，又何为"相对服从"呢？熊雄认为，虽然自己已经觉察出长官的不良意图，但如果上级特别是"党"还没有提出反对，群众也还没有觉醒之时，也不要"鲁莽反抗"，表面上、行动上还得"表示绝对服从"。只有等到"党"与民众都已有了觉察、有了了解，便要反过来，从"绝对服从"转变为"绝对不服从"，并且要"申讨其罪"。

熊雄提出"相对服从"的命题，应该是针对当时的局势并结合自身的政治阅历有感而发的。在1926年间，黄埔军校相继发生过"中山舰事件"、"青年军人联合会"与"孙文主义学会"争斗事件以及"整理党务案"等事变。在这种风云变幻中，熊雄肯定也看出了国民党右派的不良意图，觉察出蒋介石的阴毒面目。但是，当时的陈独秀以及中共广东区委对这些事件还没有明确表态，蒋介石的右派面目还没有被绝大多数人识破，在这种情况下，熊雄当然只有"绝对服从"上级，"绝对服从"军校领导，极力维护统一战线，不便"鲁莽反抗"了。在这一点上，我们只能说熊雄的党性原则强，政治纪律和组织纪律性强。熊雄"相对服从"的原则，在其后与国民党右派的斗争中也表现出来了，如军校在"四一五"政变前夕的斗争、在南石头监狱中的斗争等。此是后话，后文中还会提及。

四、提出全新的"革命生死观"

1926年下半年，国民革命军开始北伐，由于战争的需要，军校中第四期学

---

[1] 《熊副主任对于赴武昌政治科学生最后之训话》，《黄埔日刊》1926年12月3日，第205期。

生提前毕业，奔赴前线，第五期中的一部分学科也移驻武汉。在送别学生上前线之际，未免使人伤感，因为毕竟战争是残酷的，分别后的同学是否还能见面，谁也说不准。熊雄在送别上前线的学生时明确地说："诸位此去，并非校长在前线得了胜利，很高兴地要诸位去，也不是诸位自己很高兴，欲到前方去，而是因为前方作战的同志伤亡了很多，关于人员之补充，工作之扩大，需人甚急，才调诸位到前方去赶急训练以备遣用。"

然而，去到前方就会面临一个很现实的问题：生与死。如何来认识这个问题呢？熊雄对上前线的学生说：

> 我们今天的离别，绝不像在封建社会当中什么"风萧萧兮易水寒，壮士一去兮不复返"这一类为一姓作忠臣义士的送别，也不是儿女英雄悲欢离合，全是感情作用的送别，是有生死离别的新意义在。诸君此去如果径因劳瘁而死，或因作战而死，都是为了革命而死。我们对于这些在革命意义之下而牺牲的同志，不仅掉了眼泪悲伤着便完事，还要继续去牺牲，去完成他们未竟的事业。我们在后方的同志，也要有同样的牺牲精神。军阀不是以仁爱能够感动的，必须用革命的手段去解决的……此去诸君不一定将来个个还能见面，如果有几个死了，便是于革命有所贡献。若是于革命无益，即使通通还能见面，亦无意义。若是为了升官发财而死，为了恋爱而死，为了军阀作走狗而死……等等毫无意义之死，即使死了成千成万也不相干，并且还是死于非命。若是为了革命而死，只是死一人，意义是很大的。①

读到这里，人们很容易想到毛泽东在《为人民服务》中说的话："为人民利益而死，就比泰山还重；替法西斯卖力，替剥削人民、压迫人民的人去死，就比鸿毛还轻。"其实相同意思的话，熊雄早于毛泽东18年就说过了，而熊雄也用自己的行动实践了自己提出的"革命生死观"——为革命而英勇献身。

---

① 《熊副主任对移往武昌的炮工两科学生最后之临别训话》，《黄埔日刊》1926年12月18日，第218期。

熊雄的学生陈奇涵是这样评价他的：熊雄"不但是一个马列主义的理论家，并且是马列主义的诚笃的实践者。凡属与他接触，特别是受到他的熏陶的人，都深深了解他的对于革命的无限忠诚，而深为敬仰的"[①]。

学员眼中的"熊婆婆"

熊雄是一个稳重、随和而又坚定的马克思主义者，这在熊雄的一些同事、学生的回忆中也得到印证。他的学生许光达（中国人民解放军大将，1926年7月入黄埔五期）回忆说："不高的身材，和蔼的容颜，刻苦耐劳的精神，讲了一遍又一遍，是那样一个不畏烦琐的教师，这就是熊雄。"[②]他的同事饶来杰回忆："熊雄同志主持政治部工作，由于他军人性格和政治风度，在军校各部门负责官员之间相处颇为融洽。"[③]他的留法同学萧金芳也说他："意志坚强，言行一致，不畏艰险，爱憎分明，见义勇为，举止镇定，老成持重，好像一座放在地上的千钧重的紫铜大钟。初识之人往往见而敬畏，实则平易近人，并且喜欢结交朋友。"[④]这些评论都形象地刻画出了熊雄稳重、平和、开朗、阳光的一面。

熊雄主持军校政治部工作，日常事务非常繁忙，但他还亲自为学员讲课。

① 陈奇涵1953年为熊雄题词，见熊巢生等编著《中国大革命中的熊雄》，江西人民出版社2002年版，第180页。

② 许光达：《熊雄同志略传》，见熊巢生等编著《中国大革命中的熊雄》，江西人民出版社2002年版，第179页。

③ 饶来杰：《熊雄献身革命气壮山河》，见熊巢生等编著《中国大革命中的熊雄》，江西人民出版社2002年版，第186页。

④ 萧金芳：《我所认识的熊雄》，见熊巢生等编著《中国大革命中的熊雄》，江西人民出版社2002年版，第192页。

据史料记载,熊雄担任主讲的两门课是《军队中政治工作》和《本党宣言训令》①。

熊雄为人随和,深受学员喜爱。军校四期生陈远湘回忆:"熊主任很宽厚和蔼,我们在背后称呼他熊婆婆。"②"熊婆婆"这个称呼既体现了学员对熊雄的尊敬,又体现了熊雄对学员的慈爱,也说明他不摆官长架子,平等对待学员。而熊雄兼通各科和深厚的理论功底,在课堂上得到了充分的发挥。对不少理论与实际的重点、难点和热点问题,他都有所研究,能够解答学生的各种问题。熊雄讲课深入浅出,旁征博引,侃侃而谈,条分缕析,能给予学生满意的解答。他还善于启发学生对一些疑难问题的思考。第四期学生何崇校回忆说:

　　熊先生来给我们上课,给我的印象是"安详自然"……熊雄先生给我们讲的是国际政治问题,一次他讲到地理政治问题时说,将来世界会有三个大国,一个是苏联,一个是美国,一个就是中国。由于这三个国家的人口、幅员、资源等等关系,将来一定成为世界上最大的强国,中国的前途是无限的。当时有同学问,现在英国不是自称为"太阳不落的国家"吗?不是今天的头等强国吗?熊先生说,世界形势是发展的,在可见的将来,英国的殖民地,有些是一定会独立的,有些则一定会脱离宗主国。英国目前强大的工业,将来一些后进的国家,也会赶上它,压倒它的。

这样的讲课,既有理论,也能解答实际问题。何崇校在80年代回忆熊雄讲课这件事时还非常动情地说:"熊先生在半个多世纪之前讲的这些话,不知是当时国际上进步的政治家已有这种说法,或是熊先生自己的预见?今天我对他还是十分钦佩。"③

当时的黄埔军校还有不少外籍学生,他们都来自东亚和东南亚的弱小国家。

---

① 见《第五期第一次教务会议记录》,《黄埔日刊》1926年12月1日。而据何崇校回忆,熊雄还讲授过《国际政治问题》课。

② 陈远湘:《熊雄和他调我到政治部工作》,见熊巢生等编著《中国大革命中的熊雄》,江西人民出版社2002年版,第205页。

③ 何崇校:《难忘的岁月》,见熊巢生等编著《中国大革命中的熊雄》,江西人民出版社2002年版,第211页。

熊雄对这几位外国同学非常关注。这些同学稍一接触殖民地、半殖民地的话题，想到自己的国家还在宗主国的压迫下，便悲痛流泪，泣不成声。他们盼望祖国富强的心比谁都迫切，他们也愿意为中国革命献身。熊雄非常理解这些同学的心情。陈远湘回忆："熊雄主任经常安慰鼓舞他们，指出革命难免不受挫折走弯路，帝国主义和军阀迟早会灭亡的。劝导他们高瞻远瞩，不要急躁。"[①]

熊雄并不是一个一本正经的传道者，他经常与学员谈心、拉家常，在谈心拉家常中向学员灌输革命道理，真正做到"润物细无声"，让学员在不知不觉中接受革命理论。

熊雄的学生陈远湘是军校第四期毕业生，1927年初熊雄调他到政治部工作。他回忆当年在政治部工作时，因为大多数的政治部科员都是第四期毕业生，大家都喜欢争论问题，"争论最多的是中国革命问题。北伐大革命的成败、蒋介石汪精卫是不是真革命、拥护与反对三大政策、国共合作的斗争消长问题、社会革命与社会问题"等等，都是他们经常争论的焦点。但"争论大多是分析与设想之间，说服力不够，故久争不决"。这种时候，熊雄会到他们寝室里来，与大家一起"摆龙门阵"。

（熊雄）随便挤在床上，躺躺靠靠，凳上坐坐，毫无长官架子。听到我们在革命理论和原则性上争论有差错时，并不大加指责批评，只说一句："关于这方面，你们可以看看某某书或某章某节，对你们争论会有帮助的。"当听到我们谈到有趣的问题，他也会哈哈大笑，使我们没有长官裁判抓缺点的顾虑，无拘无束地畅所欲言。熊雄主任有时也谈谈他在法国半工半读的情况，他说："苦并不在乎，只是法国人那副白种人和强国的优越感，使人精神受不了。"他引用秋瑾女士诗中"亡国方知人种贱"，对我们启发和教育很深。[②]

---

① 陈远湘：《熊雄和他调我到政治部工作》，见熊巢生等编著《中国大革命中的熊雄》，江西人民出版社2002年版，第205页。

② 陈远湘：《熊雄和他调我到政治部工作》，见熊巢生等编著《中国大革命中的熊雄》，江西人民出版社2002年版，第204页。

正因为熊雄与部下、学生相处融洽，所以学员在背后都亲切地称他为"熊婆婆"。

　　熊雄在军校一年多时间中，给每一位学生都留下非常好的印象，有口皆碑。洛华（许光达）在1936年回忆起尊敬的老师熊雄时情不自禁地赞叹：

> 　　熊雄的名字，特别在我们黄埔同学的脑海中永远不忘。我们跟着熊雄同志所指示的革命道路而前进，继承他未竟的事业而斗争……他告诉了我们枪杆子要瞄准帝国主义军阀，因为他们是压迫和剥削我们的敌人，不要残杀工人和农民，因为只有得到工人农民的拥护才能得到成功。他指明了我们瞄准的方向，更加鼓舞了我们沸腾的热情……这就造成了我们黄埔的光荣，震动了亚东。熊雄同志呵！假使不是你当时给了我们政治的武装，指示了前进的道路，哪里能够留下历史上的荣耀！①

中共党团组织负责人

　　熊雄在黄埔军校中的职务分两个部分：一个是在国民党内的任职，这是公开的、透明的；另一个是在共产党内的职务，这是半公开，有些还是秘密的。

　　在黄埔军校国民党方面：1925年9月中旬，熊雄受中共中央委派，来到黄埔军校，随即被军校委任为政治教官，参与第四期入伍生报考工作。工作还未展开即参加二次东征，调任国民革命军第一军政治部秘书，亦是总指挥部政治部秘书，同时又被任命为宪兵营党代表。东征归来，1926年1月6日被任命为

---

　　① 许光达：《熊雄同志略传》，见熊巢生等编著《中国大革命中的熊雄》，江西人民出版社2002年版，第179页。

军校第四届国民党特别党部执行委员合影

军校政治部主任,3月26日还被委任为黄埔军校潮州分校政治部主任[①]。1926年2月1日,军校改组工作开始,国民党与国民政府任命熊雄为军校改组筹备委员,为7名委员之一,也是7人中唯一以共产党员身份参加筹备的委员[②]。同时熊雄也被蒋介石改任为军校政治部副主任[③]。4月27日,军校特别党部筹备改组委员会成立,熊雄等5人被委任为筹备委员[④]。5月22日,在军校第四届特别党部代表大会上,熊雄与严重、方鼎英等3人被选为黄埔军校第四届特别党部(直

① 《本校十五年三月改组以来之大事记》,见广东省立中山图书馆、广州市社会科学院、中山大学图书馆编《黄埔军校史料汇编》第一辑第十一册,广东教育出版社2012年版,第550页。

② 广东革命历史博物馆:《黄埔军校史料(1924—1927)》,广东人民出版社1982年版,第73页。

③ 《中央陆军军官学校史料》第七篇第二章第一节《第四期学生时代》中载:"2月1日,蒋校长呈请任邵力子为政治部主任……于十五年8月2日正式改组本部职员,除正副主任仍由邵力子、熊雄二氏担任外,以杨其纲为秘书,恽代英为主任政治教官。"可知熊雄在1926年2月1日以后由蒋介石任命为政治部副主任。

④ 《本校十五年三月改组以来之大事记》,见广东省立中山图书馆、广州市社会科学院、中山大学图书馆编《黄埔军校史料汇编》第一辑第十一册,广东教育出版社2012年版,第554页。

属于中央党部）监察委员 [1]。11 月 27 日，熊雄被选为军校党部执行委员（共 3 名委员），并被推定为宣传委员 [2]。12 月 14 日，熊雄代理军校政治部主任职权 [3]。12 月 24 日，在军校特别党部宣传委员会第一次执行委员会议上，熊雄被聘请为政治顾问（共 6 名顾问）[4]。1927 年 3 月，军校特别党部改选，熊雄继续当选为监察委员（共 5 名委员）[5]。

共产党方面：1925 年 10 月，熊雄在第二次东征时任第一军书记 [6]。1926 年"中山舰事件"后，在军校第四期时，由于军校中共产党员较多，乃将中共黄埔支部改为黄埔特别支部，另设黄埔党团，作为黄埔军校共产党方面的最高指导机关，熊雄为党团书记 [7]。可知熊雄为中共在黄埔军校中的最高负责人。1926 年 12 月，鉴于周恩来调上海中共中央工作，中共广东区委军委书记一职由熊雄兼任 [8]。

可见熊雄在黄埔军校时，在国共两党方面都是举足轻重的人物。

以上是熊雄任职的总的介绍，下面分期介绍。

根据黄埔军校《第四期教职员名录》及《第四届特别党部委员名录》，军校第四期教职员中的共产党员有 32 人：邵力子、熊雄、于树德、恽代英、陈启修、戴任、范荩、杨宁、安体诚、廖划平、李合林、张秋人、吴云、王懋庭、杨其纲、邝鄘、饶来杰、黄铁民、毛覃、胡灿、宛希先、应威、孙树成、韩濬、陈赓、

① 广东革命历史博物馆：《黄埔军校史料（1924—1927）》，广东人民出版社 1982 年版，第 109 页。

② 广东革命历史博物馆：《黄埔军校史料（1924—1927）》，广东人民出版社 1982 年版，第 110 页。

③ 广东省立中山图书馆、广州市社会科学院、中山大学图书馆：《黄埔军校史料汇编》第一辑第十一册，广东省教育出版社 2012 年版，第 578 页。

④ 广东革命历史博物馆：《黄埔军校史料（1924—1927）》，广东人民出版社 1982 年版，第 110 页。

⑤ 熊巢生等：《中国大革命中的熊雄》，江西人民出版社 2002 年版，第 53 页。

⑥ 刘天：《赤黄埔系的形成与没落》，见广东革命历史博物馆编《黄埔军校史料（1924—1927）》，广东人民出版社 1982 年版，第 121 页。

⑦ 刘天：《赤黄埔系的形成与没落》，见广东革命历史博物馆编《黄埔军校史料（1924—1927）》，广东人民出版社 1982 年版，第 121 页。

⑧ 熊巢生等：《中国大革命中的熊雄》，江西人民出版社 2002 年版，第 59 页。

胡公冕、陈奇涵、蒋作舟、曹伯球、刘轶超、蒋先云、白鑫。另，名录中缺载的有宋云彬、高语罕、应修人、阳翰笙、雷经天、李世璋等 6 人。故第四期教职员中的共产党员共 38 人。

需要说明的是，邵力子先生是国民党的元老，同时又在 1920 年下半年加入共产党组织。在黄埔军校四期开学时，他是军校秘书长、政治部主任。1926 年 8 月，他接受陈独秀、瞿秋白建议，脱离中共组织关系。因此，从军校第四期起，至 1927 年"四一五"政变时，军校中共产党的实际最高领导人是政治部代主任熊雄。另外，第四期教职员中 38 名共产党员，有许多是军校一、二期的毕业生，他们毕业后留校工作，如陈赓、胡公冕、宛希先、蒋先云、陈奇涵等。

黄埔军校在 1927 年"四一五"政变之前，先后招收了六期（第六期在黄埔时仅为入伍生，正式开学后转到南京），其中第四期学生中的共产党员最多（一期 99 名，二期 36 名，三期 49 名，四期 130 名，五期 21 名，六期 26 名）。军校一期的学生总共 645 名，其中就有 99 名共产党员，是因为那时军校刚刚兴办，国共双方都要体现合作诚意，共产党方面选送了 28 名党员进校，在校生中又有 71 人陆续入党，所以一期学生共产党员比例高达 15.3%。之后各期，这个比例逐渐下降。四期生中虽然有 130 名共产党员，但也仅占学生总数 2654 人的 4.89%。

军校第四期中共产党员的绝对数在历届中最多，这与当时的大环境也有关。中国共产党经过几年的锻炼，特别是经过领导五卅运动，终于由一个知识分子的小团体发展成为一个在中国政治舞台上有重大影响的群众性政党。全国的党员人数由 1925 年年初中共四大时的 994 人，到五卅运动结束后的 10 月，达到了 3000 人，到年底更达到了 10000 人[①]。军校四期学生招生入学时，正值共产党大发展时期，所以这期的中共党员人数较多。

但到了 1926 年 3 月军校"中山舰事件"和 5 月蒋介石抛出"整理党务案"之后，中共党员的发展立即陷入困境，只能采取秘密发展方式，所以《第四期同学籍贯表》中，党员缺名的多达三分之一。另外，一些立场不够坚定的学生党员也退出共产党组织。之后党员登记愈加严格，所以第五期、第六期中，共产党员

---

① 唐宝林：《陈独秀全传》，社会科学文献出版社 2013 年版，第 392 页。

人数剧减。

军校第五期入伍生从 1926 年 3 月起开始招生，陆续入学，11 月经考试升为正式学生。第六期入伍生从 1926 年 8 月起开始招生，陆续入学。因各种原因，许多教职员、学生的名字未能在第五期、第六期"教职员名录"和"同学录"登记，因此这两期人员的身份较难辨认。

在黄埔军校第一期期间，即成立了中共黄埔支部，书记蒋先云（黄埔一期学生，进校前由毛泽东介绍入党）。

中共广东区委旧址（今广州文明路 194–200 号）

军校第二期中共黄埔直属支部约于 1924 年 11 月成立，书记为杨其纲（黄埔一期学生，毕业后留军校政治部工作）。中共广东区委军委成立后，直接领导黄埔军校共产党的工作。广东区委军委由周恩来任书记，成员有徐成章、李富春、聂荣臻、张伯简、熊雄等。

中共广东区委是 1924 年 10 月在中共广东地委基础上组建的，又称中共两广区委，辖两广、云南、福建及南洋各地党的工作。担任区委委员的多是年轻有为、富有活力的人物，包括陈延年（陈独秀长子）、周恩来、罗亦农、彭湃、张太雷、熊雄、恽代英、苏兆征、蔡畅、邓颖超、邓中夏、林伟民等。至 1925 年 10 月，广东中共党员的人数为 928 人（其时上海为 1100 人）、1926 年 4 月为 3700 人（同年 5 月上海为 2500 人）①。

中共广东区委军委的组建是在 1925 年 6 月第一次东征回师广州后完成的。军委的办公地点之一，设在广州市万福路 190 号南华银行二楼，此处也即是周恩来、邓颖超夫妇的住所。据一些当事人回忆，初时广东区委军委的工作内容主要是在黄埔军校和军队中开展党的工作。工作范围大体包括："除了直接领导黄埔军校的党组织之外，在国民革命军各军、铁甲连队、飞机掩护队、航

中共广东区委军委旧址（广州市万福路 190 号，原南华银行二楼）

空学校及海军各兵舰从事军事工作、军队政治工作的共产党员均归军委管辖；在广东工团军、农团军（农民自卫军）、省港罢工工人纠察队、各地农民自卫军、各学校学生军工作的共产党员也归军委领导。"② 中共黄埔军校支部的成员王逸常说，军委的代号为"明星"，他回忆说：黄埔军校是军委工作的主要对象，黄埔军校支部的会议常在军委办公的地方召开，周恩来以军委负责人的身份，直接领导中共黄埔军校支部③。

中共黄埔第三期直属支部于 1925 年夏秋之间成立，仍然以杨其纲为支部书记。聂荣臻回忆：1925 年下半年，黄埔军校中党团员人数已经相当多了，于是

① 广东中共党员人数见中共广东省委组织部等编《中国共产党广东省组织史资料》（上册），中共党史出版社 1994 年版，第 51 页。上海党员人数见《1921 年至 1927 年上海、江苏、浙江党组织发展概况》，载中共中央党史资料征集委员会编《中共党史资料》第 10 辑，中共党史出版社 1984 年版，第 207、214 页。

② 曾庆榴：《共产党人与黄埔军校》，广州出版社 2013 年版，第 290 页。

③ 王逸常来信（1978 年 10 月 15 日）未刊稿，存广东革命历史博物馆。

成立了一个由鲁易、聂荣臻二人负责的"党团领导小组"，领导小组之下设立了几个支部和小组，政治部中共支部由聂荣臻负责。[①]

军校第四期期间，中共党员人数增多，教职人员中又多了许多党内知名人物，故广东军委认为非普通支部所能容纳，乃于1926年4月将中共黄埔直属支部改为中共黄埔特别支部，仍以杨其纲为书记。中共广东区委之下称"特别支部"的，在当时仅此一家。

据此时被派到黄埔军校专门从事党组织工作的饶来杰（竞群）回忆：

> 3月20日中山舰事件结束后，熊雄到中共广东区委向陈延年、周恩来汇报军校情况，要求加强军校党组织和领导力量，以适应军校新的形势。区委当即确定抽调我以区委特派员名义去黄埔军校负责党的组织工作，并成立以恽代英为首的党的核心组织——"党团"。于是我于1926年4月初即去军校政治部报到，派我为军校图书室管理员……中共军校党的核心组织——"党团"，是由区委指定恽代英、熊雄、聂荣臻、陈赓和我5人组成，由恽代英负责主持。熊雄是党在军校政治部的领导人，负责全校政治教育和宣传工作，制定全校政治教育计划，安排政治课程。政治主任教官恽代英协助。政治部行政事务和办公厅日常工作处理由聂荣臻协助。陈赓负责团结军校青年军人工作，参与青年军人联合会、黄埔同学会等社会团体有关各项活动。我则负责指导军校各部门和团队的中共党员分别组成各基层小组，由小组长直接和我联系，沟通他们与区委军委党的组织关系，接受党的教育，遵照上级指示从事各项革命活动。[②]

饶来杰的回忆时间是1981年，应该说事隔55年，能有这样比较清晰的回忆是很不容易的，连党团组织成员的工作任务都回忆得很清楚。但是，这里面

---

① 聂荣臻：《回国参加大革命》，见《第一次国共合作时期的黄埔军校》，文史资料出版社1984年版，第105页。

② 饶来杰：《回忆中共党组织在黄埔军校的活动情况》，见中国人民政治协商会议广东省委员会等合编《广东文史资料》第37辑，广东人民出版社1982年版，第14页。

还是有些情况不够明朗，比如说，饶来杰说的"党团"与聂荣臻回忆的那个"党团领导小组"究竟是什么关系？黄埔军校党团到底成立于何时？饶来杰回忆中也没有提到"黄埔特别支部"，似乎是由"党团"直接与党小组发生关系，中间并无"特别支部"这个环节。而据1936年刘天所说：

> 及第三期毕业，第四期入伍开学，因黄埔军校之人数增多，CP分子亦增多……故（中共广东）区委方面，以为非普通支部所能容纳，乃将黄埔支部改为黄埔特别支部，另设黄埔党团，以为黄埔CP方面之最高指导机关。黄埔特支书记仍为杨其纲，党团书记则为熊雄（军校政治部副主任），党团干事为恽代英、安体诚、杨其纲等。[①]

这里，刘天就提到了"黄埔特别支部"和"黄埔党团"的由来，似乎更加顺理成章。另处，饶来杰与刘天在回忆"党团"成员时也有很大差异。按饶来杰所说，黄埔中共党团是"中山舰事件"后熊雄向中共广东区委汇报后成立的，约在1926年4月上旬，而此时恽代英尚未到黄埔工作（一般认为他5月份才到黄埔）。特别是此时陈赓已调外地学习，陈赓的自传中也未提到他任过黄埔党团的成员，而聂荣臻在"中山舰事件"后也已经离开了黄埔，负责中共广东区委军委的工作，因此，陈、聂是否是黄埔党团的成员，尚需进一步考证。恽代英5月份到黄埔后，为党团干事，也比较合理，而且他在黄埔的时间也不是很长（12月即调武汉），因此熊雄任黄埔军校党团书记应该是无疑义的。

另外，按照史料"时近则事核"的原则，饶来杰回忆的是50多年前的事，刘天的文章写于1935年，时间仅过去不到10年，他所反映的史实也应该更加可信。

黄埔党团是中共在黄埔军校的核心组织，直属于中共广东区委军委领导。1926年底周恩来赴上海工作后，由熊雄接任中共广东区委军委书记。军委的工

---

① 刘天：《赤黄埔系的形成与没落》，见广东革命历史博物馆编《黄埔军校史料（1924—1927）》，广东人民出版社1982年版，第121页。

作人员有黄锦辉、麻植、关学参、穆世济、朱恺等①。

黄埔军校是国共两党合作的产物，但这种合作在世界上恐怕也是绝无仅有的畸形的"合作"。其一是，共产党在军校内只是一个半公开的组织，除一些进校时就已经公开了身份的共产党员外，在军校内吸收发展共产党员和其他的党内活动都处于秘密状态，而且这些新入党的人在军校内都不能公开共产党员身份；其二是，不管中共党员在军校中是否公开了身份，都得加入国民党，这些人都成了具有双重党籍的"跨党"党员。这样一种合作，即所谓"党内合作"，说穿了，就是共产党在军校内没有独立性，既然独立性都没有，共产党在军校内也就没有领导权。即使出任军校领导（例如熊雄的政治部副主任职务），他们也是以国民党员的身份出任的，他们在军校内都得遵守国民党的纪律，都得服从国民党的决议，稍有表达自己的意见，即是违反国民党的党纪党规；其三是，国共两党在军校中的人数相差悬殊，按周恩来的说法，军校中共产党员和青年团员相加，也只"占学生的十分之一"，而且"蒋介石对这些人是提防、限制的"②。

熊雄作为自周恩来之后共产党在军校中的最高领导，工作起来有时也是非常困难，有时甚至是非常尴尬的。例如他在所有的公开场合，在公开的讲话、报告、训话、文章中，凡称"本党"时，所指都是国民党而非共产党，凡称"党的主义"时，都是指国民党的三民主义而非共产主义，凡称"本党领袖"或"总理"时，指称都是孙中山而非当时共产党的总书记陈独秀，等等。另外，作为共产党在军校中的最高领导，熊雄一方面要坚持无产阶级的党性原则，另一方面在非原则性问题上、在统一战线的框架内，还得时时小心地照顾到两党的"合作""团结"，以免引起不必要的纷争。

了解了熊雄及当时中共黄埔党团的工作环境，也就能理解当时熊雄等人为什么会有那样的一些工作方法、有那样的一些宣传口径、对学员进行那样的一些政治教育内容，等等。如熊雄担任政治课目讲《本党宣言训令》时，所讲的就是国民党的一些宣言、训令，而非共产党的宣言、训令。

① 曾庆榴：《黄埔军校前六期的共产党员》，文稿藏黄埔军校旧址博物馆。
② 周恩来：《关于一九二四至二六年党对国民党的关系》，《周恩来选集》上卷，人民出版社1980年版，第116页。

调解"两会"学员冲突

尽管在军校中受各种因素的掣肘，熊雄工作时难免有各种阻力，但他坚定地站在共产党员的立场上，以军校政治部副主任的身份，巧妙地处理各种矛盾，冷静调处学员中左、右两派的冲突。

早在熊雄进军校之前，黄埔军校就存在着"中国青年军人联合会"和"孙文主义学会"两个学生团体。"中国青年军人联合会"的主体骨干是军校一、二期学员中的共产党员，是一个左派团体；而"孙文主义学会"是一些亲蒋的右派学生组成的团体。

"中国青年军人联合会"和"孙文主义学会"成立发展的大致情况是这样的：

1925 年 1 月，广东一些军事学校的学生"感觉军人有团结以挽救时局之必要"，"我们已觉悟了的军人，应当要联合工农学商各界民众为一气，拥护全民的利益及幸福"，"为救国救民救自己计，所以要团结起来"①，自觉要求成立一个军人组织，于是推举蒋先云（共产党员）等 4 人负责组织筹备。2月 1 日，来自黄埔军校（主要是第一期、第二期学生）600 余人、滇军干部学校 700 余人、粤军讲武学校 270 余人、桂军军官学校 290 余人以及其他学校学生共 2000 余人，在广东大学大操场举行集会，正式成立"中国青年军人联合会"。

蒋先云

中国青年军人联合会成立之初并非由共产党独立领导，其筹备组织的 4 个

---

① 《本会组织缘起》，《中国军人》1925 年 2 月 20 日创刊号，本会即中国青年军人联合会。

熊雄传

参加中国青年军人联合会第一次代表大会的代表合影

负责人中，仅蒋先云是共产党员。它的成立，也得到了校长蒋介石、校党代表廖仲恺以及国民政府、国民党中央党部的许可和支持，是一个比较正式的团体。

　　中国青年军人联合会尽管在成立初期权力归属不很明确，但随着时间的流逝，青年军人联合会逐渐为共产党员所掌握，开始具备鲜明的左派色彩。在联合会中，起核心作用的是黄埔军校共产党员，如李之龙、蒋先云、王一飞、吴明等，都是公开了身份广为人知的共产党员。蒋先云是联合会的常务委员，管理联合会日常组织活动；王一飞担任联合会的机关刊物《中国军人》的编委。王逸常回忆说："青年军人联合会是政治部联系青年军人的桥梁，是对青年军人进行革命思想教育的组织形式。周恩来同志经常找该会的负责人蒋先云等研究情况，给他们出谋划策。在他的关怀指导下，青年军人联合会很快发展会员二千多人，活动范围由黄埔军校扩展到在粤的陆军和滇、桂、湘军所设的军官学校。"[1] 因此可以说，青年军人联合会是由共产党和国民党左派所掌握的一个跨

---

　　① 王逸常：《周恩来同志在黄埔军校》，1960 年 1 月 6 日《长江日报》。

校、跨军、跨地区的组织。

中国青年军人联合会的左派色彩逐渐在其机关刊物《中国军人》刊登的文章中得到充分体现。创刊初期,《中国军人》刊登的文章没有任何派系色彩,但从 3 月 12 日发行的第三期以后,左派色彩便日益明显地体现出来。第三期的扉页上登载了马克思的照片,并在文中指出,在阶级联合革命,也就是国民革命中,占绝大多数的工人阶级应成为革命的中坚力量[①]。在 4 月 2 日发行的第四期《中国军人》刊载了强调唯物论立场的文章[②]。之后,这一类文章不断发表在该刊上。1925 年 10 月初,刚刚踏进军校的熊雄就在《中国军人》第七期发表了他来到黄埔之后的第一篇政治论文《革命军人与地方主义》。

中国青年军人联合会的活动引起了国民党右派的恐慌。他们认为共产党的活动已经"深入各个阶层,他们把持了中央党部一部(分),紧握新闻舆论机关"。认为一些"年轻认识不清、意志不定的人,多加入了他们的秘密组织,在我们各组织中,发生其党团作用"[③]。

中国青年军人联合会印发的传单

与此同时,国民党右派、中央执行委员谢持审到黄埔军校,极力拉拢教职员中的右翼分子,激起右翼分子对共产党员同学的仇视。而这些右翼分子也感

---

① 律西:《工人与军人》,《中国军人》第 3 期,1925 年 3 月 12 日刊,第 11 页。

② 侠公:《从唯物史观所见之中山先生死的问题》,《中国军人》第 4 期,1925 年 4 月 2 日刊,第 17 页。

③ 王柏龄:《黄埔创始的回忆》第三篇(丁),《黄埔季刊》1939 年第一卷第三期。

到共产党员蒋先云、周逸群等在军校中公开散发《向导》周报①和其他宣传共产主义的刊物，就断定青年军人联合会已经成为发展共产党组织的据点，"从而决定采取以组织对付组织的行动。孙文主义学会，就是在这样情势之下，专为对付青年军人联合会而起"②。

孙文主义学会的前身是成立于 1925 年 6 月初的中山主义学会③，其实会员的活动早在青年军人联合会成立不久就开始了。第二次东征结束后，1925 年底，孙文主义学会在广东大学大操场举行成立典礼，主要召集人是王柏龄、贺衷寒、曾扩情、潘佑强、杨引之等右派学生和教职员，会员约 2000 人。孙文主义学会的成立，同样得到蒋介石、廖仲恺、汪精卫的许可和支持，国民政府也曾拨付了活动经费④。

孙文主义学会的成立，表面上是"以研究孙文主义为目的，来组织一个学会"⑤，其实他们"并不是为了要学什么孙文主义，所以一经发动起来，就千方百计地找共产党员同学惹是生非，寻衅肇祸，种种蛮不讲理的情形，真是举不胜举"⑥。

两派的冲突与斗争在中国青年军人联合会成立不久就发生了。一次，孙文主义学会在军校集会，宣传国民党"三民主义理论家"戴季陶的《孙文主义哲学基础》，硬把孙中山先生说成是周公、孔孟的继承人。为了戳穿这种谬论，青年军人联合会设计了一幅漫画：戴季陶身穿长袍马褂，头戴瓜皮小帽，十分吃

---

① 《向导》周报是经中国共产党第二次全国代表大会决定出版的，是中国共产党中央委员会的第一份政治机关报。1922 年 9 月在上海创刊，主编蔡和森。陈独秀领导刊物的出版，并题写刊名。该报主要发表时事政治评论文章，以宣传党的纲领、路线、方针、政策和指导群众斗争为主要任务。

② 曾扩情：《黄埔同学会始末》，《文史资料选辑》第五册，中国文史出版社 1990 年版，第 61 页。

③ 1925 年 6 月 3 日，《广州民国日报》发表了《中山主义学会宣言》，史学界一般认定此日为中山主义学会成立的日子。

④ 孙文主义学会方面认为是在校长蒋介石与党代表廖仲恺的帮助下，孙文主义学会才得以产生的。参看《孙文主义学会自行解散宣言》，载广东革命历史博物馆编《黄埔军校史料（1924—1927）》，广东人民出版社 1982 年版，第 349—350 页。

⑤ 王柏龄：《黄埔创始的回忆》第三篇（丁），《黄埔季刊》1939 年第一卷第三期。

⑥ 曾扩情：《黄埔同学会始末》，《文史资料选辑》第五册，中国文史出版社 1990 年版，第 61 页。

力地背着三民主义的书，朝着阴森破败的孔庙里走，其中一只脚已经跨进了庙门，旁边站着洋人、军阀、党棍、财东，一齐在拍手称快。这幅漫画寓意非常深刻，画面又极生动，讽刺了戴季陶妄图阻挡历史发展的车轮，借孔老二僵尸还右派死魂的丑恶面目，很快贴遍军校内外，反响强烈[1]。

两会的争斗发展愈演愈烈，冲突不断升级。二次东征时，国民革命军第一军第一师政治部主任李公侠写给中共广东区委军委的报告"丢失"，落到了孙文主义学会的人手中，信中分析了"全师官兵的思想动态"，被炒作为共产党员搞"破坏"，闹得沸沸扬扬，一直闹到了蒋介石面前，结果国民党高级顾问鲍罗廷提出共产党员全部从军队中撤出。虽然这个主张没有付诸实施，但孙文主义学会成员却借风驶船，加紧与西山会议派相呼应，不但处处与青年军人联合会对立，相遇即吵，骂开即打，而且准备挑起更大规模的争斗。

熊雄踏进黄埔之时，正是这两派矛盾和冲突最激烈的时候。他凭着丰富的政治斗争经验，知道青年军人联合会和孙文主义学会都是经校长、校党代表认可、支持的正式的学生团体，两会之间的矛盾和争执只是学生内部左、右派之间的矛盾，而非敌我之间的斗争。但他又必须坚持共产党的党性原则，因此，他在军校政治部主要负责人的职位上，紧紧依靠军校中的共产党员和青年团员，团结国民党左派，对一些原则性的错误和右派言行作坚决的斗争，对一些矛盾尽量处理在萌芽时期，不使它酿成大乱。

一次，熊雄带领军校学生在广州大佛寺参加青年军人联合会召开的大会。熊雄预测孙文主义学会的学生有可能来捣乱，因此事先要学生们作好防范。果然，会议进行当中，孙文主义学会的一些人混进会场，突然间跳起来呼喊反动口号，还有几个人乘机向群众动武，并向大会主持人开枪。熊雄冷静沉着地指挥学生对这伙人进行反击。由于熊雄带领的学生都带有武器，才把这伙人制伏下去，使他们不敢开第二枪，会议才得以继续进行[2]。

---

① 王逸常：《周恩来同志在黄埔军校》，1960年1月6日《长江日报》。李公侠：《在黄埔军校所看到的两派斗争》，见政协广东省委员会编《广东文史资料》第37辑，广东人民出版社1982年版，第23页。

② 李公侠：《在黄埔军校所看到的两派斗争》，见政协广东省委员会编《广东文史资料》第37辑，广东人民出版社1982年版，第24页。

还有一次，孙文主义学会的会员向军校政治部提出质问，说《黄埔日刊》为什么不登他们的文章，并与编辑科的人争吵起来。编辑科的同志请示熊雄。熊雄说："你们用不着和他们争吵，可以根本不予理睬他们。"由于编辑科对孙文主义学会漠然置之，那几个会员也无计可施。事后，熊雄认为要与他们作斗争，也不能一味地躲避矛盾，就又指示编辑科的同志：对孙文主义学会来的稿子照样刊登，稿子中如果有谩骂、讽刺的句子，予以删除；对其中的错误观点，则另写文章予以驳斥。就这样，两派的观点都一清二楚地摆在《黄埔日刊》上，既帮助学生们了解了事情真相，辩明了是非，明白了谁对谁错，也使得孙文主义学会的人无法挑剔[1]。

　　宽厚、和蔼、稳重的性格和丰富的政治斗争经验，使熊雄在国共两党合作的旗帜下、在统一战线的框架内，团结了广大的军校师生。尽管孙文主义学会中的右派学生日后极有可能滑入反动阵营，但此时真正的铁杆右派毕竟还是少数，绝大多数是受裹挟、受蒙蔽的，是需要接受教育的对象，他们与青年军人联合会的矛盾毕竟还是军校学生内部的矛盾，作为军校政治部副主任，熊雄对他们更多的是教育、训导。即使个别学生有错误观点和过激行为，熊雄也是尽量让他们认识错误，辩明是非。军校教育长方鼎英（北伐开始后代校长职）回忆："青年军人联合会和孙文主义学会两派师生之间的政治斗争，虽时有风波，终于得到熊主任在政治思想上的正确领导与诚恳帮助，未曾发生过重大的事故。其有功于国民革命的蓬勃发展，有功于黄埔军校的稳步发达。"[2]

　　尽管以熊雄为首的政治部力求维护统一战线、以团结大局为重，周旋调和两派争执，但学会中的一些右派骨干仍然不肯罢手，常挑起左右两派的摩擦。他们常常气势汹汹，为难共产党员，甚至还在深夜潜入办公室，偷窥共产党人的文件，用卑劣的手段对共产党员进行打击。与此同时，孙文主义学会内部也因权力之争矛盾重重，争斗不休，闹得乌烟瘴气。作为校长的蒋介石对此也颇

　　① 黄铁民：《黄埔军校追忆点滴》，见政协广东省委员会编《广东文史资料》第 37 辑，广东人民出版社 1982 年版，第 143 页。

　　② 方鼎英：《黄埔军校"清党"回忆》，《文史资料选辑》（合订本）第 21 卷，中国文史出版社 2011 年版，第 61 页。

伤脑筋，在蒋介石看来，两会之争即为党争。

二次东征结束后，1925 年 12 月 8 日，蒋介石在潮州召集第一军政治部职员、各级党代表会议，参加者有周恩来、蒋先云、熊雄、许继慎和孙文主义学会的骨干倪弼、贺衷寒等，讨论调和党争问题。蒋介石提出两项解决办法：（一）校内准共产党员活动，但一切动作均得公开；（二）不禁止国民党加入共产党，惟加入共产党者须向（军校）特别党部声明①。

蒋介石的这两项办法均是针对共产党员的，他还要求周恩来交出在军队及军校中的中共党员的名单，其"调和"的意向和目的是十分明确的。由于共产党员的抵制，这次"调和"没有起到任何实质性作用。

1926 年 2 月 2 日，蒋介石、汪精卫在军校又召集青年军人联合会、孙文主义学会的负责人李之龙、周逸群、缪斌、潘佑强等十余人开联席会议。议决事项有四：（一）青年军人联合会、孙文主义学会两方面干部互相加入；（二）两会在本党军校及党军，须受本校校长及党代表之指导；（三）团长以上高级长官（除党代表外）不得加入两会；（四）两会会员对此有不谅解，得请本校校长及党代表解决之②。

联席会议决议也未能解决两会之间的纷争。4 月 7 日，军校不得不发出"取消党内小组织校令"，强调"自本令公布日起，除本校特别党部各级组织应由党部加意工作外，其余各种组织着即一律自行取消，此后并不得再有各种组织发生。如稍有违犯，一经查出，实行严重究办，以维纪律"③。

青年军人联合会自成立以来，在国民革命运动中发挥过重要作用，然而自孙文主义学会组成之后，冲突层出不穷，纷争不已。在这种情况下，以熊雄为首的中共黄埔党团组织及时调整策略，有步骤地、主动地对一些问题作出退让，避免青年军人联合会在派别冲突中越陷越深，是很有必要的。于是，4 月 10 日，青年军人联合会通电宣布解散，联合会执委成员还联名发表《上蒋校长书》，同

<hr>

① 《蒋校长于潮州提出调和党争办法》，《中央陆军军官学校史稿》第六篇《党务》，1936 年版。

② 《青年军人联合会与孙文主义学会联席会议决议》，《中央陆军军官学校史稿》第六篇《党务》，1936 年版。

③ 《取消党内小组织校令》，《中央陆军军官学校史稿》第六篇《党务》，1936 年版。

时发表《致孙文主义学会书》，表达了团结的愿望，表示"界限既去，亲爱自生，谅为贵会所赞许"①。在种种压力下，4 月 21 日，孙文主义学会出于无奈，也发表自动解散宣言。两个组织在形式上不存在了。

黄埔同学会证章

为了加强对黄埔学生的控制，在解散了青年军人联合会和孙文主义学会之后，蒋介石即开始着手筹划成立一个由他一手操纵、掌控的学生组织。1926 年 6 月上旬，他先后指定贾伯涛、曾扩情等 13 名学生为"黄埔同学会"筹备委员。6 月 27 日，黄埔同学"恳亲大会"在热烈的场面中召开（蒋的"年谱"把这一天作为"黄埔同学会"成立的日子），2000 多名一至四期的军校学生参加，蒋介石、鲍罗廷、何香凝、邓演达分别在会上讲话。大会选举了黄埔同学代表，共有 23 人当选，其中大部分是亲蒋的原孙文主义学会的骨干，曾扩情为秘书长。只有共产党员、第一期学生蒋先云表示"因欲赴前方，自己声明不受选"。

"黄埔同学会"是由蒋介石亲自出面组织成立的，他亲自担任会长。同学会规定"凡属黄埔军校学生，均为当然会员"。黄埔同学会成立之初，完全掌控在蒋介石一人手中，具有很大权力："凡毕业同学的任免和升迁调补等等，均须根据同学会的登记考核来决定。无论毕业与未毕业的同学，均须在同学会的监督指挥之下，效忠于国民党，奉行三民主义，绝对服从校长领导，不得有任何其他的组织活动，尤其不准从事共产主义的宣传。如有违反，应受严厉的处分，或以叛逆论处。"② 这表明此时的同学会不仅对所有的同学有任用罢免之权，而且操有生杀予夺之权。

---

① 《中国青年军人联合会致孙文主义学会书》，《中央陆军军官学校史稿》第 6 篇《党务》，1936 年版。

② 曾扩情：《黄埔同学会始末》，《文史资料选辑》第五册，中国文史出版社 1990 年版，第 65 页。

冷静应对恶风浊浪

黄埔第四期正式开学还不到半个月，1926 年 3 月 20 日，军校发生了一件令熊雄始料未及的大事。这桩大事震动广州国民政府，在国共两党关系上划下了一道深深的伤痕。

在 1926 年 1 月召开的国民党二大上，共产党人争取到了一些职位，如谭平山任组织部长，林伯渠任农民部长，毛泽东任代理宣传部长等，但在 36 位中央执行委员中，共产党人只有 7 人，不到三分之一，右派和中派却有 15 人。当时所谓的国民党左派汪精卫虽然身兼国民党中央主席、国民政府主席、国民党军事委员会主席三职，其实并没有什么力量，而隐藏很深的新右派蒋介石在这次会上第一次当上中央委员，随后在二届一中全会上当选为常务委员。

但是，在广东特别是军队中，共产党的力量和影响还是不小。当时国民革命军中有一千余名共产党员，一、二、三、四、六军的政治部主任都由共产党人担任。特别是以蒋介石为军长的第一军 3 个师的党代表，有 2 个是共产党员，9 个团党代表中有 7 个是共产党员，黄埔军校政治部中共产党员超过了三分之二（有些是未公开身份的共产党员）。此外，共产党还掌握着 10 余万参加工会的工人和 60 余万农会会员，其中工人纠察队 2000 余人，农民自卫军 3 万余人①。

广东的这种形势是国共合作以来共产党人努力奋斗的结果，特别是在两次东征陈炯明和粉碎刘、杨叛乱战争中共产党员和工农群众浴血奋战的结果。其中与熊雄在黄埔军校的努力工作也分不开，因为给各级军队派遣党代表和政治指导员，都得经过军校政治部的提名与推荐。

---

① 唐宝林：《陈独秀全传》，社会科学文献出版社 2013 年版，第 435 页。

但是，这种形势使得正在迅速崛起的、隐藏着更大野心的蒋介石深感不安。他与共产党、国民党左派以及苏联军事顾问团团长季山嘉的矛盾日益尖锐，蒋认为国民党与苏联顾问、共产党合伙整他，使他陷入绝境。

1926年2月中旬，蒋介石因不堪党内纷争，曾向汪精卫正式提出赴苏联休养。汪精卫开始并不同意，但禁不住蒋坚决要求，为了缓和蒋和季山嘉的矛盾，同意了蒋的请求。此时刚好有一艘装载军火的苏联国商船将来广州。坊间传言，因蒋与季山嘉翻脸，苏联判定蒋是反革命分子，怂恿汪精卫除掉蒋——正好将蒋强掳上这艘商船，经海参崴押往莫斯科受审。

蒋介石申请赴苏联疗养时，为了试探汪精卫，曾提出希望汪夫人陈璧君陪同出国，想不到汪精卫一口允诺。3月15日，陈璧君还两次打电话询问蒋介石何时动身，并说汪先生也希望你速去速回呢。陈催得越紧，蒋介石越发认定坊间传言非虚，看来他们是真要下手了[1]。

此时正是军校中孙文主义学会骨干分子活动最厉害之时，这些人与在上海的西山会议派[2]有联系，主张反苏反共，他们看透了蒋介石的心思。3月18日，黄埔军校驻省办事处主任欧阳钟（孙文主义学会骨干，海军军官学校副校长欧阳格之侄）假称"蒋校长命令"，通知海军局代局长李之龙（共产党员）调中山舰由广州到黄埔"听候差遣"。

而此时，蒋介石并不在黄埔而在省城广州。

中山舰是一艘有着光荣历史的军舰，原名永丰舰。1922年6月，孙中山因为陈炯明叛乱，曾在舰上生活了50余天，指挥平叛。孙中山逝世后，国民党中央执行委员会将永丰舰命名为中山舰。因为这个缘故，3月18日下午，联共中央委员、红军总政治部主任布勃诺夫率领的苏联使团提出要参观中山舰。于是，刚刚到黄埔的李之龙用电话请示蒋介石，问可否调中山舰返回广州。

---

① 梅宇亭：《"中山舰事件"真像揭秘》，《南方都市报》2014年12月13日。

② 1925年11月23日，中国国民党中央执行委员林森、居正、谢持、邹鲁、叶楚伧等10余人在北京西山碧云寺召开所谓"国民党一届四中全会"，通过了反苏、反共、反对国共合作等议案。这批人被称为西山会议派。他们在上海成立"国民党中央党部"，在北方等地设立地方党部。1926年1月，在中国共产党和国民党左派的支持下，中国国民党第二次全国代表大会通过了弹劾西山会议派的决议案，处分了邹鲁、谢持等人。

生性多疑的蒋介石不由得满腹狐疑，认为自己没有调令，中山舰何时去了黄埔？而现在发现自己在省城，又要把中山舰调回省城，这其中有没

中山舰

有什么阴谋？随即惶惶然联想起孙文主义学会散布的"共产党要干掉他"、汪精卫要"赶走他"的传言，认定此举是要"强掳蒋介石去莫斯科受训"的"阴谋"。

蒋介石起初颇为踌躇。经过一番权衡，蒋介石决定以退为进，先去汕头暂避风头。他处理完一些事务，立刻命令备车，并拉上了刚好来看他的亲信陈立夫一起上车，直向天字码头驶去。一路上，蒋介石铁青着脸，任凭陈立夫如何劝谏，就是不动声色。快到天字码头时，他突然大喊："停车，回去！"

蒋介石决定就地"反击"。他在这天的日记是这样写的：

李之龙

（19日）上午，准备回汕休养，而对方设法陷害，必欲使我容身无地，思之怒发冲冠。下午五时，行至半途，自忖为何必欲微行予人以口实，气骨安在？故决定回东山寓，牺牲个人一切以救党国也，否则国魂销尽矣。终夜议事，四时诣经理处，下令镇压中山舰阴谋……①

戒严是在深夜12时开始的。蒋介石以兼任卫戍总司令的身份调动武装部队，首先包围了苏联领事馆和苏联顾问团住宅以及共产党的机关，包括"省港罢工委员会"，解除罢工委员会工人纠察队武装；又派公安局长吴铁城率一部分武装警察包围汪精卫

---

① 《蒋介石日记类钞·党政》，南京中国第二历史档案馆藏。

的住宅，美其名曰"保护首脑"；再派蒋鼎文占领海军局，派陈肇英和欧阳格率兵逮捕海军局代局长李之龙和中山舰代舰长章臣桐等人。蒋介石又亲自电话命令第一军所属的各师、团长，要他们立即扣押部队党代表中的共产党员，并加派二师师长刘峙率领部队配合行动。第一军党代表周恩来也被他们软禁了一天。

这就是震惊中国政坛的"中山舰事件"，又称"三二〇事件"。

事件发生的当天，黄埔军校戒严，蒋介石调来的军队严密监视和控制军校，师生不能随便出入学校。在这突发事件面前，熊雄命令政治部全体人员保持常态，静候党的指示，而他自己则赶往中共广东区委，一是向党组织汇报军校情况，二是听候上级指示。

"中山舰事件"发生前一两天，中共广东区委书记陈延年从上海才回到广州，对事件发生的背景掌握得不多。事件发生之后，他与毛泽东、周恩来、熊雄等人向苏联顾问团提议，对蒋采取强硬措施，动员在广东的国民党中央执、监委员到肇庆集中，依靠当地驻防的共产党人叶挺独立团的力量，争取对蒋介石此举极为不满的第二、三、四、五、六各军，通电反蒋，指责他违反党纪国法，必须严办，削其兵权，开除党籍。周恩来也回忆："这时谭延闿、程潜、李济深都对蒋介石不满"，"各军都想同蒋介石干一下。如果这时党中央的政策是给蒋介石以有力的回击，毫无问题，事情是有办法的。但当时却采取了继续退让的政策。"①

周恩来在这里所说的共产党采取"退让政策"，其实是因为有苏联及共产国际的压力。

当时，苏联军事顾问团团长季山嘉是支持汪精卫和共产党的反蒋计划的。但是，比季山嘉地位更高的布勃诺夫根据自己的判断，在获得莫斯科方面批准后，决定对蒋采取退让方针。在事变发生后第四天，即3月24日，布勃诺夫在苏联军事顾问团全体大会上作了6个小时的报告，阐明为什么必须对蒋介石让步的理由，其第一条就是"不吓跑大资产阶级"。为此，他批评苏联顾问包括中共在广州工作特别是军事工作中的"过火行为"，认为这些行为引起的后果将会

---

① 周恩来：《关于一九二四至二六年党对国民党的关系》，《周恩来选集》上卷，人民出版社1980年版，第120—121页。

是："1.更加吓跑大资产阶级；2.引起小资产阶级的动摇；3.一再复活尚未根除的中国军阀统治陋习；4.加深和挑起国民党左派和右派之间的矛盾；5.激起在'打倒赤祸'口号下的反共浪潮；6.造成国民政府的危机和总起来更使国民革命有遭到失败的危险。"他提议："只能让俄国顾问真正做顾问，不要出头露面，不要发号施令，不要惹中国将领讨厌。"具体到"三二〇事件"，布勃诺夫说："由于作出这种让步，我们取得了某种均势。"① 不但如此，布勃诺夫还亲自出面与蒋介石谈判，表示决定撤销季山嘉团长及两个副团长的职务并令其回国。

其实，蒋介石发动"三二〇事件"，是在自感力量不足并无必胜把握的情势下的冒险行动。所以，他在 20 日下午就应季山嘉的要求，撤去了对苏联顾问团的包围。21 日傍晚，蒋介石还以探病为名访问汪精卫，当时汪"怒气勃勃，感情冲动，不可一世"②。而蒋介石站立一旁，一句话都没说。22 日，国民党政治委员会议在汪精卫病榻前召开，汪当着与会的党政大员劈头盖脸训斥蒋介石，直骂得蒋面红耳赤，不敢抬头。25 日，蒋介石又向国民党中央军事委员会呈书，说自己"专擅之罪诚不敢辞"，"应自请从严处分"。③

但是，令蒋介石没想到的是，联共中央委员、红军总政治部主任布勃诺夫在事件过后竟然吓成了这样。汪精卫见此，忧愤交集，对政局失望至极，先是隐匿不出，玩起了失踪，继之出走他国，不理国内政事。以周恩来为首的国民革命军第一军中的共产党员被迫撤出，李之龙被查办，所谓的"反蒋联盟"随之瓦解。

为了继续显示自己"革命"的决心，蒋介石在打了左派一拳后，回过来又打了右派一拳。不久，他便先后下令逮捕"中山舰事件"的肇事者欧阳格、陈肇英，拿办吴铁城，并多次痛斥国民党极右政治集团西山会议派。4 月中下旬，蒋分别下令解散黄埔军校内的"青年军人联合会"和"孙文主义学会"，饬令军

---

① 参见中共中央党史研究室第一研究部译《联共(布)、共产国际与中国国民革命运动(1926—1927)》(上)，北京图书馆出版社 1998 年版，第 162—171 页。

② 《蒋介石日记类钞·党政》(1926 年 3 月 21 日)，南京中国第二历史档案馆藏。

③ 《广州事变之研究》，见广东革命历史博物馆编《黄埔军校史料（1924—1927）》，广东人民出版社 1982 年版，第 362 页。

警驱散右翼团体的游行抗议。

而苏联方面也以未处理好与国民党的关系为由撤了季山嘉的军事顾问之职，并把他召回国问责，搬掉了蒋介石心头的一块大石。

应该说，"三二〇事件"实在是蒋介石的一场政治赌博，而且他赌赢了。

"三二〇事件"发生后，陈独秀主持的中共中央在收到广东区委书记陈延年的详细报告后，曾制定了一个反蒋政策，主要内容是联合国民革命军中的左派力量，必要时打击蒋介石。

但是，共产国际代表鲍罗廷根据莫斯科的指示，否决了中共中央的反蒋计划，认为"假使依照中央的决议去作，势必退出国民党"，而"这个退出国民党的问题，是我们党和国民党合作的根本问题，莫斯科是不能允许的"。他认为"蒋介石有很多严重的错误，但在现时的国民党中，没有人像他有力量和决心，足以打击右派的反革命阴谋"。因此，"我们不得不对蒋作最大限度的让步，承认他3月20日以来所取得的权力"。鲍罗廷还说对蒋的退让只是策略上的，是为了利用他"尽快进行北伐，将来北伐的进展，形势会对我们有利的"①。鲍罗廷就是以这个策略说服了最初主张反蒋的中共广东区委的。

在这样一个大的政治局势下，作为共产国际的一个支部，中共中央不得不执行莫斯科的指示，对蒋介石作出让步。

关于中共黄埔军校党团工作今后的走向，广东区委明确指示：党在军校的中心任务是"团结左派，争取中间力量，反对极端反动势力，积极宣传孙中山联俄、联共、扶助农工三大政策和国民革命运动，加强军校政治教育工作，培养配备革命军队的军事政治骨干与后备力量，为国民革命军出师北伐作好充分准备"②。

作为中共黄埔军校党团书记熊雄，作为中共广东区委直接领导之下的中共黄埔特别支部，都不能不服从区委的指示。但区委的这个指示又是很难执行的，难就难在怎样区分"中间力量"和"极端反动势力"。按照蒋介石在"三二〇事

---

①　彭述之：《评张焘的〈我的回忆〉》，香港前卫出版社1957年版，第5—6页。

②　饶来杰：《熊雄献身革命身壮山河》，见熊巢生等编著《大革命中的熊雄》，江西人民出版社2002年版，第185页。

件"中的表现和所起的作用，他应当是当时最大的"反动势力"，军校中的国民党左派和中共党员、青年团员的反蒋情绪此时都十分高涨，他们都认为作为"反动势力"的蒋介石必须打倒。可是来自莫斯科和中共中央的说辞却说蒋是可以利用和应该争取的力量，还要对蒋作"最大限度的让步"，让到什么地步才是底线？让步政策该如何来把握？

可以想见当时熊雄工作难度之大：他既不能向青年学生们反对分裂、反对破坏国共合作的革命行动泼冷水，还得执行上级指示，顾全大局，照顾校长蒋介石的面子。因此，熊雄一再向陈延年和周恩来请示，要求加强军校党组织的力量，以适应军校新的形势。区委当即采纳了熊雄的意见，确定从区委机关抽调饶来杰去黄埔军校，担任区委驻军校特派员，负责中共党的组织工作。

"三二〇事件"后的一天，是每周星期一举行"总理纪念周"的时间，蒋介石来到军校，照例集合第四期学生训话。蒋在训话中一再地申明："我绝不承认3月18日那天的事，共产党有什么阴谋在内"，"3月20日的事件，完全与共产党团体是没有关系的。"并说什么："若要3月20日这事情完全明白的时候，要等到我死了，拿我的日记和给各位同志答复质问的信，才可以公开出来。那时一切公案，自然可以大白于天下！如果我冤枉别人家来提高自己人格——那样的人，绝不是革命党员，更不配做本校的校长！尤为本校长所深恶而痛绝的！"他还赌咒似地说："本校长不革命或反革命，同学们也应该打倒我。"①

此时台下乱哄哄的。政治科的学生王襄突然站起来大声质问蒋介石："汪党代表到哪里去了？"

汪精卫在当时被视为第一个大左派，认为他才是真正继承孙中山遗志、贯彻三大政策的领袖人物。关于汪在"三二〇事件"后出国的事此时已经在军校学生中私下传开了，都认为汪精卫是被蒋介石逼走的。王襄这一问，引起全场一片掌声，却令蒋介石十分尴尬，他只好低声说道："汪先生有病，正在接受治疗。"

接着，政治科学生曾中圣又提问："周主任到哪去了？"周恩来是国民革命军第一军党代表，也曾担任过军校政治部的主任，在军校学生中有很高的威望。

---

① 《总理纪念周训词》，中央军事政治学校政治部：《蒋校长演讲集》，1926年版，转引自广东革命历史博物馆编《黄埔军校史料（1924—1927）》，广东人民出版社1982年版，第369—370页。

蒋介石还未回答，政治科学生叶德生、裘树凯等也相继提问。一时间"报告"之声迭起，各队队长也未能止住。

　　熊雄见此情况，当即走上讲台，招呼大家："同学们！同学们！请大家遵守纪律，好让校长一一作答。"

　　这时，校值星官、经理处处长俞飞鹏赶紧走上台，对着蒋介石耳语："请校长休息一下。"

　　蒋介石赶快起身，从后门一走了之。

　　中共黄埔党团在"三二〇事件"中的应变之策，要点是加强党内教育，统一思想认识，稳住阵脚，防止惊惶失措，以免为急躁情绪所左右。王襄对蒋的公开质问，是一种不顾后果的鲁莽行为。熊雄事后得知王襄是共产党员，便亲自找他谈话，指出他这一行为不符合上级党组织的指示精神，是个人狂热主义的表现，既不策略，也于工作不利，作为一个共产党员，所有的行动都要服从命令，遵守纪律。熊雄还要负责军校中共党组织工作的饶来杰通知各党小组长，在党小组内对全体中共党员进行一次全面的教育，通过王襄这个事情，引以为鉴。此后，党内的认识才逐步统一，情绪很快平稳下来。

　　还有一次，在总理纪念周散会以后，熊雄陪蒋介石经过政治部图书馆，蒋即进入阅览室内，翻翻阅读刊物，问问学生情况。当他抬头看到阅览室墙上汪精卫和他的照片并排悬挂着，脸上立即露出不快。尔后，熊雄当即要饶来杰找人，把汪精卫的照片取下，"以消除蒋的疑虑"[1]。

　　由此可见，熊雄在执行上级指示、顾全大局方面是多么的细心。他不愧是一个党性原则强、严格遵守政治纪律和组织纪律的革命家。

　　"三二〇事件"后，蒋介石的政治野心更大了。5月15日，在国民党二届二中全会上，他抛出了专门针对共产党的"整理党务案"，提出："应于一月之内"，"整顿纪律，检查分子"。他的所谓整顿的主要内容是：共产党在国民党高级党部任执行委员的人数不得超过三分之一，不得担任国民政府中央部长，不得批评三民主义，交出加入国民党的全部共产党员和共青团员名单，共产党员

---

　　[1]　关于以上几件事，可参看饶来杰《熊雄献身革命气壮山河》、李逸民《黄埔军校点滴》，转引自熊巢生等编著《中国大革命中的熊雄》，江西人民出版社 2002 年版，第 186、208 页。

全部退出国民党①。

共产国际代表、国民政府总顾问鲍罗廷遵照莫斯科的指示，接受了蒋介石的要求，并且向中共申述了与在"三二〇事件"上对蒋让步一样的理由。对蒋介石这个破坏国共合作的反共提案，陈独秀及中共中央抵制过，但被否定了，进而出于组织纪律的原则，又不得不违心地服从。在国民党中央担任职务的一批共产党员如谭平山（组织部长）、林伯渠（农民部长）、毛泽东（代理宣传部长）等，不得不全部辞职。

紧接着，蒋介石又几次来到黄埔军校，在"总理纪念周"上向学生训

国民党整理党务决议案

话,反反复复地要军校学生中的跨党党员"自己个人对自家各连的连长声明"，"从前是跨党的，就声明我愿意脱哪一党"。他说：

> 如果一党中间，有另外的一个小党的党员在里面活动，一班党员便起了猜忌怀疑之心，由这猜忌怀疑便发生一种恐慌，由这恐慌便生出冲突，由这冲突便自己的势力互相残杀，同归于尽！……所以我现在主张，凡是中国国民党里的共产党同志，暂时退出共产党，做一个纯粹的国民党党员，免得国民党党员里面有猜忌怀疑的毛病……因为一个党是有一个党的党员，党员若不专于一党，这党就没有精神的，一定要有专一的党和纯粹的党员才行。无论做一个共产党党员或纯粹做一个国民党党员，如果有什么歧视或排斥共产党党员的行动，那校长就不能够革命，就不能领导你们学生的。

---

① 蒋介石：《国民党二届二次会议提案》，见广东革命历史博物馆编《黄埔军校史料（1924—1927）》，广东人民出版社1982年版，第374—377页。

所以我只希望大家做一个纯粹的党员，并且要个人自动的脱离共产党或国民党，纯粹的做一个国民党或共产党的党员，来消除我们将来的祸根！ ①

联合共产党致力于中国革命是孙中山经过深思熟虑之后作出的决策，采取共产党人加入国民党的"党内合作"形式更是孙中山的选择。蒋介石关于共产党人退出国民党的要求完全违背孙中山的决策。蒋介石的这个讲话在军校学生中引起很大动乱和不安。因为学生中进校前就已经加入了共产党并公开了身份的毕竟很少，大多数是进校后秘密加入共产党的，身份没有公开。这就不免引起同学间的互相猜疑，甚至发生了孙文主义学会骨干分子暗中举报某某人是共产党员的事。

在这事关共产党组织在军校中生死存亡的紧要关头，军校中共最高领导人熊雄十分冷静镇定，他认真分析了当前的形势，并立即将这一情况向中共广东区委书记陈延年汇报。陈延年当即指示，军校中的党团员"一个也不要向所在单位国民党党部表态，尤其是一向没有暴露共产党员身份的，更应保持常态"②。熊雄向军校中的共产党员、共青团员秘密传达了区委这一指示，要大家认清形势，看清蒋介石的险恶用心，特别是没有公开身份的党员，要千方百计保存革命实力，为今后的工作奠定组织基础。

在熊雄艰巨、细致的工作下，军校中没有公开身份的共产党员、共青团员，没有一个向所在连队的连长表态。

由于蒋介石说了"自动的脱离共产党或国民党，纯粹的做一个国民党或共产党的党员"的话，即是说，蒋介石允许军校学生中的"跨党"党员或是退出国民党，或是退出共产党，结果，军校和国民革命军第一军中已经暴露了身份的共产党员退出国民党和第一军的有250多名，"其中就有蒋介石最得意的学生蒋先云，他第一个声明退出国民党，只有39个人退出共产党，其中第一个就是

---

① 蒋介石：《总理纪念周训词》，中央军事政治学校政治部：《蒋校长演讲集》，1926年版，转引自广东革命历史博物馆编《黄埔军校史料（1924—1927）》，广东人民出版社1982年版，第378—379页。

② 熊巢生等：《中国大革命中的熊雄》，江西人民出版社2002年版，第50页。

李默庵"。退出国民党的多，退出共产党的少，这是对蒋介石"整理党务"的一大嘲讽，但也是共产党在军校和国民革命军第一军中的巨大损失。"从此以后，第一军的元气完全丧失，战斗力一落千丈了。"[①]

蒋介石通过这一系列组合拳，其势力迅速膨胀，先后当上了国民党中央组织部长兼军事部长、中央常务委员会主席和国民革命军总司令，一手控制了广州的党政军大权。

在"三二〇事件"和"整理党务案"中，熊雄沉着冷静，处事果断，遇事不慌，表现出一个成熟的革命家的气魄和胆略。他服从上级指示，服从革命大局，坚持和维护统一战线，团结广大军校师生，使军校政治部和革命师生顺利跨过了一道道险关。

"中山舰事件"后，熊雄在黄埔军校的工作遇到了前所未有的困难。他面对的是以蒋介石为首的新右派的步步紧逼，面对的是共产党人退出第一军和黄埔军校，但他能够隐忍不发，坚持国共合作，坚守阵地，原因有两个方面：一、当时的国共合作形式是"党内合作"，这种合作具体到黄埔军校的表现是，共产党没有独立性（这种独立性包括组织、思想、政策），没有领导权，在很多问题上也没有话语权。也正是因为这种合作形式，使得共产党在面对蒋介石步步进逼时，只能步步退却，这种大的局势是熊雄一个人无法改变的，他所能做的只能是忍耐静观，坚守阵地；二、熊雄坚持"相对服从与绝对服从"的原则。在当时蒋介石的嘴脸还没有被广大民众识破，上级及党的组织还没有命令反击时，熊雄只能"表示绝对服从"，服从上级指示，服从革命的纪律，坚守在军校政治部的岗位上。

熊雄"每临大事有静气"，对时局洞察秋毫，对突发事件的应付有策略、有胆识，使他在黄埔军校能站稳脚跟。在"中山舰事件"和"整理党务案"发生后，蒋介石一再要求共产党员退出国民党、黄埔军校和第一军，周恩来、包惠僧、聂荣臻等人概莫能外。熊雄本来也属"应退"之列，然而，在此之后熊雄不但在政治部的位子未动，还于4月27日被聘为军校特别党部筹备委员会委员，5

---

① 周恩来：《关于一九二四至二六年党对国民党的关系》，《周恩来选集》上卷，人民出版社1980年版，第121页。

月 22 日又被选为军校特别党部监察委员，7 月份邵力子离开黄埔军校后，熊雄全面主持政治部工作，成了黄埔军校这个级别干部中唯一"未退反升"的具有双重党籍的党员。通观所有在军校工作的共产党员，熊雄是一个特例。而正是靠着过人的策略、胆识和应付能力，在 1926 年下半年之后，作为共产党员的熊雄才能以国民党员的身份继续在黄埔军校工作，维护国共合作的统一战线。

特别有意思的是，在"中山舰事件"和"整理党务案"发生后，1926 年 5 月底，退出国民党和第一军的共产党员在广州大佛寺成立了一个高级训练班，以周恩来为班主任。对于这个训练班，蒋介石也感到非常尴尬，因为参加训练班的都是在他的命令下退出军校和第一军的，但在名义上又都还是他的学生。在训练班开学的第一天，蒋介石不得不到场讲话，他说："这里的 CP 同志很多，要知道这次 CP 是并没有损失的，而是国民党的损失，是革命的损失，更是黄埔军校的损失。CP 党员非但没有损失，而且有很大的益处，CP 非但没有退步，而且是有进步的。"①

北伐！北伐！

孙中山自 1913 年"二次革命"失败后，曾多次依靠南方军阀进行北伐，均告夭折。北伐屡告失败成了他一生中最大的遗憾。蒋介石掌握国民党军政大权后，自认是孙中山的第一继承人，无论是统一中国，还是实现他个人夺取中国最高权力的理想，尽快进行北伐，打倒北洋政府，自然成了他梦寐以求的目标。对于中国共产党来说，打倒北洋军阀，也是其实现民主革命纲领中"打倒封建主义"的具体目标，所以，早在 1926 年 2 月，中共中央在北京举行的特别会议上就专门讨论了支持广州国民政府北伐问题，并作出了"我党应从各方面准备北伐"的决定。3 月 14 日，中共中央又向全党发出《中央通告第七十九号》，

---

① 中国第二历史档案馆：《蒋介石年谱初稿》，档案出版社 1992 年版，第 592 页。

进一步表明支持北伐的态度，十分明确地指出了党在当时的主要政治任务，阐明了北伐的必要性和重要性。

为了统一军校学员思想，认识北伐的重要性，黄埔军校政治部及中共黄埔党团组织做了大量工作。首先是在党内统一认识，中共广东区委每周日都会在广州市内农民运动讲习所等处召开党团活动分子会议，专门讨论这个问题。熊雄作为中共广东区委执委和军委委员，他每个星期天都要带领军校中的党团分子去参加会议，并与其他区委负责人一样，到会报告时局，使党团分子能了解当前发生的重大事件和党的工作，以提高他们的政治思想觉悟，增强组织纪律性。

其次，就是军校政治部在熊雄的领导下，发动军校学生，广泛进行了"北伐之伟大意义"的大宣传、大讨论。在要不要进行北伐这个问题上，黄埔军校师生的观点是一致的，这就是：北伐非进行不可，否则无以实现孙中山遗志，无以打倒北洋军阀，无以统一中国。但是，在由谁来领导北伐、谁能胜任北伐军总司令的问题上，师生中出现了分歧。

"三二〇事件"后，特别是蒋介石抛出"整理党务案"后，蒋介石"假左派、真右派"的面目越来越明显，军校中的国民党左派和共产党员、共青团员越来越看清了蒋介石阴险、毒辣的嘴脸，很大一部分人是反对由蒋介石出任北伐军总司令的。然而此时的蒋介石已经将广州的党政军大权独揽在手了：6月4日，国民党中央党部任命蒋介石为国民革命军总司令，在此前后，他还被任命为国民党中央组织部长、军事部长、国民政府委员和中央常务委员会主席等职，短时期内很难有人能从他手中夺去军政大权。因此除了蒋介石，很难有人能胜任北伐军总司令这个职务，也没有人比他更有号召力了。而且从巩固国共合作局面、坚持统一战线的角度出发，总司令一职也非蒋介石莫属。共产国际代表、国民政府的高级顾问鲍罗廷在6月16日黄埔军校举行建校两周年纪念大会上的讲演中也一再称："绝对团结，于革命方有希望。现在四面八方都是敌人，各派一定要联合起来，共同去打倒敌人。"[①]要大家拥护蒋介石出任北伐军总司令。

---

① 《鲍顾问演说词》，载于 1926 年 6 月 17 日《广州民国日报》。

熊雄传

　　为什么在北伐军总司令人选上出现意见分歧呢？这内中还有一个因素。原来早在5月份，北伐战争就已经拉开了序幕。当时黄埔军校副校长、国民革命军第四军军长李济深就已经派了两个师北上，其中以叶挺为团长的独立团作为北伐先遣队，于5月20日从广州出发，顺利挺进湖南，击退吴佩孚的军队，于6月初进抵安仁、攸县，已占领半个湖南省。叶挺独立团是由共产党领导的大元帅府铁甲车队为基础组建的一支约有2000名官兵的部队，团长叶挺、参谋长周士第都是中共党员，团中有中共党支部，连设党小组。党支部由中共广东区委军委直接领导，黄埔军校毕业的共产党员在该团担任营、连长的有20余人，可以说，这是一支由中国共产党人掌握的武装力量。因此，黄埔军校中有一部分人认为，北伐军总司令应该由李济深或共产党人来担任。

　　中共广东区委按照中共中央的指示，积极拥护北伐，但对怎样搞好北伐、由谁担任北伐军总司令为好这些问题也经过了反复研究、讨论，最后区委才统一认识，认为还是由蒋介石任总司令为好。作为广东区委成员的熊雄也多次参加了这种研究和讨论。

　　这一天，熊雄与军校的共产党员以及广州市的工会、青年团、学委会、妇委会代表二三百人，在省农民协会会所举行会议，专门讨论这个问题。讨论会从晚7时一直开到翌晨4时。共产国际代表鲍罗廷首先报告了非蒋介石任总司令不可的种种理由，到会者也发表了不同的意见。区委书记陈延年在最后总结时说：蒋介石当总司令有两种可能性，如果我们的策略正确，掌握得好，可形成各阶级联盟的政权，革命力量会得到很大的发展；反之，蒋介石就要砍我们在座的这些人的头，中国必将陷入悲惨境地，重新走黑暗之路[1]。

　　陈延年的这个观点无疑是十分深刻的，可以说他看透了蒋介石急于北伐的内心。后来北伐战争的实际进程也证明了陈延年的这个观点是完全正确的。

　　北伐军的主要敌人为直系军阀吴佩孚、孙传芳和奉系军阀张作霖、张宗昌，总兵力达百万。面对强大敌人，北伐军决定采取各个击破战略，先消灭盘踞两湖的吴佩孚，然后对付闽、浙、苏、皖、赣的孙传芳部。

---

　　① 熊巢生等：《中国大革命中的熊雄》，江西人民出版社2002年版，第51页。

国民革命军在广州东校场举行誓师大会，中立敬礼者为蒋介石

1926 年 6 月 5 日，广州国民政府通过了"兴师北伐案"。7 月 1 日，广东国民政府发表《北伐宣言》，蒋介石以军事委员会主席的名义下达了"北伐总动员令"。7 月 9 日，在广州市东校场举行盛大的北伐誓师大会，到会军民数万人，黄埔军校师生在熊雄等官长带领下，列队参加。大会由吴铁城主持，谭延闿、张静江、吴稚晖等几位国民党元老均出席宣誓仪式，吴稚晖代表国民政府向总司令蒋介石授印、授旗。蒋介石以国民革命军总司令的名义发表了长篇演说。

蒋介石在誓师后检阅部队

参加北伐的国民革命军共 8 个军 10 万余人（战争过程中发展到 40 多个军近百万人），蒋介石任总司令，李济深任总司令部参谋长，白崇禧任参谋次长代理参谋长，邓演达任政治部主任。

北伐开始时，黄埔军校第一、第二、第三期学生已经毕业，分发到了各军，在校生有第四期 2000 余人以及从 3 月份开始陆续招生的第五期入伍生数千人，加上第四期设有补习班、学生军、特种训练班等，总人数有 1 万多名。

广州北伐誓师典礼之后，黄埔军校全体学生热血沸腾，立即发表了《拥护北伐宣言》：

今日之中国惨遭帝国主义之工具军阀铁蹄蹂躏,残忍荼毒已达极点矣! 盖军阀私拥硕大兵力,勾结帝国主义以争权夺利,相轧相倾,残害人民,日甚一日。学生以爱国运动而被其屠戮,学校经费无着而自行关闭,商人营业亏折难堪,农人因而耕种失时,工人受其压迫几等于牛马。呜呼! 同胞何辜而遭此等军阀残贼若此之极乎? 今日军阀中之吴佩孚者,犹以为不足也。吴佩孚去年赖帝国主义之助得死灰复燃,昔日与张作霖曾演直奉之战二出,今日以其主人翁英日帝国主义之牵合,竟起而把持"中央",大借外债,实行卖国,且唆使其走狗叶开鑫进窥我国同胞所付托之国民政府及国民革命之根据地,欲陷同胞永无解放之机,我国永无平等之日。

吴佩孚之罪恶如此,吾等而能让其生存国内以自取宰割乎? 此本党同志之不能不挺身而北伐也。昔先总理在世,以孜孜解放中国为急务,吾后死者应如何努力以继其志? 今吴佩孚野兽性成,实为我国同胞求解放之绝大障碍,况此次出师北伐,乃实行打倒帝国主义之工具军阀,以救同胞于水火。本校特别党部万余武装党员,均已磨刃拭戈,负枪荷弹以作后盾。义师所向,敌定披靡,将见武汉会师,燕京直下,吴贼可得而生擒,则中

7月25日,广东各界民众在中山大学举行欢送国民革命军出师北伐大会。图为大会情形

国之革命可望成功矣。^①

此阶段熊雄的工作非常忙碌。北伐方针确定后，新任国民革命军总司令部政治部主任邓演达立即召开了战时政治工作会议，解决北伐军政治工作中的一些具体问题，熊雄与李富春、包惠僧、郭沫若、林伯渠、熊锐、周恩来、恽代英等40余人参加会议，熊雄主要是参与制定《政治工作计划》《北伐宣传队之组织》和《政治工作人员惩戒条例》等文件，前后忙碌了十余天。之后，第二军中黄埔所属的军官补习班300多名学员进行毕业考试，熊雄为考试委员长，前后又是一个多星期。军校中除第四期生的正常课业外，还办有两期军官政治研究班，学员亦有一二百人之多^②。

熊雄按照中央的指示精神，全力做好北伐准备工作，可谓尽职尽责，呕心沥血。

校长的"临别赠言"

北伐拉开序幕后，各项工作紧锣密鼓地开展。7月16日，军校派出政治大队的学生220余人，赴总司令部及各军担任政治工作。19日，军校为北伐将士举行欢送会，蒋介石、熊雄等军校领导莅临大会，并作演讲。7月20日，总司令部政治部、政治局和党立红十字会三部分人员，约1200人，由邓演达主任率领，由粤汉路乘车北上，总司令部政治部的后方部务由秘书孙炳文留守办理。

蒋介石全力准备北伐，但仍未忘记他的黄埔军校。当时李济深为副校长，

---

① 《中央陆军军官学校史稿》第六篇《党务》，1936年版。

② 参见熊雄《一年来本校之政治工作》，载熊巢生等编著《中国大革命中的熊雄》，江西人民出版社2002年版，第137页；《中央陆军军官学校史稿》第七篇《政治训练与政治工作》第二章"中央军事政治学校时期"。

熊雄传

按说蒋北伐后，应由副校长替代校长行使职权。可是李济深又是第四军军长，蒋介石考虑再三，决定由教育长方鼎英代理校长，李济深为总司令部参谋长，随军北伐。

7月26日，蒋介石召集军校代校长、教育长方鼎英、政治部副主任熊雄等各部、处长官，一齐到他的总司令部训话。只见方鼎英、熊雄等人"列坐严肃，辄听校长对于本校今后工作之训导"①，而蒋介石则正襟危坐，满脸严肃，侃侃而谈：

> 本校长受党与政府之委托，誓师北伐，所拳拳不能忘者，以我全校官长学生为最。临别赠言，血诚所寄。凡我同志，幸各谛听。
>
> 革命成功之最大要素，为团结精神，统一意志，集合一切革命势力。是故本校校训，为亲爱精诚。本党使命为谋全民革命，而必植基于农夫、工人，且与共产党合作。我全体官长学生，宜相亲相爱，宜团结一致，宜共同集合于革命旗帜之下，努力工作。共产党同志不得怀疑批评三民主义，国民党同志亦不得稍有排斥共产党同志态度。本校长向以革命为前提，前次提出整理党务案，及要求我同学各保持纯粹之党籍，皆仅考虑本党与共产党合作之方法，并非怀疑本党与共产党合作之原则。无论其退出CP而为纯粹之国民党员，或退出国民党而为纯粹之CP分子，本校长皆一视同仁，无分畛域，各同学亦切勿稍有歧视。既为同学，又同致力于革命，即宜互相亲爱，共泯猜疑。彼反革命者，以讨赤为名，不独仇视CP，凡国民党稍努力之同志，即概诬为CP，或加以卖党之罪。此种态度，我同学万不宜效之。其秘密之小组织，与任何小团体，皆宜悬为厉禁，视为亲爱精诚之大敌。

蒋介石望了一眼校政治部副主任熊雄，他知道邵力子主任因兼任军校秘书长无暇顾及军校政治部工作，政治部的全盘领导责任都落在这位副主任肩上，

---

① 熊雄：《对于校长"临别赠言"的说明》，《黄埔日刊》1926年8月13日，第117期。

而先前青年军人联合会与孙文主义学会争斗得很厉害，对军校政治部的工作干扰很大。前几天，军校特别党部也有代表提起党部与政治部的关系，于是他换了个话题：

近来部队中有仇视政治工作人员者，即为陷入反革命之渐。各官长宜于暇时研究政治经济，各学生宜十分重视政治教育，方不负本校军事政治并重之旨，且可充分明了主义，成为真正革命军人。

蒋介石又望了望军校教育长方鼎英，觉得必须再强调一下纪律的重要，于是说：

至服从命令，恪守纪律，尤为军人必守之天经地义。本校长出征以后，校长职务，已委任方教育长代拆代行。各官长学生务一致服从方教育长之命令，与服从本校长之命令无异。黄埔今日已为革命之中心，一方为全国人民所属望，一方为帝国主义者所嫉视。唯有以大无畏之精神，百折不挠之志气，辅以谨慎戒惧之心理，廉洁高尚之美风，确信革命系为劳苦群众谋解放，而非为个人争功名富贵。故大群之团结必须坚固，小己之自由概可牺牲。实行总理创造之三民主义，完成中国之自由独立，皆在于是。前方之胜利，悉系于后方之巩固，而本校尤为革命之根本，我全体官长学生其共勉之。①

蒋介石训导完话，当即在桌子上的公文包中抽出一张纸，上面是他前一天写下的几句口号式的话，旋即交给坐在旁边的熊雄，略为解释了几句，又嘱咐熊雄"印布全校"。

熊雄看了一眼，只见蒋介石写的是：

① 蒋介石：《留别全体官长学生书》，原件藏湖南省博物馆，转引自广东革命历史博物馆编《黄埔军校史料（1924—1927）》，广东人民出版社1982年版，第314—315页。另，此件疑为记录稿，最后落款为7月27日，疑为蒋介石审定记录稿的日期。

熊雄传

各同志特留几句临别的话

禁绝小团体

小团体就是分散本身力量，无异帮助敌人成功

私自设立小团体就是破坏本党组织，亦就是我们同志的敌人

蒋中正　十五、七、廿五、

各同志特留幾句臨別的話

禁絕小團體

小團體就是分散本身力量無異幫助敵人成功

私自設立小團體就是破壞本黨組織亦就是我們同志的敵人

蒋中正　十五、七、廿五、

熊雄按照蒋介石的指示，第二天就在《黄埔日刊》上将这几句"临别的话"刊印出来。

蒋介石所写的这几句口号式的话，表面上看来，是针对前不久刚刚下令解散的青年军人联合会和孙文主义学会说的，因为这两个组织解散之后，孙文主义学会的个别会员还在有意挑起矛盾，制造事端。但从深层次看，自"中山舰事件"发生和"整理党务案"出台后，蒋介石时时防备的，也可以说摆在他心上的头等大事，是限制共产党的活动，反复强调要共产党员退出国民党，消除共产党对军校学员的"赤色教化"。蒋介石这几句临别的话，其实就是在影射共产党是小团体。

自从蒋介石的这几句话刊印出来后，在学生中也确实引起了思想混乱，有一名叫"秋实"的学生在学习了蒋介石的这几句话后，就在《黄埔潮》（周刊）第四期上发表文章说："革命的党，是整个的，整个的革命党才能发生极大的力量，小团体与小团体之间，至少他的意志是不能一致的。要想革命的力量集中，必须革命的组织统一，就是党的单纯。"[1] 这话的口气，与蒋介石要求共产党员退

---

① 秋实:《禁绝小团体》,《黄埔潮》（周刊）1926 年 7 月第 4 期，转引自广东省立中山图书馆、广州州市社会科学院、中山大学图书馆编《黄埔军校史料汇编》第一辑第三册，广东教育出版社 2012 年版，第 261 页。

出国民党的口气完全一样。

不把蒋介石写这几句话的政治意图向学生们说明清楚，不把影射的负面影响清除干净，不但容易在军校学生中引起思想混乱，而且还会授个别孙文主义学会分子以口实，以此作为攻击共产党的武器。特别是北伐正在进行，别有用心的人也极有可能以此来干扰北伐大局。熊雄对这一点是很清楚的，于是，他在8月13日写了《对于校长"临别赠言"的说明》一文，嘱咐《黄埔日刊》的编辑尽快刊出。熊雄的文章对蒋介石写这几句"临别的话"的来由简单作了番说明之后，接着写道：

> 校长所写的口号，现把他印在上面，使大家都能见着，可以说这个口号，就是校长对于全校负责同志的一个"临别赠言"。大家应当重视，作为在党内行动的指南针，即全校每个同志也必须仔细思量，躬行实践，才算是真正革命者的态度。
>
> 复次，我对校长这个"临别赠言"简单说明之后，也略有点感想，要和诸同志说说：
>
> 一、综合校长这几个口号的意义，一言以蔽之，就是要"统一意志，团结精神"，换言之，就是要"团结革命分子，集中革命势力"。
>
> 二、总理在改组大会上主张容纳各派革命分子，他的理论完全是站在实际要求上和革命利益上，非团结统一不可，这个原则是不可移易的。
>
> 三、以我在青天白日旗帜之下，参加工作十五年之经验来看，党内时起纠纷，对外屡遭失败，并非敌人真正强大，实系我党本身太不健全，太不革命化了。
>
> 四、所谓小团体、私人团体，纯以乡土感情而结合的，其目的在结党营私，既没有阶级的背景，自不能代表多数人的利益。
>
> 五、在一个政党内，有以同乡同学同事关系的少数党员，单独秘密小组织，即所谓小团体或私人团体，此种小组织，为破坏党的组织的唯一武器，如本党内前有青年军人联合会和孙文主义学会，即其一例。至CP则另一问题，他既是代表工农的政党，自有其独立性，各能认清合作的原则，自当了然，尤其在黄埔公开之后。

六、上面几点，大家如果认为不错，就应该起来做党内禁绝小组织的工作，对于破坏党的组织的人，就应认作我们的公敌，即起拿起对付军阀和帝国主义的精神，与之奋斗！

熊雄在文章里除了指出必须坚持孙中山"主张容纳各派革命分子"的原则，强调这是"不可移易"的外，着重指出了小团体、私人团体的性质，是"纯以乡土感情而结合"，目的在于"结党营私"，这就与共产党的性质、目标完全不符了，共产党是"代表工农的政党"，他能"认清合作的原则"，这样，就把共产党与"小团体""私人团体"的关系完全撇清了。特别是在第六点中，熊雄在"禁绝小组织"之前，加上了"党内"两个字，为"党内禁绝小组织"，将矛头直接指向国民党内拉帮结派、结党营私、破坏团结的人，从而维护了国民党和国民革命的整体利益，也维护了共产党组织的纯洁性。

熊雄的这篇文章刊登出来后，许多军校学生猛然醒悟，逐渐看清了所谓的"小团体""小组织"到底是哪路货色。当时，孙文主义学会表面上解散了，但暗中仍在活动。这种暗中的组织才是真正的应该在党内禁绝的结党营私的小组织。

不久，就有曾经参加过孙文主义学会的第四期学生符琇在《黄埔日刊》上发表《我过去的错误》一文，反戈一击，揭露孙

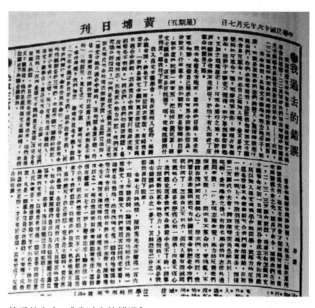

符琇的文章：《我过去的错误》

文主义学会的恶迹。符琇之后，又不断有人公开"倒旗""悔过"，宣布退出孙文主义学会的暗中组织。在《黄埔日刊》上发表这样的声明的，有栗亢麟、潘质、

王为、贺奎年、李培、梁文芳、谢斌等。这是在 1927 年广州"清党"前夕，黄埔军校出现的一个颇为引人注目的现象。这恐怕连蒋介石自己也没有想到，他提出的"禁绝小团体"的口号锋芒对准的恰恰是私下里亲近他自己的那一拨人。

毕业与开学

7 月 27 日，蒋介石率领北伐军总司令部乘火车北上。临行前，他指定军校政治部主任邵力子代表国民党到莫斯科去参加共产国际第七次扩大会议。邵力子于 29 日到军校政治部，与熊雄及部里各位同仁话别。为便于在莫斯科活动，中共中央劝邵力子退出共产党，以一个纯粹的国民党员身份出席会议。

经过"中山舰事件"和"整理党务案"后，蒋介石似乎对熊雄这位公开的共产党员的戒备心加重了，尽管邵力子出使苏联参加国际会议，军校还是在 8 月 2 日作出政治部正式改组的决定，仍然由邵力子为主任，熊雄为副主任，只因聂荣臻在"中山舰事件"后退出了军校，改由杨其纲担任政治部秘书，另正式任命恽代英为政治主任教官[①]。

杨其纲

不过，此次改组并没有对熊雄及政治部造成大的影响：其一，熊雄仍然还是主持政治部全面工作的副主任；其二，接替聂荣臻的杨其纲，也是一位优秀的共产党员，他是周恩来选调到政治部工作的军校第一期学员，担任了中共黄埔特支书记（1927年军校"清党"中牺牲）；其三，作为熊雄最重要的助手恽代英，其政治主任教

---

① 参见《中央陆军军官学校史稿》第七篇《政治训练与政治工作》第二章，1936 年版，第 21 页。

官的职务得到了正式任命。

熊雄仍是一如既以往地拼命工作：8 月 12 日，他布置政治部，调查各军中本校学生的政治工作状况；17 日，政治部为知晓学生政治程度，举行政治测验；25 日，军校在大操场举行拥护省港大罢工大会，政治部派遣宣传队分赴广州市各处演说；8 月 30 日，黄埔地区召开军民联欢大会；9 月 1 日，在方鼎英、熊雄等军校领导人发起捐助下，黄埔中山小学正式成立开学，结束了黄埔岛上没有小学教育的历史；3 日，政治部邀请毛泽东到校演讲；9 日，第四期政治队学生作政治宣传实习；14 日，军校组织第四期学生毕业测验，政治学科由熊雄负责……

1926 年 9 月中旬，黄埔军校军官政治研究班 58 名同学毕业。这个班是在熊雄任上开设的，这 58 人也是熊雄任上毕业的第一批学员。他们毕业后，将被分配到各个部队做政治工作，这批人今后在工作中有无成果、成绩好坏，是检验军校政治教育工作的标尺。作为从事军校政治教育的领导，熊雄对他们寄予了很大期望，在军官政治研究班学员毕业之际，9 月 15 日，他特地为《同学录》写了篇序言，强调"中国革命需要有政治知识的军官"，他说：

我要特别说几点意见，以勉励诸同志并以作为异日持此录按名计量诸同志之成绩的尺寸：

（一）我们是革命党员，要抛弃个人主义，要时时刻刻干革命工作，要时时刻刻服从党拥护党，不但不使自己变成反革命或假、半革命派，而且必当负责去打倒这类叛党害党的不良分子；不但打倒不良分子，而且必当积极宣传革命的真正理论和政策，以造就真革命的分子。

（二）革命的军官不是武装的官僚，要为党为主义即为被压迫的民众——特别农工——利益而奋斗牺牲；要使武力为人民的武力，不可变节而有军阀性质的思想和行动，尤不可堕落而为武装的官僚，成为害民的蠹贼。

（三）我们是要作政治工作的，我们对于政治的努力，是要把政权归革命民众，要以党治国，以民众之拥护为基础，不要私人专政而妨碍民权的。

（四）我们是一方以帝国主义为敌而誓必打倒它，一方以反帝国主义的国家——苏俄及其他——为友而与之亲密联合的，我们既不可与敌人妥协，更不可疏忽我们的联合战线；我们决不可有联治派和国家主义派的误谬心理。

以上四条意思，我们学校常常讲过的，是大家都很知道的。但是此后必能知行合一，才算我们真知道，才都不愧为一个出身于黄埔学校军官研究班的同学！才都不愧为——革命军官——我希望这本同学录中留名的同志，都要互相勉励，都要把以上我们所熟知的意思，贯彻到今后的行动中！所以这本同班的同学录，不只是同学感情受"亲爱精诚"训育的结晶，不只是五十八个同志为了纪念这造就革命军官研究政治的已往的同学关系，乃是预备今后分担革命工作的考勤簿！愿此五十八个同志互相勉励，忠于革命需要，都在将来有八十分以上的总成绩，名字一齐注入此考勤簿了，共努力于彻底的革命工作！看谁的成绩是一百分！①

熊雄的序文，言辞恳切，期望无限，感人至深。

紧接着是第四期学生毕业。因北伐的需要，前方急需用人，在 9 月 12 日，蒋介石就电令代校长方鼎英，要求他将第四期毕业生先分发到第一军各师。

第四期学员是熊雄亲自招收进校的，并亲自为他们上过政治课，对他们是有深厚感情的。这期学员中也不乏优秀人才，日后在国共两党的军队中产生了数百名将帅。

按照正规军事学校的课程，学生在校学习一般需要三年，而这批学员 3 月份才正式开学，到此时也不过才学习了 7 个月，属于"速成"性质。其中政治科的学生有十分之七的时间是学政治课，步、炮、工等科也有十分之三的时间学政治课。但因为前方急需军事、政治干部，第四期生不得不于 10 月 4 日提前举行毕业典礼。这次毕业学生合计步兵、工兵、经理、政治各科，共有 2247 名。

毕业典礼在广州郊区瘦狗岭沙河广场举行，前来观礼的宾客不下万人。学员方队列队经过检阅台，高声朗诵四期学员誓词：

---

① 熊雄：《军官政治研究班同学录》，《黄埔日刊》1926 年 9 月 21 日，转引自熊巢生等编著《中国大革命中的熊雄》，江西人民出版社 2002 年版，第 115—116 页。

不爱钱，不偷生。统一意志，亲爱精诚。遵守遗嘱，立定脚跟。为主义而奋斗，为主义而牺牲。继承先烈生命，发扬黄埔精神。以达国民革命之目的，以求世界革命之完成。

军校第四期学生毕业纪念册

熊雄为第四期学生毕业纪念册题词

黄埔军校很重视这届学生毕业。远在北伐途中的蒋介石预知第四期生将提前毕业，在"戎马倥偬中，预制同学录序，以贻勉诸生"[①]，将一篇《第四期同学录序》寄到军校，作为编辑同学录时刊用。军校政治主任教官恽代英也写了《第四期同学录序》，先行于8月19日《黄埔日刊》上发表，以示预祝同学毕业。军校特别党部、广东省农民协会、妇女运动讲习所、黄埔商埠股份有限公司都写来祝词，表示祝贺。共产国际顾问鲍罗廷在毕业典礼上专门作了题为《革命初基础问题》的演讲。

作为军校主持政治部工作的领导，作为第四期学员的教学负责人，熊雄为这期毕业生写点什么以示祝贺呢？熊雄想到自"中山舰事件"以来政治局势的变化，想到蒋介石逐渐显露的假左派的政治嘴脸，他陷入了深深的深思。思考再三，熊雄提笔写下了他在4月初写成的一首诗作："人世斗争几日平，漫漫也应到黎明。听潮夜半黄埔客，充耳哭声与笑声。"作为为《第四期学生毕业纪念册》的题词，刊印在扉页上。

此诗是熊雄在黄埔军校所写的唯一一

---

① 《中央陆军军官学校史稿》第四篇《军事教育》第二章，1936年版，第87页。

首诗，它并非随意而作，而是写于"中山舰事件"之后不久，是对时局的有感而发。"人世斗争"的双方，一方是进步的左派力量，一方是反动的右派势力，联系到蒋介石蓄意制造"中山舰事件"和抛出"整理党务案"，左、右双方的阵营不是很明显吗？在这双方斗争的大浪大潮中，身处逆境的黄埔军校的共产党人（黄埔客），应该看清形势，坚定信念，在革命低潮时不要迷失方向，在困难逆境中要站稳脚跟。而现在，北伐已经开始，"黎明"已不是久远之事，"笑声"一定会到来。熊雄的用意是嘱咐学生们坚定革命信念，"人世斗争"总有到达黎明的一天。

熊雄为《第四期学生毕业纪念册》书写的这首诗作并不仅仅是一幅精美的书法作品，短短的28个字抒发了一个真正的共产党人、一个革命军队的政治工作者登高望远、对世事了然于胸、对未来充满信心的情怀，表现了熊雄坚定的乐观主义态度和对革命必胜的信心。

当然，第四期毕业生也没有辜负熊雄、恽代英等共产党人对他们的期望。毕业典礼一结束，2000余毕业生立即分赴北伐前线，大部分进军武汉，其余则进入江西，沿途广为散发《告江西民众书》。《黄埔日刊》在11月24日的"校闻"版中以《第四期毕业学生出发前方情形》为题报道：

现据江西方面报告，该生等自入赣境，即组织分发前方学生宣传队，沿途从事宣传工作。闻各所在地民众，见"黄埔学生"之到来，莫不捆诚欢迎。当该生等抵樟树时（本月六号），南昌九江已被我军攻下，该宣传队即将此项消息，向沿途居民广为宣传。据谓久处军阀压迫下的赣省同胞，一

《黄埔日刊》报道军校第四期学生奔赴北伐前线消息

熊雄传

旦闻孙逆之倒败，宛如噩梦初醒，咸抚掌称快。①

送走第四期学生，紧接着，11月15日，第五期入伍生又举行升学典礼。

第五期入伍生有步兵、炮兵、工兵、政治、经理五科。军校自第五期始，组织废团、营、连而采用学生队及区队制，成立步兵第一、第二两个学生大队，炮兵为第三学生大队，工兵为第四学生大队，政治为第五学生大队，经理为第六学生大队。每大队下分两个中队，每中队下分两区队，共有学生2620人。学生因在入伍期间正值北伐，后方勤务太多，故至此时才正式升学。政治部副主任熊雄在升学典礼上激情洋溢地发表了演讲。

熊雄在演讲中一开始就说："世界革命之钟已经响了！""今后的世界，究竟谁是主人，不久将破晓，自可分明。"而进入黄埔军校的每一个革命的学生，"这个革命营寨里的分子，是要知道自己和人们的命运是如何困厄，责任是如何繁重，使命是如何远大"的，因此，熊雄语重心长地对学生们说：

在你们开学的第一天，我以革命同志的关系，希望大家平心静气，牺牲一切，以大无畏的精神，互相勉励，共同奋斗，以造成真正革命者之人格。现在把我希望的几点，写在下面：

A. 在思想上须贯通理论与实际。世界革命的领袖列宁先生说："没有革命的理论，便没有革命的运动。"就是说，一个真正的革命者，必须有正确的革命理论，然后才能有很对的实际行动。换言之，必须理论与实际打成一片，方可免掉限于空想或盲动。你们从今天起，开始要受本校正式的教育了，很希望能以战场上果敢杀敌的精神，拿来作思想上的争斗，决然把从前一切幼稚的错误的……思想，个人的非革命的……行动，赶快纠正过来，然后才配做个孙文主义的信徒——世界革命的健者！

B. 在行动上须遵守革命的纪律。凡一个组织——尤其是武装的组织，必须要有纪律，尽人皆知，虽然旧的组织中的：机械的，奴隶的，压迫关系的纪律，固当极端反对；若在新的组织中的：革命的，相互的，同志关

---

① 《第四期毕业学生出发前方情形》，《黄埔日刊》1926年11月24日，第195期。

系的纪律，就当极端遵守。革命军唯一的特色，就是有党纪相范，军纪相绳，能使每个分子，对于纪律，都能自觉地遵守，自动地服从。如此，即所谓革命的纪律——铁的纪律，否则横冲直撞，毫无组织，何有纪律，驯至军事工作与政治工作发生冲突，思想与行动发生矛盾，同志与同志发生猜疑，军队与民众发生隔阂，这种极端紊乱的组织，毫无节制的军队，不革命非革命反革命的思想和行动，必随之层层递演，终至于爆发而不可收拾了。同志们！如果要想做个忠实的革命者，就应该积极地保持黄埔的精神，发扬黄埔的精神，不要为黄埔的败家子，更应当积极地努力国民革命，完成世界革命，不要为革命的障碍物。

　　C. 一个革命者必须有确定的革命人生观。总理说："革命者要以革命为职业。"又说："革命以外无他事。"他是个伟大的革命领袖，所以有这样彻底的思想和行动，这就是他的革命人生观。但是，这些话，民国二年在东京时，几为一般同志听了大惊小怪，就是忠实勇敢的同志，也不免引起了多少的怀疑了。然而一个革命者对革命人生观，实在是个十分重要的问题，而不是十分困难的问题。我们如果要解决这个重要而且困难的问题，只有把理论与实际联成一贯，思想和行动使之一致，然后方可做个好党员，才算是有革命人生观的真正革命者。①

言辞之间，熊雄对同学们真挚的情感溢于言表，寄予无限希望，他在演讲的最后大声疾呼："同学们！革命的同学们！起来！起来！努力！努力！"

为了解决北伐前线急需的特种军事人才，黄埔军校于 12 月增设了军事科、无线电科和化学科 3 个高级班，以造就各级指挥机关司令部幕僚人员。12 月 2 日，在无线电科高级班开学时，熊雄即席发表了激昂的演说：

今日是高级班同学们开学的日子。现在听了谭主席和几位同志的讲话，我本没有什么可说的。不过，现在要贡献大家的意见只有两点：

---

① 熊雄：《告第五期诸同学》，《黄埔日刊》1926 年 11 月 17 日，第 191 期，转引自熊巢生等编著《中国大革命中的熊雄》，江西人民出版社 2002 年版，第 119—121 页。

第一点，我们研究学问，是有两方面的，即自然科学与社会科学。自然科学是人类求解决社会现象而形成的；二十世纪社会科学固然发达，自然科学亦极进步，但是中国因产业落后，文化落后，什么都是落后的，故各帝国主义都因此见而生心，力图侵略，造成中国一个普遍贫乏的局面了。现在我们革命势力虽已发展到长江去，稍予帝国主义以打击，但我们物质上仍极感缺乏，专靠革命精神与敌搏战，还不可过于乐观。无线电科之创立，就是校长在前敌实际工作感觉困难的结果。

第二点，你们对于社会科学，都曾研究过的。现在又把自然科学重新研究，希望你们将来对于自然科学的使用，不要机械化资本化，而为军阀所利用，变作压迫人民的工具，破坏革命势力的武器，务要使他科学化革命化，在军事上和政治上给革命军以极大的帮助，使我们革命的消息，传遍全中国与全世界，由物质上交通，达到精神上的交通，俾能确实唤起民众，及联合世界上一切被压迫的弱小民族，以打倒压迫我们的敌人。这是你们各位今后的使命，也就是我今天所希望于各位的！[①]

开学与毕业，这是青年学生们人生中的两个重要转折点，熊雄十分重视在这人生节点上对青年学子的政治教育，借此树立学生们正确的价值观、人生观、世界观，养成铁一般的组织观念和革命的纪律性。因此每当这个时候，熊雄都会为学员作一番演说。

政治教育全面升温

北伐开始后，蒋介石离开了广州，黄埔军校的日常工作由代校长、教育长方鼎英负责。方为日本士官学校第八期毕业，颇有军事教育经验，对熊雄也较

---

① 《熊副主任在高级班无线电科开学演说词》，《黄埔日刊》1926 年 12 月 4 日，第 206 期。

信任，他让熊雄放手大胆地工作。由此黄埔军校的政治教育工作进入了一个升温时期。

当然，军校教育的升温，与当时广州市整个的政治大环境也有关。国民革命军出师北伐后，广东群情高涨，广州街头到处都可以听到"打倒列强！打倒列强！除军阀！除军阀！"的歌声，到处都可以看到张贴的"拥护北伐"的红绿标语，上街游行、演讲者随处可见。黄埔岛上，军校学生所谈论的话题、所关注的焦点也都集中在北伐上，他们为北伐的每一次胜利而欢欣鼓舞，也为局部的战事失利而惋惜痛心。

1926年11月27日，黄埔军校召开选举执行委员会大会，选举熊雄、吴思豫、陈良为校本部党部选举执行委员，其中熊雄为宣传委员；12月14日，国民政府正式下文，"政治部副主任熊雄代理政治部主任职权"①，12月24日又聘其为军校国民党特别党部宣传委员会之政治顾问。1927年3月4日，黄埔军校国民党第五届特别党部选举，熊雄当选为监察委员，为5位监察委员之一。在中共党内，1926年12月，因周恩来调上海中央工作，所遗中共广东区委军委书记一职亦由熊雄兼任。在这一时期，熊雄成了"未退反升"的具有国共两党双重党籍的唯一特例。

也就在这一时期，社会上"迎汪"运动持续高涨。原来，在1926年7月16日，因"中山舰事件"被逼而"因病"去职出走他国的汪精卫致函国民党中央，表示要辞去军政"所任各职"，回国"为党服务"。廖仲恺夫人何香凝等一批国民党左派借此掀起了一股"迎汪复职"运动。这场颇具政治深意的"运动"其实是对蒋介石"反左"的否定。为此，《黄埔日刊》出版了"迎汪"专号，还发出《促汪销假复职宣传大纲》。1926年12月，国民政府决定迁都武汉，鲍罗廷率领部分国民党党政要员抵达武昌。随后，广州中央党部与国民政府宣布停止在广州办公，分批北上。而蒋介石却要把国都定在南京，"迎汪"运动转而为"迁都之争"。但在这场运动中，蒋介石的"发迹"之地黄埔并不站在蒋的一边。黄埔军校第五届特别党部班子在政治上同武汉国民党中央、国民政府保持一致，提出"拥

---

① 《本校十五年三月改组以来之大事记》，转引自广东省立中山图书馆、广州市社会科学院、中山大学图书馆编《黄埔军校史料汇编》第一辑第十一册，广东教育出版社2012年版，第154页。

护党的中央委员会"的口号，其话中之话就是不拥蒋。

在北伐大背景下，坚守在黄埔军校的熊雄和恽代英、萧楚女等一批共产党员渐渐走出"中山舰事件"和"整理党务案"的阴影，振奋革命精神，及时抓住有利时机，坚持以国民革命的方针原则指导军校工作，使军校中的政治教育出现升温景象。

一、军校政治教官队伍进一步壮大

军校政治教官队伍的素质是关系学生政治教育质量好坏的关键。北伐开始后，军校中充实了一批高素质的政治教官，这其中以恽代英、孙炳文和萧楚女为代表。

恽代英

孙炳文

恽代英是 1926 年 5 月后受中共的安排来到黄埔军校担任政治教官的，8 月份被军校正式任命为政治主任教官，军校中各科各级的政治教育课程都是由他与熊雄商定后统一安排的。他以广博的知识、敏锐的思想、流畅的文风、热情的演讲赢得了学生的喜爱，学生们视他为"青年导师"。他在军校主讲"社会发展史""社会问题""国际政治""社会科学概论"等，都深受学生欢迎。有的人回忆，当时在黄埔军校及广州全市，几乎天天都可以听到恽代英的讲课或演说，报刊上时时登有他的文章、报道他的行踪，还有的人称他为黄埔的"革命灵魂"。

恽代英在 1926 年 11 月底受党的指派去了武汉，担任黄埔军校武汉分校的政治主任教官，接替他职务的孙炳文也是一位著名的共产党人，与熊雄的交往非常密切。孙炳文进黄埔军校后，还向熊雄介绍过刘弄潮等人到军校来作政治教官，联系鲁迅先生到军校来作演讲。在熊、孙两人的密切合作下，黄埔军校的政治教育搞得有声有色。

萧楚女是中国共产党早期著名的政治理论家，

萧楚女

博学多才，马列主义水平很高，曾在四川兼任过《新蜀报》主笔，协助毛泽东编辑过《政治周报》。他文笔犀利，战斗性强，在社会各界影响很大。1925年，他在《中国青年》发表了一系列文章，出版了《国民革命与中国共产党》和《显微镜下之醒狮派》等专著，无情地批驳了国家主义派和戴季陶主义宣扬的阶级调和及阶级斗争熄灭论，捍卫了马克思主义的真理。1926年10月底，萧楚女到黄埔军校担任政治教官。由于他的声望早就传到了军校，所以很多人特别喜欢听他的演讲，只要听说有萧教官讲演，很多学生都想挤进教室来听，以至于一般的大教室都坐不下听课的人。于是校方决定，他演讲时改到大操场上。当时又没有扩音设备，面对着大操场上一两千的学生，他几乎是边喊边讲。他患有严重的肺病，但仍然坚持上课。学生们只好摆上痰盂，放上椅子，让他坐着讲课。他说："我们要像蜡烛一样，在有限的生命中，有一分热，就发一分光，给人以光明，给人以温暖。"他以渊博的知识、犀利的笔锋、生动的语言和"蜡烛"的精神，成了军校受欢迎的政治教官之一。

比较一下军校第五、第六期和第四期中教职员工中共产党员名单和政治教官名录，虽然因为"中山舰事件"和"整理党务案"而发生变动，进出人员较多，但总的看来，政治教官队伍进一步扩大了。在1926年7月份以后进入黄埔军校教职员工行列的共产党员，已知的有苏怡、萧楚女、孙炳文、韩麟符、施存统、任卓宣、张庆孚、张鸿沉、陈日新、罗懋琪、李元杰、彭士浩、应修人、李求实、林祖烈（林伯渠胞弟）、熊锐、方德功等。非"跨党"的国民党左派政治教官有许德珩、刘侃元、郑伯奇、叶启芳、余鸣銮等。熊雄在《一年来本校之政治工作》一文中说："聘定专任政治教官十余人，时事政治教官亦有十余人。"[1]可知当时的政治教官队伍有20余人之多。应该说明的是，由于原始资料的缺乏，这

---

① 熊雄：《一年来本校之政治工作》，《黄埔日刊》1927年1月1日新年增刊，转引自熊巢生等编著《中国大革命中的熊雄》，江西人民出版社2002年版，第136页。

个名单是很不完全的，特别是经过军校"清党"之后，国民党销毁了很多文件，在第五期、第六期的教职员名录中，连熊雄、恽代英、萧楚女、孙炳文、张秋人等中共党员的姓名也被抹去了。

二、政治教育内容进一步充实

黄埔军校的政治教育课程在第四期时应该说很完备了，熊雄和恽代英等在设计、安排和内容上都作了精心的策划。到了第五期，其内容更为充实。在1926 年 12 月 1 日由熊雄主持的政治教育会议上，对各位政治教官所授课程做了明确的安排，具体情况如下：

政治教官	所授课程
叶启芳	中国政治经济状况 苏俄研究
余鸣銮	三民主义 党史
罗霞天	政治学概论 社会进化史
陈其瑗	三民主义 财政学概论
廖划平	本党之宣言与训令 党的组织问题 社会进化史
张秋人	国民革命概论 苏俄研究 各国革命史
汤澄波	各国革命史 党史
陈祖康	社会主义 帝国主义
杨道腴	经济政策 财政学
林祖烈	帝国主义侵略中国史
李求实	国民革命概论 青年运动
刘侃元	帝国主义 经济学
萧楚女	帝国主义侵略中国史
甘乃光	农民运动
熊 雄	军队中政治工作 本党宣言训令
（另觅）	世界政治经济状况
（另觅）	工人运动 商民运动

和第四期的政治教育课程相比，第五期的政治教育课程新增加了苏俄研究、本党宣言训令、各国革命史、国民革命概论、财政学、青年运动、农民运动、工人运动、商民运动等。熊雄说："11月15日以前，为第五期筹备时期，关于本部工作，曾将从前《政治教育大纲》，加以修正，并随本校设学生队的组织，而设各学生队的政治指导员。"① 可知第五期学生的《政治教育大纲》与前期相比有较大的改进，内容也大大地充实了。

　　军校不但常规课程充实，而且还经常请一些社会名流特别是中共著名革命家来作演讲或作报告。1926年8月25日，刘少奇到军校作了关于省港大罢工的报告；9月3日，毛泽东应邀到军校演讲；周恩来辞去第一军中的职务后，也曾于10月4日到政治队作了题为《武力与民众》的演讲；此外，共产党人邓中夏、李立三、苏兆征等也到军校作过演讲。1927年4月8日，在熊雄的邀请与陪同下，鲁迅也来到军校，在大花厅作了题为《革命时代底文学》的演讲，演讲稿发表于《黄埔生活》第四期。

　　政治教育在形式上也有创新，据熊雄的文章反映："在学生方面，曾开过政治讨论会十余次，政治问答及政治测验亦十余次，学生大多数都有很深厚的兴趣，实际上自多裨益……此外又因新俱乐部行将告成，规模宏大，除原定编制之管理处，复增设服务员数人及音乐教官二人，使之协同管理。原有之图书馆之外，又拟设政治教官特别藏书室，并拟扩大书报流通处，俾使教官学生购阅。"② 这些新的政治教育形式让全校师生受益匪浅。

三、校刊发行和舆论宣传空前活跃

　　北伐开始后，黄埔军校的校刊发行和舆论造势空前活跃。军校特别区党部主办的《青年军人》改名为《革命军》，扩大了发行。另外，在1926年5月之后由军校政治部创刊的《革命画报》（周刊），由于图文并茂，特别受广大师生

---

　　① 熊雄：《一年来本校之政治工作》，《黄埔日刊》1927年1月1日新年增刊，转引自熊巢生等编著《中国大革命中的熊雄》，江西人民出版社2002年版，第137页。

　　② 熊雄：《一年来本校之政治工作》，《黄埔日刊》1927年1月1日新年增刊，转引自熊巢生等编著《中国大革命中的熊雄》，江西人民出版社2002年版，第136—137页。

的喜爱，发行也远远超出军校本部，远销广东全省和北伐前线，每期刊行上万份。

《黄埔日刊》是军校政治部主办的一份影响巨大的刊物，在北伐开始后，发行量增至 26000 份之多，发行地点在全国有三四千处。根据现有资料，这一时期，共产党员熊雄、邝鄘、安体诚、杨其纲、宛希先、罗懋琪、施存统、张秋人、姚成武、何昆、廖划平、陈远湘等，都在《黄埔日刊》上发表过宣传革命理论、支持北伐、支持工农运动的文章。特别是共产党员、《黄埔日刊》编辑宋云彬，在 1926 年 11 月至 1927 年 1 月，在《黄埔日刊》上发表文章 37 篇，如《革命家与宗教家》《黄埔同学应有的认识》等。萧楚女在 1926 年 12 月至 1927 年 4 月，在《黄埔日刊》上发表的重量级文章达十余篇，影响巨大。

1926 年 12 月，军校第六期入伍生部政治部将《先声旬刊》改名为《民众的武力》，由苏怡等编辑，到 1927 年 3 月共出版 12 期。在这份期刊上发表文章的共产党员有谭其镜（6 篇）、苏怡（4 篇）、尹伯休（8 篇）和阳翰笙、王一沙、韦凤喈、岳亚堃（各 1 篇）。[①]

除此之外，军校在这一时期还出版、印刷了许多宣传品。熊雄在 11 月 24 日召开的第五期第一次政治工作会议上介绍说："最近预拟出版讲义 20 种，每种印 3 万份，翻印 5 种，每种印 1 万份，小册子 10 种，各印 4 万份，丛书 10 种，亦拟各印数万份，其他标语、传单、宣言亦预计 40 余万份次。"[②]

北伐开始前期，是军校政治部编印各种政治丛书及发行各种刊物最多的时期。仅 1926 年 10 月 7 日，政治部编印的政治丛书就有《帝国主义》《经济学概论》《各国革命运动概论》，每种印数达 2 万册，分发本校全体官生研究。政治部还搜集各政治教官材料、名人演说及重要政治问题，编辑成册，作为本校政治丛书。10 月 15 日就印有《本党重要宣言训令之研究》《国民革命》《中国国民党与劳动运动》《中国国民党与农民运动》《政治学概论》等 5 种。

总之，自北伐开始后，黄埔军校的刊物出版发行、政治舆论的宣传造势都掀起新一轮高潮，舆论宣传阵地总体上掌握在共产党人手中，这对于支持北伐、对于军校政治教育，无疑起到了非常好的促进作用。

---

①　转引自曾庆榴《共产党人与黄埔军校》，广州出版社 2013 年版，第 418 页。

②　《中央陆军军官学校史稿》第七篇《政治训练与政治工作》第二章，1936 年版，第 26 页。

四、开设各种训练班

黄埔军校除正规的学员学习外，还不定期地举办各种训练班、研究班、补习班。熊雄《一年来本校之政治工作》一文说："第二军内本校所属第一军官补习班学员三百余人……尚有本校附属的军官政治研究班曾办两期，学员亦有一二百人之多。"[①] 这都是在 1926 年 11 月至 12 月之内的事。《中央陆军军官学校史稿》载："本校为求增加一切工作之效率，养成良好之官佐起见，对于官佐之教育，亦极注意。官佐教育分初级军官教育及普通官佐教育二种：1. 初级军官教育每月施行二次……2. 普通官佐教育分政治教育及外国语文教育二种，政治教育每周由政治部敦请党中先进莅校讲学二次。"[②] 另外还有各种高级训练班、士兵工伕训练班等。

特别值得一提的是军校政治部开设的军官政治训练班。北伐军克复湘、鄂、赣、闽之后，俘虏了吴佩孚、孙传芳部下的军官极多，军校特为这些人开设军官政治训练班，将这些人先后编成 3 个学员队，共 1820 人，于 1927 年 3 月 1日在黄埔军校本部正式开学，修业期定为半年。教授的课目主要以政治学为主，其目的在于灌输革命思想及三民主义，以期把他们改造成为国民革命军的军官。军校专门为这个班发行了一套《政治训练丛书》。由于该训练班的学员原先都是军阀部队的官兵，他们在军阀部队中"混"了多年，政治部根据这种特定情况，先行为他们编印了一本《政治问答三十五题》，政治教官韩麟符在该书"开篇话"中说：

> 这是本校军官政治教育训练班的学员在初到校时所发的三十五条问题，后面附以简单答案。
> 这些疑问，是在军阀的反宣传影响之下发生的，经过了我们的解释之后，学员对于本党的信仰更见坚定，如果没有军阀的反宣传，这样一些政治问题，必须经过长久的时间，学员才能懂得。现在我们可以说这个军官政治教育

---

① 熊雄：《一年来本校之政治工作》，《黄埔日刊》1927 年 1 月 1 日新年增刊，转引自熊巢生等编著《中国大革命中的熊雄》，江西人民出版社 2002 年版，第 137 页。

② 《中央陆军军官学校史稿》第七篇《政治训练与政治工作》，第二章，1936 年版，第 30 页。

训练班的预备班，算是替我们开了，在此应该谢谢他们。

在这简单的三十五个问题之中，我们可以看出几百万在军阀影响之下的长官士兵的一般心理来……

此外我们是能够观察出学员在悠久的军阀压制下的工作中，得到极多的实际经验，和一些合理的政治见解，这些，如果被大学教授看见，或者都以为是"海外奇谈"。

这些问题应该是几百万在军阀压制下的士兵官长共同要问的问题，所以这本答案，不止是军事政治工作同志们最好的参考材料，更是一般兵士最欢迎的读物。①

这一类的政治训练班，对于北伐军能够迅速收复湘、鄂、赣、闽等地，瓦解军阀部队，壮大北伐队伍，无疑起了很好的作用，功不可没。

五、各种纪念活动热情高涨

在各种纪念日举办纪念活动、出版纪念专刊，是黄埔军校的一个传统。北伐开始后，这个传统在政治宣传的作用下更为扩展，学生参与的热情更为高涨。

这期间军校除了每周星期一举行例行的总理纪念周活动外，举行的专场纪

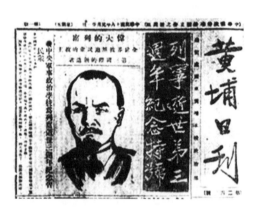

《黄埔日刊》纪念列宁逝世三周年专号

念活动有：1926 年 8 月 23 日，举行总理纪念周及预祝北伐成功大会；8 月 25 日，政治部出版《拥护省港罢工专号》，军校特别党部全体党员发表《援助省港罢工宣言》；1927 年 1 月 7 日，举行新年联欢会；1 月 21 日，《黄埔日刊》出版列宁逝世三周年纪念特刊，发表《为列宁逝世三周年纪念告民众书》；2 月 7 日，《黄埔日刊》出版《纪念"二七"专号》；3

---

① 韩麟符：《开篇话》，见广东省立中山图书馆、广州市社会科学院、中山大学图书馆编《黄埔军校史料汇编》第一辑第十九册，广东教育出版社 2012 年版，第 602 页。

黃埔同學會為列寧逝世三週年紀念告各界

為全人類自由平等的導師，列甯先生逝世紀念日又第三次的來到了。我們一方面結載三年來中國國民革命的歷程以及目前長足進展下的形態，一方面追懷列甯先生的偉大，我們實在有無限量的感想。列甯先生不僅僅是無產階級的導師，而且是弱小民族的人類求解放的導師。因為在列甯主義的民族問題內，我們很充分的明瞭他的看出列甯先生在全人類中的偉大。

列甯主義的民族問題有兩方面的意義，（一）所謂一切弱小民族，一律有自決權，換句話說：就是前俄國沙皇政府所壓迫之一切弱小民族，均准其自由獨立、建立平等自由之國家；（二）全力扶助世界弱小民族之解放運動，只有與先進國主義相反，常然是天經地義而不可非難了，所以我們說，列甯先生又是弱小民族的導師。

蘇俄是執行列甯主義的國家，所以對於弱小民族的革命運動，有極深切之同情，並努力予以實力援助，使其同臻光明之域，完成世界革命，先總理有於此，因亦有「聯俄政策」之訂定，今日革命勢力之有如此進展，未始非此政策之效果，很明顯的認識列甯先生的偉大，同時又認識總理的偉大：

我們高呼：
一切革命民眾團結起來！
打倒國際資本帝國主義！
擁護國民政府！
國民革命成功萬歲！
世界革命成功萬歲！
列甯精神不死！

黄埔同学会为列宁逝世三周年告各界民众书

月 1 日，纪念黄埔军校改组一周年；3 月 3 日，纪念《黄埔日刊》创办一周年；3 月 8 日，举行"三八"节大会，发表《国际妇女节告全国民众书》，呼吁中国女性参军、革命；3 月 12 日，举行孙中山逝世两周年纪念大会，并出版纪念特号。

每次活动，学生们的参与热情极为高涨。作为政治部主要领导人的熊雄，也与同学们一样，积极参与活动，除了在总理纪念周和列宁逝世三周年大会上作演讲外，他还在《黄埔日刊》上专门撰写了各种纪念活动文章：《省港罢工的面面观》《列宁与黄埔学生》《"二七"在国民革命中之意义》《我对本校"三一"纪念的希望》《纪念黄埔日刊一周年》《本校开学周年纪念之意义》等，还在入伍生部编的《二七特刊》上发表了《二七与国民革命》，在《民众的武力》增刊上发表了《怎样纪念总理》，在《革命军》纪念特刊上发表了《怎样纪念我们的总理和怎样做我们的工作》等。熊雄发表的这些文章，既有纪念重要人物和重大事件的意义，还有借以宣传革命思想，教育学生树立正确的革命人生观和世界观的作用。

接待外国友人

黄埔军校开办以来，政治影响不断扩大，迅速成为世人瞩目的焦点。自1926年军校改组之后，便不断有国内外来宾参观、学习，而接待这些来宾，介绍军校的发展和现状，回答来宾们的提问，解答他们的疑难问题，都是由军校政治部负责。熊雄在《一年来本校之政治工作》一文中说，仅1926年3月到10月，"指导来宾参观，八个月内亦不下万余人"[①]。平均每个月需接待来宾千余人，可见工作量之大之重。

北伐开始后，由于军校学生在战斗中表现突出，战功赫赫，"黄埔精神"广为播扬，更令世人对黄埔军校刮目相看，国际上都把黄埔军校与著名的美国西点军校、苏联伏龙芝军事学院等同看待，国际声望日益高涨，国际友人纷纷慕名而来，一睹黄埔军校风采。而接待外国友人的任务基本上都落在了熊雄身上，这不仅因为他是主持军校政治部工作的负责人，更因为他精通日、法、德、俄等国语言，了解世界大势。

据现有资料，仅在1927年1月中旬至3月中旬，熊雄参与接待的外宾有日本外务省条约局长、沙面日本领事、日本东京朝日新闻报社记者、第三国际代表、国际工作代表团、日本教育考察团、法国领事、美国奇帕脱博士、世界旅行家福赖奇等。

在接待外宾时，熊雄大力宣传黄埔精神，宣传中国的国民革命，宣传黄埔精神与世界革命的关联。他在接待日本外务省条约局长佐芬利、沙面日本总领事森田宽臧来校参观时说："本校之创办，不是为政府，亦不是为任何团体之利

---

① 熊雄：《一年来本校之政治工作》，《黄埔日刊》1927年1月1日新年增刊，见熊巢生等编著《中国大革命中的熊雄》，江西人民出版社2002年版，第137页。

1927 年国际工人代表团到广州考察期间，专程到黄埔军校参观。军校师生和士兵 6000 余人在俱乐部举行了盛大欢迎会，图为国际工人代表团抵粤时的情景

益，乃是为全世界被压迫民族精神求解放，为全人类求和平，故黄埔精神之表现，即全世界被压迫民族精神之表现。"[1] 把创办黄埔军校的目的提到为人类求解放、求和平的高度，把黄埔精神看作是民族精神的表现，这是对黄埔精神认识的一个高度。在接待世界旅行家福赖奇女士来校参观时，熊雄先是介绍了黄埔军校的办校历史和现状，说："黄埔军校的历史很短，内部设备不甚完全，崇尚简朴厚重亲爱精诚。"而所有的学生，"都是被压迫来的，年龄大小不齐，都是富于革命性的"。但是，这里为什么会引起世界的关注、引来各国军政各界人士参观呢？是因为这里有黄埔精神，"因为本校是中国被压迫民族办的，是公开的训练武装革命青年的地方"。即使是外国被压迫弱小民族的青年，也可以成为黄埔的学生，"我们不分甚么国界，只要是被压迫的富于革命思想的都可以作我们的好朋友，都可以到我们这里来"。这就打破了人们对黄埔的神秘感，公开宣传了黄埔精神，宣传了中国的国民革命，使"世界上被压迫的民众乃彻底明了黄埔学

---

① 《熊主任接待日本外务省条约局长暨沙面日领事来校参观》，《黄埔日刊》1927 年 1 月 14 日，第 235 期，第 1 版。

校是革命人才的训练所"①。

1927年2月7日，日本朝日新闻报社的女记者竹中繁子等来校参观，熊雄负责接待。她们是来华调查中国妇女运动及中国女生宿舍情况的。言谈之中，竹中繁子等对中国妇女之状况呈现出不屑之意，而认为大和民族的妇女比中国妇女更高人一等。熊雄当即回答她说：

> 自我离开日本已久，而对于日本妇女运动乃极为注意，深知日本妇女近年来已有非常之进步。然较之欧洲妇女解放运动，仍有不及之处。吾之深佩日本文化在东方之成绩，且为东西两大文化之结晶。此种文化使日本妇女有良好之机会，得受国民教育，而走上解放的道路。但究竟日本大多数之贫苦妇女，仍受压迫，不曾取得相当的自由与权利。至于中国妇女，因中国历来受帝国主义压迫之结果，使伊等无以得受一般教育之机会。然自欧战中受俄国革命之影响，使中国妇女受了极大的刺激，所以自五四运动以及最近之五卅运动，伊等皆积极参加，且年来各种革命团体中，皆有妇女参与其间，从事民族解放的工作。在此情况下，中国妇女运动已成为民族运动之一部分。故伊等之积极目的，一为参加革命，二要求政治的与经济的平等，三要求一般文化教育的平等。但中国妇女欲达到伊等此项要求，必须在整个的民族解放运动中始能达到。②

在这里，熊雄对竹中繁子的言论不露痕迹地予以了回击：你们日本的大多数妇女也还是贫苦的，也还处在受压迫、无自由、无政治权利的地步；我们中国妇女之所以贫穷，没有文化，是因为受帝国主义压迫，得不到享受教育的机会（话外之音，日本也是列强帝国，造成这种现象你们日本也有一份罪责）。但她们受到俄国十月革命和五四、五卅运动的影响，已经觉醒了，她们革命的行动，已经成为整个民族解放运动的一部分。熊雄的回答大长了中国妇女的志气！

---

① 《熊主任接待世界旅行家福赖奇女士来校参观》，《黄埔日刊》1927年3月17日，第279期。

② 《熊主任接待日本东京朝日新闻报社女记者竹中繁子等来校参观》，《黄埔日刊》1927年2月10日，第254期，第1版。

当然，来参观者所站的立场、所抱目的、看问题的眼光都不尽相同，但基本上都带有各自不同的政治目的。熊雄就曾公开地说："我们明知道他们来此参观都是带有政治意味的。"①陈远湘的回忆中也说到这样一件事："各国来访代表团中有些是黄色工会，如英国工党领袖麦克唐纳当时是执政首脑，他派的代表团就有一定支持分量。但随同来的新闻记者，就很狡猾。熊雄主任要我们提高警惕，那些人常常是转弯抹角地提问题，而且紧紧追问。"②有时候，熊雄还会当着外宾的面直截了当地驳斥一些错误论调，捍卫中国的国格。例如他在接待日本外务省条约局长时就说：

> 余昔在日本，常聆听日本朝野提倡中日亲善之论，但此口号至今仍未成为事实。因彼时中国在满清官僚政府之下，不曾了解世界之形势，同时日本一班过去的外交家与侵略者，亦只顾目前之利益，而未计及将来中日间之危险。现在吾人当明了，所谓太平洋问题，即中国问题，亦即世界问题，并为中日美冲突的问题。所以现在吾人希望日本新的外交家与新的学者以及政府当局，应有自动自觉的国民外交，以实现所谓中日亲善及世界的和平。

熊雄这番话是对着日本外务省条约局长佐芬利说的。在当时，中国还蒙受着日本强加给中国不平等条约所带来的耻辱和灾难，日本朝野大肆鼓吹的所谓"中日亲善"，实在是给中国人的一副麻醉药。熊雄以自身的经历痛斥"中日亲善"的虚伪，点明中日冲突的问题实质，迫使佐芬利表示：原来对于广东政局及北伐军真相，不十分明了，并多少有些怀疑，"及亲聆熊主任演词，实渠自到中国以来，最满意的。次甚愿将熊主任所说的意思，传达日本朝野"③。

熊雄作为自周恩来之后共产党在黄埔军校中的最高领导，一方面要坚持无产阶级的党性原则，另一方面，在非原则性问题上、在统一战线的框架内，还

---

① 《熊主任接待世界旅行家福赖奇女士来校参观》，《黄埔日刊》1927年3月17日，第279期。

② 陈远湘：《熊雄和他调我到政治部工作》，见熊巢生等编著《中国大革命中的熊雄》，江西人民出版社2002年版，第202页。

③ 《熊主任接待日本外务省条约局第暨沙面日领事来校参观》，《黄埔日刊》1927年1月14日，第235期。

得时时小心地照顾到国共两党的"合作""团结"，以免引起不必要的纷争。对这一点，熊雄在接待外宾时也掌握得非常有分寸，注意不触碰"底线"。

例如有一次，熊雄接待世界旅行家福赖奇女士来军校参观。福赖奇是知道熊雄的共产党员身份的，她在参观时，与熊雄有一段对话：

福女士问："中国国民革命在军事行动停止以后，一切建设是趋向帝国主义方面还是趋向共产主义方面呢？"

熊主任答："中国的混乱情形是帝国主义造成的，中国人民的痛苦是帝国主义所赐予的。国民党是打倒帝国主义的，国民党的行动就是全中国的行动，当然不愿再走向帝国主义那条路了。"

问："帝国主义那条路既不愿走，那当然要走向共产主义方面去了？"

答："那是不能够指定的。因为经济变动可以影响到社会上一切建设，经济有决定社会上一切建设如政治法律等的最后决定权。中国革命成功后的政治趋向，现在尚不敢拟定。假使将来社会经济变动到了可以共产的时候，世界各国皆实行共产，中国当然不能独在例外的。"

问："将来三民实现后，能不能废止私有财产制度？"

答："这当然是我们最后的目的！"①

福赖奇女士所提的是一个十分敏感的问题：中国国民革命胜利之后，是走帝国主义道路还是走共产主义道路呢？而熊雄回答也是两难：回答一定要走共产主义道路，那是在公开宣扬共产党的主张，是当时军校"国共合作"的政治环境所不允许的；回答不走共产主义道路，那又违背了共产党的建党奋斗目标。所以熊雄只能在当时的政治环境允许的条件下，回答"假使将来社会经济变动到了可以共产的时候"，中国也会走向共产主义。熊雄的回答，不仅表明了他的睿智，而且反映了他在那种表面上"合作"、实际上动辄掣肘的环境下的政治敏锐性和党性原则的坚定性。

---

① 《熊主任接待世界旅行家福赖奇女士来校参观》，《黄埔日刊》1927年3月17日，第279期。

全力支援北伐大前方

国民革命军出征北伐后所向披靡，1926 年 10 月中旬即攻克武汉，11 月 8 日又攻克南昌。国民革命军总司令部也随之移驻南昌。之后，国民政府决定从广州迁都武汉，一些军政要员也陆续从广州移到武汉办公，筹划迁都事宜。按当时蒋介石的设想，广州偏于中国南方一隅，今后革命的大本营应在中国中部的武汉。因此，黄埔军校在武汉设立分校，以国民革命军总政治部主任邓演达代行校长职务，顾孟余代行党代表。10 月，武汉分校在武汉地区和全国各省、市陆续招了 1100 多名新生（内有女生 195 名）。

10 月底，邓演达电令广州黄埔军校本部，要求将黄埔军校的一些学科迁移武昌，其中第五期政治科先期迁往，以为新生们的表率。熊雄与方鼎英开始并不同意，认为如果本校政治科迁移武昌，而留其他各科在广州，未免使军校成了一种畸形状态。双方电商往来，一直未得落实。后来邓演达为此事专门返回广州，与方、熊反复协商，并提出要将恽代英调往分校去任政治主任教官。协商结果，政治科学生同意 11 月底迁移武汉，但恽代英要到 12 月才能去武汉赴任。

11 月 30 日，在黄埔岛蝴蝶岗，第五期政治科学生数百人列队聆听政治部副主任熊雄的最后训话。熊雄先讲了这次迁移武昌的一些准备过程以及为什么要进行这么一次"最后谈话"，然后讲了四个方面的问题：

一是纪律问题，强调军队必须有铁的纪律，"何况革命军是以民众的利益为前提，范围广，责任重，更非有极严的军纪——革命的纪律不可"。而且还必须认识到"军纪是党纪的一部分，党纪是能笼罩全部组织的纪律"，因此一个革命军人要先遵守党纪，"如果能服从党纪，便能服从军纪"。

二是行军中的工作，强调在这将近一个月的行军中，要协同动作，要将军校中学到的理论，在行军实际中开始应用。在行军休息时间，实习宣传与调查

熊雄传

军校第四期毕
业生分赴北伐前线

事务，"以全体三分之二人数组织宣传队，全体三分之一人数组织调查队"。

三是今后如何与本校联系的问题，他希望学生们到武昌后，"不要忘记了此地，此地是为革命军人的生产地，要继续保存黄埔的精神"。

最后第四点，讲了迁移武昌的政治科学生的使命：

你们的使命：

1. 继往开来……须知诸君是有继往开来的重任。一二三四期学生的东征南征诸战役，及此次参加北伐战役，都是能表现黄埔的精神，得到好的成绩。这种好处，诸君要继续着……并且要切实到民间去，扩大革命的理论与实际联合的工作，以期于前途使命，能胜利愉快。又武昌分校，能否办好，全视诸君为转移。诸君一切思想行动务使能为他们的表率，相与携手走到革命的路上去。否则因循不振，潜移默诱，使那新招的一千一百多名学生，也就受你们莫大的影响……

2. 进攻内外敌人的先锋队……我们除努力战场为进攻外敌的先锋队外，还要做进攻内敌的先锋队。对于党员中的不良分子，同学中的国家主义者及各军中的投机分子，须要时常加以调查纠正与宣传训练，务使他们渐能趋于觉悟，革面洗心，不革命者使之倾向革命，革命者使之倍加努力，对于反革命者，则务须去之不遗余力，毋稍假借。

3. 真正革命军之指导者。今日政治科的学生，即他日政治工作人员。诸君在今日须先由思想上的奋斗，别除种种封建残余的落后思想，以期达到行动上最善的表现。到那时，才能做一个真正革命军之指导者。

4. 实现孙文主义之全部。有些人以孙文主义的信徒自命，其实他们只是迷信，固执一端，从不研究孙文主义的全部是怎样实现出来的。要实现孙文主义的全部，务须先能了解本国及国际政治经济状况，然后才真正了解本党各项重要政策，在实际工作中，始能通盘筹划，才有实现的可能。希望诸君将来的工作，是要实现孙文主义的全部。

5. 完成国民革命。中国国民革命，在实际上和理论上看来，都是为世界革命的一部分。能够努力国民革命，便可说已经参加了世界革命。孙文主义的信徒，是要能担负世界革命的使命。这种最后使命的担负，便是我对诸君的最后希望！ ①

熊雄在谈话中对政治科学生的使命讲得非常详细。熊雄的讲话，既对学生充满了殷切的期望，同时也纠正了少数学生中一些模糊认识，戳穿了一些所谓的孙文主义信徒的欺骗性，特别是要求学生不但要看清楚拿枪的外敌，更要认清各种不良分子、投机分子，要视这些分子为"内敌"，要做进攻内敌的先锋。这是一个未来的政治工作者所必需的。

半个月后，12 月 15 日，广州黄埔军校第五期炮、工两科学生亦将迁移武昌，熊雄对他们又有一番临别训话。这次训话共讲了三个大问题：

一、去留的意义。炮、工两科学生为什么要去武昌，这是革命发展的结果，是北伐的需要。前方将士伤亡很多，急需人员的补充，工作的扩大。学生们去的意义，是要继续与扩大黄埔的精神，更要树立正确的生死观。

二、学生们到武昌去，是革命行动的开始，包括纪律的尝试、理论的实验等等，

---

① 《熊副主任对于赴武昌政治科学生最后之训话》，《黄埔日刊》1926 年 12 月 3 日，第 205 期。

"诸君来此已久，已知道不少革命的理论了，这次革命军克复湘鄂赣三省，都是靠这点儿浅薄底理论得来的。在座诸君平日学的关于农工运动、学生运动等等方法，此去途间均有实验的机会，看能否实际应用"。

三、今后之希望。熊雄特别强调同学们能认清党、革命、军队的关系，"我们的军队，是党的军队，一刻也不能离开党的关系"。

在训话中，熊雄有些语言是很尖锐的，例如他说："从先吾党纠纷甚多，很显明的有左右派之分，左派同志中意志薄弱的分子尚且时时有离开革命战线的危险，右派更无足道，简直是官僚派——反革命派！……对于一般投机幸进之徒，任其无形推翻本党，较之孙传芳吴佩孚，显然破坏革命的力量更要大得多。"[1]这样的话，对那些尚且戴着"左派"面具的蒋介石及亲蒋分子而言，无疑是匕首和投枪，令他们如芒在背。

熊雄两次送别赴武昌的第五期学生的最后训话引起了同学心灵的震动，反响很大，也对他们日后走上革命道路、奔赴北伐战场乃至以后的抗日战场，影响至深至巨。第五期炮兵科学生许光达（中国人民解放军大将，第一任装甲兵司令）是这群学生中的一员，他聆听了熊雄的最后训话。他在1936年回忆说：

> 他（指熊雄——引者）指明了我们瞄准的方向，更加鼓舞了我们沸腾的热情，使我们一直打到了长沙、南昌、武汉、南京，完全消灭了武器比我们优良、力量比我们强大的吴佩孚孙传芳，收回了汉口、九江租界，使帝国主义者胆战心惊，这样就造成了我们黄埔的光荣，震动了亚东。[2]

北伐开始后，聆听过熊雄教导的所有在校第四期学生政治大队，第五期入伍生炮兵团、工兵营、迫击炮连、校无线通讯队、交通工程队、宪兵营等，都随军北伐，（其余的第五、六期学生分别于1927年秋和1929年2月毕业），

---

① 《熊副主任对移往武昌炮工两科学生最后之临别训话》，《黄埔日刊》1926年12月18日，第218期。

② 洛华（许光达）：《熊雄同志略传》，见《烈士传》，新华书店1949年版，第200页。

英勇善战，建立了不朽功勋。其中有不少人参加了叶挺独立团，如共产党员陆更夫，就担任过独立团政治指导员和连长，张有余、林彪在独立团任排长，吴善珍任党代表，等等。

送走了军校部分学科的学员后，熊雄以及军校政治部的工作量并没有减轻，一则，12月14日，鉴于邵力子在莫斯科出席第三国际执委大会，短期内不可能回国（直到1927年5月底才回国），军校明令副主任熊雄代理政治部主任职权；二则，由于北伐开始后，校内政治工作任务加重，许多工作都得由政治部参与或完成。综合《本校十五年三月改组发来之大事记》及其他资料，熊雄在1926年最后两个月中，除正常向学员上政治课外，所参与的主要活动有：

11月1日，参与军校第五期入伍生编队，其中政治大队分3个中队；是日，参加政治研究班学员毕业典礼；参加新建俱乐部落成典礼。

11月3日，参加军校高级军官训练班筹备会议。

11月7日，组织政治大队参加广州各界庆祝苏俄十月革命九周年纪念大会。

11月12日，参加孙中山诞辰纪念活动。

11月15日，参加军校第五期入伍生举行升学典礼并发表演说。

11月16日，军校六期入伍生召开党部成立大会。

11月23日，主持召开联席会议，报告第四期政治工作情况，提出第五期政治工作计划。

11月24日，政治部召开第五期第一次政治工作会议。

11月25日，邓演达由武汉到黄埔，与方鼎英、熊雄协商军校部分学科迁移武汉事宜。

11月27日，军校举行高级班入学考试。军校召开选举执行委员大会，熊雄被选为宣传委员。是日，熊雄在总理纪念周上发表演讲。

11月28日，政治部派员参加追悼农民运动死难诸同志。

11月30日，军校政治科移驻武昌，为学生作最后之训话。

12月1日，主持第五期第一次教育会议。

12月2日，军校高级班无线电科开学，发表演说。

12月4日，全体官佐参加欢送中央党部、国民政府北迁大会。政治部党部开选举大会。

12月9日，军校政治部在武昌聘请政治教官二十人。

12月10日，俄顾问珂卜乃得德到校讲演《革命军官佐政治工作》。

12月15日，军校第五期炮、工两科学生迁往武昌，熊雄为学生作最后之训话。

12月16日，政治部召开第五期第二次政治工作会议。

12月20日，参加政治部党部成立大会。

12月21日，参加黄埔岛农工商学兵联欢会。

12月22日，军校特别党部宣传委员会成立。

12月24日，军校特别党部宣传委员会第一次执行委员会决议，聘请熊雄等6人为政治顾问。

12月27日，在《黄埔日刊》发表《黄埔学生对于基督教应取之态度》一文。举行高级军官训练班招生考试。

12月29日，军校政治部正式公布新校歌。

12月30日，教育长偕各部处主任官举行清洁检查。①

熊雄所参与的这些活动绝大部分都与北伐有关，或是在北伐的政治大背景下开展的。另外，在熊雄的领导下，军校政治部编辑出版的《黄埔日刊》成了宣传北伐的重要阵地，为北伐助威，为北伐呐喊，大力宣传黄埔精神在北伐中的重要作用，经常报道北伐战况，报道军校毕业生在北伐战争中的感人事迹。黄埔军校的特别官佐、"中山舰事件"后退出第一军的共产党员金佛庄在北伐时任总司令部警卫团少将团长，1926年12月在南京下关码头被捕，12月9日被孙传芳枪杀于南京雨花台。12月21日，《黄埔日刊》发表金佛庄遇害消息，日刊编辑宋云彬为此写了日评，认为金佛庄"为国民革命而牺牲，

① 本大事记主要参考《本校十五年三月改组以来之大事记》，《黄埔军校史料汇编》第一辑第十一册，第574—580页，以及熊巢生等编著《中国大革命中的熊雄》，江西人民出版社2002年版。

当亦无所遗憾"。①

1927 年 3 月 25 日的《黄埔日刊》刊登了一篇《本校慰问第四军北伐负伤官兵》的报道：

> 此次北伐，我武装同志不惜生命，为党国争存亡，不及半载，迭克各城，会师武汉，其奋斗勇敢之精神，至可钦佩。而我国民革命军第四军，在此次北伐中，尤著功绩，且有铁军之称号。该军前由前敌运回负伤官兵 170 余名，在广州第一病院治疗休养，业已痊愈，定于 3 月 25 资送回籍。本校以该负伤官兵等，为党国宣劳，为民众牺牲，理应派员前往慰问，用伸敬意。故昨日本校特由各学生队、各学员队及在省入伍生第二团，军士教导队各派代表 10 人，高级班派代表 1 人，学生军派代表 3 人，共 84 人，组织慰问队，由政治部熊主任、训练部王乾同志率队，于上午 7 时乘校船前往慰问。

第四军是叶挺独立团所在的部队，内中有许多是黄埔军校第一、二期毕业生，应该说，熊雄对他们是抱有特别感情的。早在 1926 年 9 月 18 日，"政治部与特别党部以第四军出师最早，颇著战功勋，特联合致电慰劳，并勉励继续努力，永远保持已得之胜利与光荣"②。这次熊雄带队去慰问，就带去不少赠品、总理纪念章及饼干、水果、军校政治丛书、日刊特号、画报日历等，按名分赠。

4 月 10 日，《黄埔日刊》出版"追悼北伐阵亡将士特号"，以大量篇幅报道北伐战争的情况，并发表评论文章，宣传北伐意义。黄埔军校（本校）发出《追悼北伐阵亡战士告民众书》：

> 民众们！永远不要忘记我们革命的势力到了武汉，到了沪宁。这决不是少数人的英雄事业，乃是北伐战士们的一滴一滴的鲜血染出来的革

---

① 云彬：《杀金佛庄顾名世两同志者谁》，《黄埔日刊》1926 年 12 月 21 日。
② 《中央陆军军官学校史稿》第七篇《政治训练与政治工作》第二章，1936 年版，第 25 页。

命佳绩。

在这种佳绩之中，民众们所得到的是相当的自由、解放，是有了民众组织的机会，是有了民主争斗的阵地……革命的民众如果肯以真诚来追悼我们的战士，就要继续努力达到我们革命战士的最后目的！这一个最后目的，就是北伐成功，彻底的北伐成功！ ①

《追悼北伐阵亡将士特号》发布告民众书

4月10日，是蒋介石发动"四一二"反革命事变的前两天，也是熊雄被捕的前一个星期。熊雄在军校工作的最后一刻还在不遗余力地支持北伐革命。

支持群众运动，援助省港大罢工

在北伐大潮的推动下，广州地区的群众性运动风起云涌。熊雄及其领导的军校政治部，带领军校广大学员，积极投身于这场群众运动的洪流之中，让学员在与军民结合中接受教育，在做民众工作中丰富政治工作经验，这既是贯彻军校"理论与实际打成一片"的教学原则，也是检验政治教育成效的标尺。这种军民结合的工作对巩固北伐大后方起了重要作用。

当时，广州市区的游行、集会、政治报告会、纪念大会、演出等，从不间断。由于军校的政治影响日益扩大，很多活动都会请军校派员参加，或是指导，

---

① 《追悼北伐阵亡战士告民众书》，《黄埔日刊》1927年4月10日，第298期，第1版。

或作演讲。为此，军校政治部专门拟定了《参加群众运动规则》，规定："为唤醒民众及图武力与民众结合，使成为民众的武力，各处的群众运动可能参加者，本校须派队参加。""凡参加群众运动时，须事先由政治部宣传科拟定计划，说明其意义。""参加大会人数之指派分配、宣传队化装、宣传队之组织，须依照当时情形酌量派遣。"《规则》还把群众运动按规模、意义分成普通群众运动和特别群众运动。凡规模较小、只限于一方面的普通群众运动，由政治部宣传科派一二人代表本校参加，宣传品由宣传科发行股供给；凡各界共同举行的大规模的纪念大会或示威游行，除高级长官外，政治部须派员出席大会并登台演讲，参加大会的队伍由训练部酌派官长率领①。

军校学生参加民众运动

① 《参加群众运动规则》，见广东省立中山图书馆、广州市社会科学院、中山大学图书馆编《黄埔军校史料汇编》第二十一册，广东教育出版社 2012 年版，第 440 页。

熊雄传

　　黄埔岛上最大的一次群众活动，莫过于北伐开始之后，8 月 30 日在军校大操场上举行的"黄埔全岛军民联欢并欢迎国民军代表大会"。关于举行这次大会的目的，有一篇《大会纪述》说得很清楚："当此北伐的时期中，巩固后方，任何人都知道是极迫切而且极重要的问题。然而如何才能使后方巩固？这当然是要靠我们后方的革命民众的拥护和帮助了。本校是中国制造革命健儿的总机场……本校的巩固问题，自然一方面是我们内部要确实做到团结精神与统一意志，另一方面对于近在眉睫的全岛上的民众，也不能不更加严密的团结起来，更不能不从已实行军民合作的情况下，更进一层的打成一片。"① 正是从军民团结的本意出发，才召开了这次大会。

　　熊雄等军校领导带领军校全体官佐学生，与岛上各界民众、总司令部海军处官佐、长洲要塞司令部官佐、国民军代表等 1 万余人参加了这次大会。会后发表了《黄埔军民联欢代表大会宣言》。《宣言》认为："广州是国民革命的根据地，而黄埔又是革命势力之制造所。"因此"黄埔的后方状况，是每一个革命同志所要知道的"，黄埔的团结，也"不仅仅是中央军事政治学校的团结"，而是"一切民众，一切同志的团结，——整个的革命势力之团结！这种团结，是足以巩固革命根据地的"②。

　　10 月 5 日，军校政治部与特别党部又联合召集黄埔农工商学代表组织联合会，"以联络感情，宣传革命主义"。这天各界代表到会者达万余人。会前，由熊雄及政治部出面，邀请何香凝等名人演讲，由血花剧社编排新剧，印发《黄埔日刊》纪念号及各种宣传品。"全校精神奕奕，颇尽联欢旨趣，黄埔农工商学兵联合会于是成立。"③

　　当时，广东东莞、宝安等地农会都自发组织了农民自卫军，虽具有一定实力，但缺乏相应的军事、政治训练。军校政治部"为辅助人民武力计"，乃呈

　　① 尹伯休：《黄埔全岛军民联欢并欢迎国民军代表大会纪述》，见广东省立中山图书馆、广州市社会科学院、中山大学图书馆编《黄埔军校史料汇编》第十一册，广东教育出版社 2012 年版，第 378—379 页。

　　② 《黄埔军民联欢代表大会宣言》，见广东省立中山图书馆、广州市社会科学院、中山大学图书馆《黄埔军校史料汇编》第十一册，广东教育出版社 2012 年版，第 382—383 页。

　　③ 见《中央陆军军官学校史稿》第七篇《政治训练与政治工作》第二章，1936 年版，第 33 页。

请军校，派伍文生、谭其镜、袁策夷、黄第洪、黄雍、胡焕文6人前去帮助农民自卫军，"施以政治及军事之训练"①。应该说明的是，这6人都是军校学生中的中共党员。

1926年10月间，广州开设农民运动干部特别训练所，军校政治部立即拨派了第四期毕业生30余人，来该所学习农民运动的理论和方法，时间两星期。学习期满后，立即分赴广东各重要县份，担任训练农民自卫军模范队②。

军校派学生训练农民自卫军，其目的不仅仅是向农民传授军事知识，上几堂政治课，它对巩固北伐大后方，加强军民关系，向农民灌输国民革命思想，都有重要意义；另一方面，让学生把在军校学到的知识、理论与实践相结合，在实践中进行自我教育和实地锻炼，既符合军校"两个打成一片"的教育方针，又拓展了学生的政治教育内容，创新了军校政治教育的模式。

加强对黄埔岛上的民众教育，也是巩固北伐大后方，强化军民团结的一项重要内容，对此军校政治部也不放松。1926年中，军校教育长方鼎英和政治部副主任熊雄等为唤起民众，在岛上积极筹办黄埔中山小学，小学一切创办费用皆由热心者捐助，经常费用则由政治部呈请中央党部及国民政府饬省财政拨给。9月1日，黄埔中山小学正式开学，招生50余名。由是黄埔岛上第一次有了普通的文化小学堂。

1926年8、9月间，英帝国主义在长江制造"万县惨案"，致中国军民损失惨重，激起了全国人民的极大愤慨。10月26日，广州各界在东校场召开"反抗英舰炮击万县示威大会"，军校政治部派出政治科一、二两队学生参加。政治部将学生中善于演讲者编为12支临时宣传队，分向各地宣传演讲，其余政治科的学生参加群众示威游行。政治部还另派人员随同散发《本校对万县惨案之宣言》及传单、画报等10余万张③。

在熊雄直接参与和组织学员参与的群众性运动中，最重要的是支援省港大

---

① 《军校政治部派员训练东莞宝安农民自卫军》，见广东革命历史博物馆编《黄埔军校史料（1924—1927）》，广东人民出版社1982年版，第296页。

② 《中国农民》第十期，1926年出版，见广东革命历史博物馆编《黄埔军校史料（1924—1927）》，广东人民出版社1982年版，第296页。

③ 见《中央陆军军官学校史稿》第七篇《政治训练与政治工作》第二章，1936年版，第31页。

罢工。省港大罢工自 1925 年 6 月份起，历时一年零四个月时间，是世界工运史上罢工时间最长的一次政治性群众运动。

罢工一开始，省港罢工委员会当即决定断绝广东对香港的肉食、蔬菜及一切物资供应，并组织了有 2000 多人的工人纠察队，禁止英船英货进口，严密封锁香港，使香港的生产和运输都陷于瘫痪。罢工委员会纠察部函请军校校长蒋介石，请军校选派学生襄办纠察队。军校即于 1926 年 9 月从二期毕业生中派出 15 名学生，往助纠察部办事，充当教练官。该 15 名学生均属广东人，熟悉粤语，便于开展工作。

第二次东征回来后，熊雄被任命为军校政治部副主任，即参与了"援助省港罢工周"活动。其时，省港罢工的工人很多聚集在广州城内，由于没有工作，很多人过着食不饱、衣不暖的生活，还有一部分工人更是疾病缠身、艰难度日。作为军校政治部副主任和特别党部的成员，熊雄与党部全体党员一起发出了《援助省港罢工周宣言》，大声疾呼：

　　省港罢工工人这样的努力，成了这样伟大的事业，使广东商业得有发展的机会，一般人民有安居乐业的基础。但我们省港工友们，在奋斗的期间，曾受过食不饱，衣不暖，疾病伤亡的极痛苦的生活，所以在这最后千钧一发的时候，罢工胜利，就是反帝国主义运动的胜利，也就是国民革命成功的一部分。

　　同胞们！大家起来！我们工农商学军各界联合起来！一致的打倒帝国主义！

　　我们不应坐视工人单独的奋斗！各界一致团结，罢工即日胜利。工人为爱国受饥寒，大家都助啊！ ①

同时发动军校学生上街散发《援助罢工周的宣传大纲》，号召大家捐款捐物，救助困难工人；组织军校师生慰问团，慰问罢工工人。

罢工期间，熊雄以军校政治部的名义，邀请邓中夏、苏兆征等罢工委员会

----

① 《援助省港罢工周宣言》，《革命军》第 10 期，1926 年 2 月 20 日版。

负责人来军校为师生演讲，介绍罢工进展情况，激励全校师生的革命热情。在省港罢工委员会主席苏兆征作完演讲后，熊雄激动地握着苏兆征的手说："你们援助了国民政府进行东征、南征、北伐战争，几千罢工工人参加运输队、宣传队、担架队、卫生队，在战争中牺牲了近一千人，支援了反

省港大罢工

军阀的战斗，作了国民政府有力的外交后盾，成为巩固广东革命政府的磐石。你们实行封锁香港后，广东财政收入增加十倍，唤起了广大群众的觉悟，使民族革命运动益加发展，使全世界被压迫的人民寄以深刻的同情和受到很大的鼓舞，给帝国主义以沉重的打击。"①

省港罢工运动越深入，工人与港英政府的斗争越尖锐。英帝国主义者"用尽种种的压迫挑拨，时派兵舰枪杀纠察队员，贿买吴铁城、陈森等反革命派破坏国民政府，并用新闻政策造谣离间……罢工工友在这期间也遭受种种的损害，直接被帝国主义及其走狗枪击者有百二三十人"②。虽然勇敢的罢工工人没有因敌人的凶残而动摇，但也面临着极大的困难。

石井兵工厂的青年工人郑煜是一个进步工人。有一天，他召集二三百人在旧弹厂开会。国民党右派、工贼控制的反动武装"体育队"前来捣乱，殴打参会工人，致使部分工人受伤。郑煜打电话到广州，请厂方派了一艘小汽艇把受伤工人送去医院医治。"体育队"中途把伤员和郑煜劫持到海幢寺。有一个轻伤员马上把情况报告给了中共广东区委，区委立即通过黄埔军校，由熊雄等出面交涉，"体育队"才把郑煜和工人伤员释放。后来，国民党右派与工厂联系，把

① 何锦洲：《熊雄传略》，转引自江西省宜丰县史志办公室编《黄埔精英——熊雄》，南海出版公司1990年版，第51—52页。

② 江西省宜丰县史志办公室：《黄埔精英——熊雄》，南海出版公司1990年版，第51—52页。

军校政治部出版的《拥护省港罢工》专号

郑煜等进步工人开除出厂。熊雄又介绍郑煜等到军校印刷厂工作，使他和工人们渡过了生活困难关①。

到了 1926 年 6 月，罢工工人尚有"七八万工友，忍饥耐暑，与香港政府相持经年"。因此，军校发起新一轮的拥护省港罢工活动，政治部主办的《黄埔日刊》刊出《拥护省港罢工专号》，号召各阶级的民众："我们应该巩固我们的联合战线！我们应该竭诚拥护省港罢工！我们应该改正我们过去对于罢工的漠视态度！我们应该同情罢工工友的艰难与苦战！我们应该共同执行封锁政策，扫清破坏罢工的奸细，在精神上及物质上积极援助罢工工友，以期达到最后的胜利！"同时表示："本党及本校之使命在扶助工农利益，打倒帝国主义，实现国民革命。深愿团结三千同学及全体国民革命军，为工友后援。"②

8 月 25 日，广州各界群众在东校场举行拥护罢工大会，熊雄领导军校政治部除组织宣传队分赴广州市各处演说外，还派队赴东校场参加大会游行。同日，军校也在本校大操场举行拥护省港大罢工大会。上午 8 时半，全校官佐学生 2000 余人齐集大操场，大会由方鼎英教育长主持。大会还请广东省政府农工厅长陈其瑗、全国总工会代表刘少奇相继作了演说。刘少奇在大会上说：

今天各位同志在此开拥护省港罢工周大会，我代表七万工友向大家感谢，并希望大家对此最困苦的工友们，时加指导与援助。刚才陈先生（即

① 据郑煜 1964 年 5 月回忆材料，见何锦洲《熊雄传略》，载江西省宜丰县史志办公室编《黄埔精英——熊雄》，南海出版公司 1990 年版，第 52 页。

② 《中央军事政治学校拥护省港罢工宣言》，见广东革命历史博物馆编《黄埔军校史料（1924—1927）》，广东人民出版社 1982 年版，第 290 页。

陈其瑗——引者注）把省港罢工中情形，已讲得很清楚，我现在再向大家说一说。

这次省港罢工是"六二三"的惨案而发生的，是为求民族的解放与民族的独立与自由而牺牲的，是为要得到民族的利益与平等而罢工的。现在工友们所受的痛苦，无论在物质上精神上，都苦不堪言，但他们继续到今，十四个月之久了。罢工的成绩，陈先生虽已讲过，我再简单说几句，就是：一、使革命的基础稳固，使政府的地位提高，这是这次罢工得到的成功，深望我们的同志以此互相勉励国内的同胞；二、英帝国主义之种种造谣，我们在各谈判中，都可见到他们的伎俩和欺骗，以至他报纸上各种造谣和抵赖；三、中英谈判之经过……现在谈判停止，而罢工问题不能解决，七八万工友们现仍得不到做工，他们不但不能给养父母妻子，甚至自己也不得衣食，我们知道他们是为全中国民族谋利益的，为国家谋地位而失业的，所在现在向国内同胞提出三个问题：一、我们为"五卅"、沙基的惨案而罢工失业，能不维持生活？二、因困苦而投降帝国主义吗？三、不甘屈服而奋斗到底吗？

我们如不走屈服的那一条路，就要能继续工作，以作得到最后的胜利，但我们至少也要日食两顿粗饭，穿一件破衣，我们要能继续打倒香港，我们就要有下面的要求：

一、扩充武装纠察；二、按月捐助工友伙食；三、对英经济绝交；四、继续排斥英货运动。望国内同胞们，时能给我们以救护，那我们是非常感激的。①

刘少奇的演说获得军校师生的阵阵热烈掌声。

此次大会根据刘少奇的建议提出了继续奋斗之方法：（一）扩充纠察队并补充纠察队武装，严密封锁沿海，制香港帝国主义者之死命；（二）建设黄埔商埠，发达广东商务；（三）与英帝国主义者绝交，实行十不主义之口号；（四）各界予之以充分之物资援助。大会结束后，军校师生在政治部组织发动下，又掀起

---

① 《全国总工会刘少奇先生演讲词》，见中央军事政治学校《拥护省港罢工》专号，1926年版。

了新一轮援助罢工工友的高潮。

省港大罢工不仅在政治上而且在经济上沉重地打击了英帝国主义。据统计，罢工以来，英帝国主义平均每月损失达 2.1 亿元。这次大罢工对巩固广东革命根据地和准备北伐战争也起了巨大作用。罢工历时一年零四个月，是世界工运史上时间最长的一次大罢工。

为了让学生深刻认清省港大罢的政治意义，军校政治部向学生们开设了《工人运动》一课，将其讲义作为《黄埔丛书》之八广泛印行。《工人运动》在论述省港罢工的政治意义时写道："省港罢工最能发展工人在国民革命路上的力量及精神。这个罢工一方面在主观上使工人群众集中化，成为革命的组织，一方面在客观上使帝国主义者认识中国的民众的力量，使反动派认识民众的力量。这个罢工不但有破坏的意义，且有建设的意义，不但使帝国主义者军阀及反动派退避，且使国民政府基础巩固。"[①] 这样便使学生对这场大罢工有了正确、清晰的认识。

与此同时，军校的政治教官也在报刊上纷纷写文章，介绍省港大罢工情况，声援工人运动。政治部副主任熊雄除了在许多场合公开发表演讲外，也写文章支持工人。根据现存的资料，我们收集到熊雄撰写的这方面的文章主要有《省港罢工的面面观》和《"二七"在国民革命中之意义》两篇。在这两篇文章中，熊雄高屋建瓴，以敏锐的政治眼光，娴熟地运用马列主义原理，笔锋犀利地论述了这场实际由共产党领导的大罢工。文章中虽然没有出现"马列主义""共产党"等字眼，但贯穿于文章中的马列主义观点、阶级斗争理论，读者一看就能明了。

《省港罢工的面面观》发表于 1926 年 8 月 25 日，刊登于政治部编印的《拥护省港罢工专号》。在文章中，熊雄阐述了这次罢工在国内外的影响、作用和伟大的历史意义。他说：

省港罢工已经一年了。他们——罢工工友——的艰辛，在报纸上和行

---

① 《黄埔丛书之八·工人运动》，见广东省立中山图书馆、广州市社会科学院、中山大学图书馆编《黄埔军校史料汇编》第一辑第二十二册，广东教育出版社 2012 年版，第 371 页。

动上，凡所耳闻目见，都能使人引起十二分的同情和敬意。他们的奋斗精神，不仅在中国反帝国主义史上找不出第二个例子，然在世界工人运动中也算是数一数二的。我们可以说，省港罢工的远因，就是因第一次海员罢工的条件，英帝国主义者终未实践，故易惹起工人的愤激；其近因，就是五卅惨案、沙基残杀，遂造成了全中国人对英的仇恨。——尤其是双重压迫下的工人群众。因此，我们更可以看出，这次大罢工，是由经济争斗而到政治争斗，结果使工人更加觉悟。更想达到经济争斗的目的，就非采用政治争斗的手段不可；从另一方面看，又是由民族运动而到阶级争斗，结果竟使多数革命群众了解，要想达到民族解放的目的，就非采用阶级争斗的手段不可。

"想达到经济争斗的目的，就非采用政治争斗的手段不可"，"想达到民族解放的目的，就非采用阶级争斗的手段不可"，这样的论点虽然不是熊雄首先提出，但他灵活运用马列主义理论观点来认识省港大罢工，不能不令人折服。熊雄认为就上面这两个原理来分析，则可以认清这次罢工的过去、现在及将来的趋势，因此他得出以下结论："这个省港罢工，确是经济争斗与政治争斗，民族运动与阶级争斗，互相关联的。因此，国民革命与世界革命的关系密切，观此种事实，益加明显，毫无疑义了。"熊雄的这个分析是很有独特见解的。熊雄在文章的最后号召："革命同志们！其速认清内奸外敌，巩固我们革命的联合战线，一致不妥协地反抗帝国主义！罢工的最后胜利，一定能于最短期间实现的！"

《"二七"在国民革命中之意义》是熊雄另一篇论述工人运动的重要文章。这篇文章写作于 1927 年 2 月 7 日，刊登于《黄埔日刊》第 252 期[①]。这篇文章是为纪念"二七"大罢工而作，但所论述的问题及文章所涵盖的方面又不局限于"二七"罢工。文章一开始便说：

中国自海禁宏开，外国资本如潮涌入，从鸦片战争以来，各帝国主义

---

① 在黄埔军校入伍生部政治部 1927 年 2 月 7 日出版的《二七特刊》上，刊有熊雄的《二七与国民革命》一文（见后页插图），不知是否为同一篇文章。

者榨取、剥削、压迫中国人民，变本加厉，创巨痛深，造成中国普遍贫乏之局面。在这个局面当中，就形成许多国民革命的客观条件了。我们看清上面这个背景，才可以认识"二七"在国民革命中之意义。中国既造成了一个贫乏的局面，各阶级人民当然在帝国主义各种侵略方式和压迫之下，而有共同革命的需要，其中工人阶级不仅受帝国主义和军阀的压迫，还要受新兴资产阶级及贪官污吏……种种的压迫，故其革命性尤为强烈。

军校入伍生部政治部为纪念"二七"大罢工而出版的《二七特刊》，其中第三篇即为熊雄写的《二七与国民革命》

"二七"大罢工是 1923 年 2 月中国共产党领导的第一次工人运动高潮的顶点，它由军阀吴佩孚枪杀京汉铁路工人的惨案而引发。国民革命则是从 1924 年 1 月中国国民党第一次全国代表大会后才开始的。熊雄把"二七"大罢工作为国民革命的大背景、大环境来认识它的伟大意义。那么，作为黄埔军校的学生，该怎样来纪念"二七"、认清自己的责任呢？熊雄认为：

1. 中国工人阶级是国民革命联合战线中之先锋队，因"二七"更宜明确认识；

2. 总理"农工政策"之创立，一方面是为了求多数人之解放，另一方面是认清了"工农"是革命中之主力军；

3. 帝国主义时代，没有工农之联合，就没有国际革命势力之联合，所以本党能接受第三国际革命策略，实行被压迫民族与被压迫阶级之联合战线，共同打倒国际帝国主义，实现世界革命一部分之工作，以促进世界革命；

4. 黄埔学生是代表革命民众——尤其是工农利益而奋斗的先锋队，应认清自己唯一的责任；

5.从"二七"到"五卅"以至"省港罢工"及其以后……要切实认清工人阶级在国民革命中的地位，以决定一个忠实革命党员之最后行动，才能真正担负国民革命使命。

熊雄文章后半部分的五点是文章的重点，他教育学生认清自己担负的国民革命的使命，号召学生"以血来拥护总理的'农工政策'！以铁来打倒一切反革命派！"只有这样，才是真正的支援工农运动。熊雄在文章中把孙中山"三大政策"中的"扶助农工"诠释得十分清楚而具体。

1926年10月初，罢工工人代表大会决定停止罢工。10日，罢工委员会召集群众大会，宣告罢工胜利结束，并宣布停止对香港的封锁。

10月10日这天，广州市工农商学兵群众30万人举行反帝示威大会，拥护自动结束武装封锁香港的新决定。会上，熊雄代表黄埔军校发表演讲。他说："省港罢工发生后，为了反抗帝国主义在上海、广州沙基的大屠杀，省港罢工工人曾组织武装纠察队，封锁香港，抵制英货，给帝国主义经济上政治上以狠狠打击。现在，北伐军已占领武汉，革命势力已发展到长江流域。为了集中力量援助北伐战争，你们决定自动停止武装封锁香港，这是非常正确的，我们拥护你们的正确斗争策略。我们中央军事政治学校全体师生将像过去一样，援助你们的反帝斗争，争取罢工的胜利解决。"他的演讲受到工人和广大群众的热烈欢迎[1]。

在这场罢工斗争中，黄埔军校与罢工工人结下了深厚的战斗友谊。1927年1月25日，省港罢工工人代表500余人来到军校参观，并赠送军校红缎横匾一幅，上书金色"革命前躯"四字，以为纪念。军校政治部派员招待，带领代表团至炮台、蝴蝶岗、东征烈士墓等处参观。在茶话会上，政治部安体诚科长代表熊雄致辞，对代表团的到来表示热烈欢迎。

---

① 江西省宜丰县史志工作办公室：《黄埔精英——熊雄》，南海出版公司1990年版，第51页。

警惕"老同志们"

继 1926 年 10 月 10 日北伐军攻克武昌后，11 月 8 日，北伐军又攻克南昌，孙传芳在江西的主力部队被歼灭。11 月 9 日，蒋介石抵达南昌，国民革命军总司令部亦随之移往南昌。

随着北伐的节节胜利，蒋介石的羽毛也渐渐丰满。北伐出师前，蒋介石的嫡系还只有 6 个师，总共 8 个军中他只占 1 个军。但在北伐中，国民革命军发展到 40 个军，其中大部分是蒋介石收编的军阀部队。

在北伐开始初期，前方捷报频传，极大地鼓舞着黄埔军校的革命师生，大家憧憬着孙中山"联俄、联共、扶助农工"的三大政策会早日实现。作为代理主任职权的政治部副主任熊雄，也与其他人一样，为北伐的大好形势所鼓舞，夜以继日地工作，四处奔波，大声疾呼，为北伐叫好。1927 年 1 月 7 日，他主持军校新年各界联欢会，热烈地为北伐胜利鼓掌；1 月 11 日，熊雄在接待日本友人时向外人宣传北伐，颂赞黄埔学子的英勇善战，称之为"黄埔精神之表现"[1]。

当然，作为一个成熟、老练的政治工作者，熊雄对局势的认识、对蒋介石为人的了解，比常人更深更透。他随时保持着清醒的头脑，并没有被表面现象迷惑，他将北伐胜利的希望寄托在黄埔将士身上，但也对以蒋介石为代表的新军阀有可能背弃孙中山的三大政策有所警惕。他在 1927 年列宁逝世三周年纪念大会上演讲时就曾公开说："我们本着总理的意思，要肃清党内一切投机的分子，

---

① 《熊主任接待日本外务省条约局长暨沙面日领事来校参观》，《黄埔日刊》1927 年 1 月 14 日，第 235 期，第 1 版。

然后才能使本党有严密的组织，有铁的纪律，去打倒军阀，打倒帝国主义。"① 其"投机分子"的指向是不言而喻的。

也是在同一日，熊雄以"追忆列宁之死"的名义写下了《列宁与黄埔学生》一文。这篇文章看起来是为纪念列宁逝世三周年而写，而实际上是为北伐前线的黄埔学生而写。他认为"黄埔学生，当然是革命的，当然应作一个彻底的革命军人。"但他强调青年学生们要"看清你们应当走而可能走的革命之路"，言外之意，就是提醒黄埔学子早日认清新军阀们的面目，走"应当走"的革命道路！②

熊雄对北伐前途的担忧不无道理，而蒋介石之流的所作所为也越来越印证了熊雄的预测。

1926年11月26日，国民党中央召开政治会议，决定迁都武汉。而蒋介石先是同意迁都武汉，之后又出尔反尔，提出定都南昌。蒋的目的是要控制国民党的最高权力，想以他的"军权"来抑制"党权""政权"。蒋介石的所作所为理所当然地受到国民党左派及社会各界的猛烈抨击，反蒋的口号是"迎汪复职"、"提高党权"。1927年3月10日至17日召开的国民党二届三中全会决定请汪精卫复职，通过了《统一党的领导机关案》等一系列决议和宣言，并给予蒋介石以纪律制裁。蒋介石的部分权力受到削弱。

但蒋介石并不甘心，他一步步加紧了与帝国主义的勾结，与武汉国民党中央分庭抗礼，反共活动也日益表面化。1927年3月6日，江西省总工会副委员长、共产党员陈赞贤被杀害。接着，南昌市党部被解散、《贯彻日报》被封闭、九江市党部和总工会被捣毁，各地相继发生多起党务纠纷。武汉中央军校曾发电质问蒋介石，要求他迅速查拿凶犯，严厉究办，以平民愤而肃党纪，但蒋介石不予理会。3月26日，蒋介石进入上海，立即向帝国主义者表示："国民革命军是列强各国的好朋友，决不用武力来改变租界的现状。"27日，即召集吴稚晖等人到总司令部行营，秘密会商分共办法。

坚守在黄埔军校政治部的熊雄对蒋介石一类新右派早就有所警觉，1926年

---

① 《熊主任在列宁逝世三周年纪念大会的演讲》，《黄埔日刊》1927年1月24日，第245期。
② 熊雄：《列宁与黄埔学生》，《黄埔日刊》1927年1月21日，第240期。

革命军

怎樣紀念我們的總理和怎樣做我們的工作

熊　雄

本月十二日，是我們總理逝世二週年紀念日，是我們每個黨員每個努力革命的分子都不能不有種種聯想——不能不有一番覺悟的日子。我們在每次紀念週中是常有紀念總理的意義的，但是在這總理最後離開我們的日子，我們紀念他的意義是特別深刻，我們要特別的深刻的仔細的想一想，怎樣紀念才對？

一，應紀念他的崇高偉大的平民精神　總理一生爲教中國民衆爲走向世界大同奮鬥四十餘年，他的偉大人格雖也知道歐也服，但越把他的崇高偉大，不在他什作做中越民衆的第一次農前的大總統，和推陂家的大元帥，不在他的學霸居首，而正在平佃義無寫覺悟的人主義和英雄思想，他始終存於爲平民奮鬥反對特殊階級的勢力，他的崇高偉大不是指族的而是平民的！總是我們最應效法的，所以最可紀念的一點！

軍閥已到了回光反照殘後的掙扎中，我們在今次常祭總理的後面尚來抖閃神神，檢閱力數，和帝國主義軍閥作一最後的鬥爭中！我們應該高呼："不要被敵人軟化了！"

綜觀以上所載，我們可將帝國主義和軍閥之陰謀，分爲數點：（一）造成中俄及俄蘇我們黨中的革命領袖——尤其是我們的校長；（2）治澈襲秦的斷間，（3）使襲雜不惜我們革命的領袖。

一·五七一

4月间他写的那首诗"人世斗争几日平"就是明证。蒋介石北上以后几个月的言论行动，更使熊雄对蒋介石的嘴脸看得越来越清晰。1927 年 3 月 12 日，是孙中山逝世两周年纪念日，熊雄借着这个机会，写下《怎样纪念我们的总理和怎样做我们的工作》一文①，明为纪念孙中山，实为对蒋介石之流提出警告。文章首先提出：

　　本月十二日，是我们总理逝世二周年纪念日，是我们每个党员每个努力革命的分子都不能不有种种联想——不能不有一番觉悟的日子。我们在每次纪念周中是常有纪念总理的意义的，但是在这总理最后离开我们的日子，我们纪念他的意义是特别深刻，我们要特别的深刻的仔细的想一想，怎样纪念才对？

　　熊雄所说的"不能不有种种联想"是什么意思呢？为什么说"怎样纪念才对"呢？熊雄在这篇文章中说了三点"最应效法、最可纪念"孙中山的方面：一是应纪念他的崇高伟大的平

---

①　熊雄：《怎样纪念我们的总理和怎样做我们的工作》，《革命军》1927 年 3 月 12 日 "总理逝世二周年纪念特刊"，转引自广东省立中山图书馆、广州市社会科学院、中山大学图书馆编《黄埔军校史料汇编》第一辑第一册，广东教育出版社 2012 年版，第 571 页。

民精神；二是应纪念他的彻底革命的精神；三是应纪念他的一生重视真理勤求进步的精神。对于第二点，熊雄说："激于感情，顺着机会，说几句十二分革命的话，作几件极猛烈的革命的事，这不见得是难事，不一定就是彻底。总理能抛弃一切尊荣，不受敌人的诱惑，不怕帝国主义和军阀的强力压迫，不顾朋友的私情（如开除不革命的党员），不因危险而退缩，不因困难而妥协，一生到底以求贯彻，这才是彻底的革命精神！"联系蒋介石一贯的言论行为来看，这不就是在讥讽蒋介石一类的人物曾经革命口号叫得比谁都响、装扮得比"左派"还"左派"吗？言外之意，就是在说蒋介石之流不是彻底的革命派。

特别是在第三点中，熊雄写道：

> 一般只愿作革命之官不愿受革命之劳苦和危险的老同志们，只能追随到总理在平路上作工的那一步，而不再追随到艰难的战场上的第二步第三步，他们只愿了为自己私心行二民主义或一民主义而竟反对他的三民主义中心的民生主义，他们由停步而退步，总理却一天一天的进步而加紧速度，他们哪有不变成总理的叛徒及敌人的道理？他们哪有不成为反革命而被革命的群众打倒的道理？

熊雄在这里虽然没有直接点蒋介石的名，但明眼人一看就知道这所谓的"老同志们"指的就是蒋介石之流。对照蒋介石一类的"老同志们"在北伐节节胜利后的所作所为，哪一点不是在"为了自己私心"而反对"三民主义中心的民生主义"呢？因此熊雄断言，这种人终究会变成总理的叛徒、敌人，终究会"成为反革命而被革命的群众打倒"。此后的事实也证明，熊雄这个预言是正确的，蒋介石之流终究被革命人民所打倒。

那么，我们该怎样做好工作，才算是真正的负责任的纪念孙中山先生呢？熊雄在文章中提了六点：

> 一、要永远的不忘总理的真正革命精神，站在他遗下的党中为民众的利益奋斗，反对个人主义的思想和行动！

二、要时时在党中训练自己并训练同志，能使党的组织严密起来，党的革命力量充实起来，八十万党员都能真正认清革命的正路，拥护本党的主张！

三、一定要扶助农工发展，一定要积极的与世界无产阶级革命势力和被压迫民族联合起来，共同奋斗！

四、不与任何敌人——帝国主义、军阀、及一切反革命派——妥协！

五、努力民主政治奋斗，根本铲除封建余孽的残余势力！

六、扫除党内腐化分子，以期巩固党的组织和基础！

在这里，熊雄重申的是孙中山"扶助农工"的政策，是"积极的与世界无产阶级革命势力和被压迫民族联合"，针砭的是蒋介石之流，是"党内腐化分子"，是应当根本铲除的"封建余孽的残余势力"。

《怎样纪念我们的总理和怎样做好我们的工作》一文，是熊雄生前撰写并公开发表的最后一篇文章，是笔者在 2015 年底于广东省立中山图书馆查找出的一份珍贵资料，对研究熊雄的生平思想和黄埔军校校史有重要价值。

中流砥柱

从 1927 年 1 月起，蒋介石以校长的身份对黄埔军校实行严密控制，特别是对共产党人占大多数的政治部更是卡得非常紧。刘弄潮在 1981 年回忆过这样一件事：军校政治主任教官孙炳文想把刘弄潮调到军校任政治教官，并介绍刘去黄埔找熊雄谈谈。熊雄听说是孙炳文介绍来的，很欢迎刘弄潮到黄埔来任教，同时又很坦率地与他谈了当时革命斗争的形势和军校的情况，并说："现在补一名政治教官，都要请示南昌总部，这是一种新情况，我马上打电报去，一有回电即告诉你。"不久，熊雄来到孙炳文家，答复刘弄潮任职的事："总部回电，不予同意,这是我意料中的事,他们就是不让共产党人进黄埔。"① 可知当时蒋介石对共产党人防范是非常严的。

到了 1927 年 3 月,广州黄埔岛上的政治气温骤然下降,谣言四起,军校师生都能感觉到形势开始恶化,一些人情绪开始不稳定。政治部的共产党员也有很久没有听到党内传达任何指示,一些国民党员的政治教官甚至都不去上课了。当时在《黄埔日刊》任编辑的共产党员李逸民(中华人民共和国成立后被授予中国人民解放军少将)回忆:

> 政治部党支部开过一次大会,熊雄、杨其纲、安体诚等谈了当前的紧张局势,而没有得到党的指示,强调要遵守纪律,听从党的命令,不要个人自由行动。大家怀着为革命前途担忧的沉重心情,而想不出任何应付措施。会后何昆要我去找熊雄,要熊雄去动员代校长方鼎英出面组织武装暴动,并分析了当时广州李济深没有什么军队等情况。熊雄听我说过后,在房间内踱了一会对我说:"当前问题是很严重。我怕方不会答应,我去试试。"过了一会,熊雄回来,摇摇头对我说:"方鼎英不同意,说'国共两党在前方发生一些误会,以后还要合作的,至于暴动,十年前还可以,现在不行了啰!'"我急急地问:"那怎么办?"熊雄接着说:"看看事态发展再说。"于是我将这些情况同何昆他们说了。②

李逸民的回忆或因事隔久远,可能有些出入,如熊雄去请示方鼎英组织武装暴动的事,在当时情况下是不可能提这种事的,李逸民回忆的这件事也没有佐证(方鼎英的回忆中就没谈过此事)。但是,当时黄埔军校政治环境紧张,形势恶化,人心波动,学员中左右两派的争吵时常不断,应是不争的事实,这在许多老同志的回忆中也有证实。

---

① 刘弄潮:《熊雄与我三次会面的印象》,1981 年 8 月 26 日访问纪录,见熊巢生等编著《中国大革命中的熊雄》,江西人民出版社 2002 年版,第 212 页。

② 李逸民:《黄埔军校点滴》,转引自熊巢生等编著《中国大革命中的熊雄》,江西人民出版社 2002 年版,第 209 页。

熊雄传

第五期学员邱行湘在回忆中说：北伐军进至南昌以后，校内就有两种不同意见的争论，突出地表现在小组会上。一种说："校长已经亦成新军阀，已经背叛了革命，投向了帝国主义了。"一种说："校长是坚定不移的革命派，校长离校前对我们说过，如果我校长不革命你们可以枪毙我，说校长是反革命，是造谣污蔑。"① 可见学生中间思想之混乱。

陈远湘也回忆过这样一件事：黄埔学生中有很多参加了北伐，战争开始后，一批受伤的同学经过抢救，陆续运送到大后方来医治疗养，黄埔岛上的平岗医院也分来一批。从这些受伤同学的口中，在校的教职员工和学生听到了很多北伐军内部的不祥消息，这与报纸上对北伐一片叫好声大相径庭，也使得军校官佐学生半年来被胜利冲昏的头脑逐渐清醒过来。他们为北伐的前途担忧，于是他们去找熊雄。熊雄答复他们说：这种关系革命全局的大问题，上面也注意到了，但要等中央裁决。然而，北伐前线传来的内幕消息错综复杂、扑朔迷离，引起在校第五期学生中左右两派的矛盾斗争时起时伏，闹得官长难以管理。于是教育长方鼎英征得熊雄的同意，抽派了一些政治工作人员下到各学生队去任政治指导员。熊雄还特别指示下队的政治指导员，要以亲爱团结、安定学习、避免意气争闹为主。通过熊雄等人的工作，同学们的情绪才安定下来②。

在革命的紧要关头，熊雄一面做稳定军校学员的思想工作，一面也关注着北伐的进展情况，对北伐前线转移下来的伤病员，他经常安抚、慰问。

尽管表面上看起来熊雄的日常工作有条不紊，但作为政治阅历和斗争经验都很丰富的他，对当时的政治暗流、斗争环境和自身的处境看得非常清楚。作为黄埔军校公开了共产党员身份的高层领导，熊雄清楚如果蒋介石一翻脸搞政变，最先受害的就是他这样的人物。但是，诚如他自己说的："我实不忍见此浩浩荡荡的北伐局面，竟败于此辈丧心病狂的革命贩子手里。"③ 他要的是在黄埔岛

① 邱行湘：《回忆在黄埔军校的年代》，见中国人民政治协商会议广东省委员会等合编《广东文史资料》第 37 辑，广东人民出版社 1982 年版，第 204 页。

② 陈远湘：《熊雄和他调我到政治部工作》，转引自熊巢生等编著《中国大革命中的熊雄》，江西人民出版社 2002 年版，第 205—206 页。

③ 方鼎英：《黄埔军校"清党"回忆》，《文史资料选辑》（合订本）第 21 卷，中国文史出版社 2011 年版，第 105 页。

上奋斗到最后一息。

在此革命的危急关头，熊雄想到的是别人的安危，特别是一些知名人士的安危。当时，广州的国民党右派与远在上海的蒋介石遥相呼应，黄埔军校中的反动势力也日益露骨地进行着反革命活动，他们列好了黑名单，准备一旦蒋介石有动作，他们也就动手捕人。3月下旬，熊雄得知了这个消息，立即秘密转移了一批党团员和进步人士，许德珩就是其中之一。

许德珩是著名的爱国民主人士，原来在广州中山大学教书，与熊雄在法国巴黎是同学，两人私交公谊都很好。熊雄听说他在中山大学教书教得不错，就约他到黄埔去演讲，随后进一步聘他作黄埔军校的政治教官。3月下旬，何思敬忽然跑到许德珩的宿舍，告诉他广东反动当局要捕人，黑名单内有他的名字。许德珩就跑到军校中问熊雄。熊雄说自己也是刚刚听到这一消息的。许德珩问："怎么办？"熊雄说："走！赶快走！我们也是要走的！"许德珩在3月29日这天还到各地为纪念黄花岗七十二烈士演讲，整整奔波了一天。第二天，在熊雄的策划护送下，许德珩悄悄地离开了广州，转道香港，然后到了上海①。

许德珩

3月下旬至4月上、中旬，中国的政治风云一日三变，政治斗争暗流涌动。3月31日，国民革命军总司令部移驻南京；4月1日，汪精卫自欧洲回国，抵达上海；4月3日，蒋介石、吴稚晖、李济深、李宗仁、白崇禧等人在上海召开秘密会议，讨论分共问题，议定于4月15日在南京召开国民党全体中央执监委员联席会议，解决国共两党的问题，并决定在联席会议召开之前，国民政府中的共产党停止一切活动，武汉国民政府的命令不予承认；4月5日，汪精卫与陈独秀联名发表宣言，表示国共两党仍然遵从孙中山的联共政策，两党合作；同日，武汉国民党中央宣布决定迁都南京；4月9日，蒋介石离沪赴宁。

---

① 牟小东、姚维斗：《许德珩、阳翰笙二老追忆黄埔，缅怀先烈》，见中国人民政治协商会议广东省委员会等合编《广东文史资料》第37辑，广东人民出版社1982年版，第289页。

熊雄传

尽管风云变幻，熊雄在黄埔仍然领导着军校中的共产党员，与国民党左派一起，坚持与反动势力斗争，坚持统一战线，努力维护国共合作的局面。武汉国民党中央二届三中全会后，产生了有共产党人参加的武汉国民政府，军校中的共产党人和国民党左派极力拥护武汉国民政府，三中全会一结束即着手筹备黄埔军校特别党部全体党员大会，熊雄被推为主席团成员，并担任大会的总指挥。

1927年4月3日，黄埔军校特别党部全体党员大会如期召开。在当时的政治环境下，这次集会具有不同寻常的意义。到会者15000余人，孙炳文、黄学增、刘尔崧、李汉藩等发表演说，一致表示拥护武汉国民党中央二届三中全会上通过的决议和宣言，并提出了要求改选破坏国共合作的广东省党部的议案。熊雄代表大会主席团致答词，大意是：

第一，今天承各阶级各团体同志，特别是工农代表，代表最大多数的痛苦民众讲出他们的痛苦，我们听了，应当去把他们的痛苦解除，才算能负我们革命的责任。各阶级革命同志们！我们今天接受你们的教训，永久不能忘记，而要努力解除我们共同所受的痛苦。

第二，黄埔精神，不是上不接天、下不接地的，并非空洞的东西，乃是全体同志深知时代需要，明了主义政策，肯为革命而努力而牺牲的表现。全体党员同志，务须看清自己的责任，加紧自己的工作，然后才能发扬黄埔精神！能这样，黄埔才能成为革命者的制造所，不能这样，黄埔就会变为反革命的大本营了。

第三，今天党员大会，代表二万多武装同志的革命精神，工人代表代表二十五万工人，农民协会代表百万农民，其他各界来宾代表各界群众，直接是代表数百万被压迫民众，间接代表全中国全世界被压迫民众，所以这个会的意义是很重大的。在革命发展腐化、反革命空气正浓厚的当中，只有今天的大会才能排除右倾的危险。国民革命成功不成功，就在于我们努力不努力！同志们，努力吧！①

---

① 《熊主任在1927年4月3日军校国民党特别党部全体党员大会上的答词》,《黄埔日刊》1927年4月7日，第295期。

以上只是熊雄答词的大意内容，是秘书记录下的，但从中我们也可以感受到熊雄讲话的力度和激情，特别是第三点，完全是针对蒋介石的右派行为有感而发的。

大会声势浩大，群情激昂，是一次向反动势力大示威的活动。大会发表了宣言，要点是：革命在进入高潮时出现了危机，只有靠完全有力的党的指导，才能克服危机；摆脱目前危机的一大要点，是请汪销假复职，但这是以党的利益为前提的，党是唯一最高指导者①。会后举行了游行示威，号召广州工农群众为保卫已得胜利而斗争。

会后，在熊雄的安排下，《黄埔日刊》于 4 月 6 日、7 日两次对大会作了长篇报道，并于 6 日在头版发表了名为《生死关头》的时评，时评指出："一切反革命的势力，极力的在施行软化和腐化的手段，以妥协、分裂革命的力量，所以现在这个时期，是非常危险的，也就是国民革命的生死关头！"时评要求全校师生"严格执行党的纪律，肃清党内腐败分子，巩固党的基础，以继续在已得到的北伐胜利，而完成国民革命！"时评呼吁："同志们，这是千钧一发的时候了，我们革命的国民党员，应该团结起来，努力奋斗，尽我们应尽的责任！"这篇时评如同匕首，其"一切反革命的势力"所指向的就是与蒋介石一伙的新军阀。而在这个时候公开发表这样的文章，表现了熊雄坚定的无产阶级党性和毫不妥协的革命斗争性。

4 月 8 日，在阴霾四布的革命紧要关头，熊雄还邀请鲁迅到军校为师生们演讲。事情的缘由是这样的：

早在 1 月中旬，熊雄向刘弄潮谈到鲁迅来到广州中山大学任教的事，提出想请鲁迅先生到军校来讲演，并询问刘的意见。刘弄潮说："鲁迅是支持革命的，他写的《火与剑》文章即可说明。他也同意办黄埔军校，他曾介绍他的好学生来报考黄埔三期。请鲁迅来黄埔讲学，他是不会推辞的。"但熊雄考虑到鲁迅的身份和当前尖锐的斗争形势，有点担心地说："这会不会影响他在中山大学任教？

---

① 《校特别党部党员大会宣言》(1927 年 4 月 4 日)，见陈以沛等合编《黄埔军校史料（续篇）》，广东人民出版社 1994 年版，第 154 页。

会不会影响他的人身安全？"刘弄潮说："只要他同意，料想不会有什么问题。"两人还商定如何邀请、什么时间来、讲什么题目等，最后，熊雄要刘去征询鲁迅的意见。

1月下旬，刘弄潮去拜访鲁迅，鲁迅听到刘是受熊雄之托，请他去演讲，当即回答："去！革命需要我，我就去！权在革命方面，不在个人方面。"

4月8日，熊雄派共产党员应修人去请鲁迅讲演。在应修人的陪同下，当日下午，鲁迅在大操场上为军校师生作了题为《革命时代底文学》的演讲。鲁迅一开始便说：

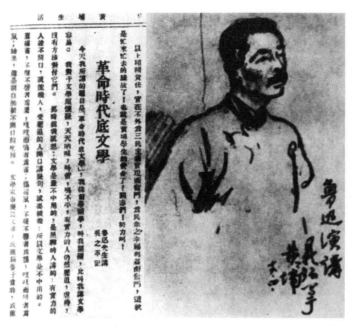

《黄埔日刊》所载鲁迅素描像及在军校演讲词

今天我所讲的题目是《革命时代底文学》。我从前学矿学，叫我开矿，比叫我讲文学容易。我对于文学颇怀疑，天天呐喊、叫苦、鸣不平，有实力的人仍然压迫、虐待，没有方法对付他们。那时候我就想：文学是最不中用的，是无聊的人讲的；有实力的人并不开口，就能杀人，受压迫的人开口讲几句，就要被杀，所以文学是不中用的。鹰捕雀，不声不响者为鹰，吱吱而鸣者为雀；猫捕鼠，不声不响者为猫，吱吱而叫者为鼠，结果，还是开口的被不开口的吃掉。

鲁迅的演讲深入浅出、妙趣横生，但字字如投枪匕首，刺中反动势力的要害。

从鲁迅的演讲中可以听出，他在错综复杂的事态中已经觉察到了阶级关系正在起变化，北伐革命就要变质。他呼吁："中国现在的社会情状，只有实地的革命战争。一首诗吓不走孙传芳，一炮就把孙传芳轰走了。"

鲁迅在乌云压顶的环境下敢到黄埔军校演讲，而讲的内容又是如此尖锐、深刻，固然表现了他大无畏的勇士精神；而熊雄敢在革命的紧要关头请来鲁迅讲这样敏感的题目（据刘弄潮回忆，鲁迅讲的内容、题目是熊雄与他事先商定，然后再去征询鲁迅意见的），自然是有特定指向、特殊目的的，所针对的目标，明眼人一看就知道是指"有实力"的新右派们。熊雄的胆略与勇气确实令人敬佩。

在波谲云诡的政治风云中，熊雄以大无畏的革命气魄，带领黄埔军校的革命师生，迎战扑面而来的暗流逆潮，不愧为一座擎天柱石。

军校"清党"与江心被捕

从 1927 年 4 月 1 日开始，蒋介石就连续召集留在上海的国民党中央执委和监委委员暨驻沪军政负责人开会，商讨"清共"计划。4 月 2 日，由国民党中央监委委员吴稚晖等人提出"举发中国共产党谋叛呈文"，诬称共产党已决定"铲除国民党之步骤"，要求将这一"十万急迫"之问题交中央执行委员会进行"非常之处置"。同一天，留守广州的第四军军长、国民革命军总参谋长李济深来到上海，蒋介石与他立即共同策划"清党"事宜。4 月 11 日，蒋介石在南京密令："已克复的各省，一致实行清党。"12 日，上海即发生反共的"清党"运动。15 日，蒋介石发布《清党布告》，宣布与共产党决裂，并发布国民政府逮捕共产党首领的命令，陈独秀、鲍罗廷等共产党员及邓演达、徐谦等国民党左派名列其中。

4 月 14 日，国民革命军总参谋长、黄埔军校副校长李济深由上海返回广州，主持广东国民党当局。他秉承蒋介石的意旨，成立广东国民党"特别委员会"，制定《肃清共产党分子宣传大纲》，宣布实行"清党"。由李济深、钱大钧（临时戒严司令）、邓彦华（公安局长）负责实施。4月15日凌晨，广州全市宣布特别戒严。

黄埔军校是广州市反共"清党"行动的重点，这不仅是因为军校中的共产党员多，而且这里是蒋介石发家的"大本营"，自然成为这次"清党"的重中之重。作为黄埔军校公开了共产党员身份的政治部代主任熊雄理所当然也成了"清党"对象中最为重要的人物。

关于军校"清党"以及熊雄被捕的过程，军校代校长方鼎英在1949年前和1949年后有不同的两种回忆。方鼎英在1961年的回忆是这样的：

下午3时许，李济深专门派人邀黄埔军校教育长兼代校长方鼎英到河南士敏士厂留守总部谈话，在座的有后方国民党中央党部负责人朱家骅、广州市临时戒严司令钱大钧。

一见之下，李济深即将国民党中央党部的"清党"电令给方鼎英看。方反复阅读后尚未作声。李济深一脸严肃地对方鼎英说："这次清党关系重大，广州的共产党大本营，就在你黄埔军校。校长要我问你，军校的共产党有多少？谁是共产党？谁是主要负责人？你平日有没有调查过？清党时会不会出乱子？你有没有把握？你能不能负责？"

方鼎英反问说："据电令的指示，只是清党，并不是杀共产党，是吗？"

李济深说："是的。"

方鼎英

方鼎英于是发表意见说："我只是一心办学的人，因此，我在学校内对任何人皆一视同仁，对中共师生亦未曾有所调查。今既是清党，我有三点要求：一、自宣布清党之日起，请给我三天时间，在这三天之内，都不要派一兵一舰前来；二、三天之后，成立清党委员会，负责办理；三、请给我一些款子，以便在宣布清党后，准许师生可以请假自由离校，并可预支三个月薪水作川资，有困难的可预支五个月，这是不清自清之法。唯有熊雄主任，谁都知道他是一个公开的共产党员，他是否为学校共产党的总负责人，虽不得而知,但他对学校是有功绩的。我拟请其远出国门,赴法留学,川资多少,任他需要,不在此限。"

对方鼎英的意见,李济深点头沉思,而朱家骅、钱大钧二人则对他瞪目而视。方鼎英料知他们的内心是极不赞同的,因而再表示意见说:"能这样,我保证不出问题。否则,请另选高明。"

于是李济深拍板说:"就这样吧。"军校"清党"办法就是这样决定的。

李济深同意了方鼎英的三条意见后,方鼎英立即返回入伍生部,电话召集省城军校所属各单位负责人前来面商,决定在当晚点名后,先潜将枪支、弹药、机子、刺刀等收藏起来,准备第二天起床点名时再宣布"清党"命令。要求在三天之内,或是自动报名承认,或是请假支薪离开军校,则听其各人自愿;不是共产党员的,照常上课出操,决不许有任何粗暴的行动。

在入伍生部布置完后,方鼎英立即回到黄埔军校本部,作了同样的布置。此时已经是深夜 12 点了。

布置完后,方鼎英深夜请熊雄到黄埔海关楼(今已被辟为孙中山旧居遗址),告之"清党"实情,并劝其出国。

熊雄立即很沉痛地对方鼎英说:"这次清党,乃蒋的蓄谋,但李(济深)实是坚决主张的第一人。他自认为是新桂系的首领,为欲巩固其广东地盘,不惜急求清党,好借红帽子以对付能够同他争夺广东政权的唯一政敌汪精卫。蒋亦相互利用,才敢下此决心,甘作中山先生的叛徒,违反中山先生的三大政策,背弃中山先生的遗嘱,竟敢置北伐大敌于不顾,而做出如此自断手足的清党举动来对付异己,破坏国民革命。他们这种不顾大局、自掘坟墓的勾当,将是白费心机,最为可耻。假如今天与我来谈这清党问题的,不是教育长你,而是李济深的话,那我就非拼了他不可。钱大钧本是从前与我共同为了反对北洋军阀,亡命日本,卖报纸过苦生活的患难朋友,今亦为虎作伥,我真认错了人,恨不得食其肉而寝其皮。至于朱家骅,乃党棍之流,更不足道。我实不忍见此浩浩荡荡的北伐局面,竟败于此辈丧心病狂的革命贩子手里。我宁愿将满腔热血洒在黄埔岛上,一泄我誓与此辈不共戴天之恨。"

经方鼎英一再的劝告,熊雄才点头接受他出国留学的意见。

方鼎英于是问熊雄需要多少费用。熊雄说预计半年生活所需,连同川资以及接济途中所遇难友等等在内，给 1500 元毫洋即可。方鼎英当即欣然答应给港币 3000 元，熊雄坚决不受。经方鼎英再三劝说，熊雄才接受了 2500 元港币。

熊雄要求三日后才离开黄埔。方鼎英说："全校已经作好了部署，决定在清晨点名时宣布清党，务必请即时准备出发，我会派最快的校长专用小汽艇送你到沙面，去搭外轮，再转香港，直赴巴黎。"

此时已经快到清晨 3 点，两人握手告别。

4 月 15 日早晨 8 点多钟，方鼎英正在召集各部、处负责人开会。训练部主任吴思豫前来报告说："中山舰舰长吴嶸来报，本晨 4 时许，见一小汽艇从舰旁开过，后用望远镜发现，离舰五六里处，有一黑点像是一只小船，老在那里未动，不知搞些什么？因派一小汽艇前去察看，询知是熊主任在校艇上，据说是教育长要他到沙面搭外轮转香港赴法国去的，携有港币 2500 元，也说是教育长给他作川资用的。问他有无凭证，他答没有。特此带来，问明此事。"

方鼎英当即答复："是的，熊主任说的都对，艇子坏了，另派小汽艇送他去好了。"

吴思豫即转告吴嶸。但不久吴思豫又回来报告说："吴嶸舰长说，他是奉李主任之命办事，他只能把熊主任向李主任作交代。"

方鼎英闻讯之下，心里异常气愤，认为李济深给了他三天时间，答应不派一兵一舰前来，言犹在耳，为什么如此食言，这么早就派军舰来监视、干涉，这未免欺人太甚。方鼎英愤告吴思豫转告吴嶸说："这件事李主任是知道的，就让他送交李主任去吧！"[①]

以上是方鼎英 1961 年的回忆，从中可以看出，熊雄是被李济深逮捕的。

但据方鼎英 1927 年的回忆，情况却与此大有出入。1927 年军校"清党"后，有个"乔君"质问方鼎英：你大放共产党首领熊雄等几十人，并且给二千元及其他的人一二月全薪。是何用心？方鼎英用"几句老实话并答复乔君"说：

鼎英于 4 月 15 日下午（此处有误，疑为"凌晨"——引者）2 时接到

---

① 以上一段情景，根据方鼎英 1961 年 4 月所写《黄埔军校"清党"回忆》改写，详见《文史资料选辑》（合订本）第 21 卷，中国文史出版社 2001 年版，第 104—106 页。

钱戒严司令通告，将本校捣乱的共产分子加以监视逮捕。那时，鼎英在广州，因枪声四起，交通断绝，直到天明 7 时，始得回校。要在当时举行清党，已经是措手不及的了。鼎英因为此事关系全校的安危，稍一不慎，难免不演成流血的惨剧。所以在总部时曾以为本校只可采用特殊的和缓的方法，不可径取猛烈的手段，免遭糜烂，但是应受逮捕诸人的名册，上峰并未交给鼎英。熊雄因自己的地位关系，很抱不安，声言不愿受逮捕："自处之道，只有两途，一则自行流血，与黄埔相始终，二则赴欧美留学。"鼎英因熊雄在校任事多年，素称稳健，议论行动，都无可犯，如果有自杀的行动，是很可顾虑的。因那时本校尚未脱离危险，共产分子还未铲除，恐他们不免有兔死狐悲的感想，遂难保不打草惊蛇，暴动起来，激成大变了，又怎生是好呢？熊君既有赴欧之意，鼎英只得和负责长官再三商量，准如所请，由经理部支给旅洋一千元，并先时将详细情形报告李总参谋长，即钱司令亦在座闻知。同时本校举行清党，幸能不动声色，鸦雀无声，平平稳稳的把重大事变解决下去……鼎英并非爱惜熊雄，对他讲私情示好意，实为顾全学校起见。要想安然无事的度过难关，深恐赶狗逼墙，操之过急。①

方鼎英的两种说法，抛开因时代不同而影响到的政治色彩，仅所叙事实也有很明显的差异，主要是：

一、1961 年的回忆中，方鼎英对熊雄表现出的是一片同情、惋惜和无可奈何；而 1927 年的言辞中，方鼎英放熊雄离开黄埔，"并非爱惜"，实为害怕师生"暴动"、顾全军校能顺利举行"清党"，"把重大事变解决下去"。

二、1961 年的回忆中，要熊雄出国是方鼎英先提出的方案，熊雄也是在方鼎英的一再劝告下，才接受方的意见，同意出国留学，把逮捕熊雄的责任撇得干干净净；而 1927 年则说是熊雄自愿赴欧美留学，在熊雄有了出国意向后，方鼎英再向负责长官商量。这时候方鼎英考虑的重点是如何"清党"，把熊雄的安危放在其次。

三、1961 年的回忆中，方鼎英给熊雄的川资是 2500 元港币；1927 年说是

---

① 《方教育长言论集》，1927 年版，第 54—55 页，书藏《求是》杂志图书馆。

1000 元。

四、熊雄离开黄埔的时间，在 1961 年的回忆中，是 4 月 15 日上午 8 时左右；而按 1927 年的说法推算，应是 15 日的下午或更迟些。

另外，方鼎英接到"清党"命令后，是否在海关楼找熊雄谈过话，1927 年的回忆也语焉不详，两位当事人都已经作古，已无从考证了。

关于熊雄乘小汽艇离开黄埔岛之前的一些活动，他的同事、学生也有不同的回忆。饶来杰当时是军校政治部宣传科发行股股长、中共广东区委驻校特派员，与熊雄的工作关系非常密切，他有两次回忆。他在 1980 年 10 月的回忆文章中写道：

> ……终于在上海制造了"四一二"反革命政变。接着广州国民党当局李济深也开始了"四一五"反革命大屠杀。消息传到黄埔后，我们遵照广州军委留守处和上级指示："保持镇静，提高警惕。"不几天，军校教育长方鼎英对熊雄说："这几天广州形势紧张，你应即离开黄埔。我可以派一汽艇送你去香港。"熊雄当即提出在离开军校前要向全校官生讲一次话。方鼎英则犹豫，继乃勉强同意。于次日上午，由方鼎英召集在校官生于本部大厅开一个欢送会，熊雄讲了约半小时简短的话，大意是勉励全校官生继续恪承孙中山遗嘱，将国民革命进行到底。旋即由到会的官生列队送熊雄至码头登汽艇离开黄埔。我也即离开黄埔搭班船去广州军委留守处向黄锦辉同志汇报……事后听说熊雄经过虎门被扣遭到逮捕，不久即壮烈牺牲。[1]

饶来杰在 1981 年 12 月的回忆文章中写道：

> 当上海、广州相继发生"四一二"、"四一五"反革命事变消息传到黄埔军校，我们遵照中共军委留守处转知上级指示："保持镇静，提高警惕"，力促政治部全体工作人员保持常态，不使发生任何事端。数日后军校教育

---

[1] 饶来杰：《熊雄献身革命气壮山河》，见熊巢生等编著《中国大革命中的熊雄》，江西人民出版社 2002 年版，第 187 页。

长方鼎英忽然召见熊雄说："这几天广州形势很紧张，你应即离开黄埔，我可派一汽艇送你出虎门去香港。"熊当即斥责"蒋介石叛变革命"，表示不愿离开黄埔，"如果强命我去，请允许我在行前与在校官生讲一次话。"方鼎英乃勉强答应。次日上午由熊雄向部分官生作了要恪遵总理遗嘱，将国民革命进行到底等简短的话后，就到码头登上汽艇离开军校。

我当时在场送熊登上汽艇向虎门开驶后，随即搭上班轮去广州军委留守处……事后得知熊雄所乘汽艇驶至珠江下游不远的江心，即借口机件失灵，停下检修。当时在江中监视黄埔的中山舰便派人登上汽艇将熊雄逮捕，押解广州投入公安局监狱，秘密将熊雄杀害。[①]

从饶来杰两次回忆来看，熊雄离开黄埔岛起码也在 4 月 16 日或 17 日，而且去码头登汽艇是公开的，行前还开会向全校官生讲了话，同事和学生还到码头相送。说明至少在熊雄离开黄埔岛时，黄埔军校还没有在官生中"清党"。

另据当时在军校政治部工作的陈远湘回忆：

4 月 13 日下午，学生赵冠生等来问我，听说上海发生了严重的政变，催我赶快到政治部去打听。饶来杰说，上海方面损失很大，蒋介石利用黄埔同学联络感情，混进工人纠察队突令缴枪，受骗所致。李副校长闻已返回广州，熊雄主任和方教育长都去了广州，还未返校，需要等候……15 日早晨，天刚黎明，我被院外嘈杂的吆喝声叫骂声惊醒，跃起身从窗口外望……宋兴炎匆匆起来小声说："坏了，看来实行清党了，怎么办？"我问："熊主任回来没有？"宋答："方才我经过熊主任办公室外，看见主任坐在桌边写字哩！"[②]

① 饶来杰：《回忆中共党组织在黄埔军校的活动情况》，见中国人民政治协商会议广东省委员会编《广东文史资料》第 37 辑，广东人民出版社 1982 年版，第 19—20 页。
② 陈远湘：《熊雄和他调我到政治部工作》，见熊巢生等编著《中国大革命中的熊雄》，江西人民出版社 2002 年版，第 206—207 页。

熊雄传

根据陈远湘的回忆，军校"清党"是在熊雄离开黄埔岛之前，而且在此之前，熊雄与方鼎英都去了一趟广州。

当时任军校《黄埔日刊》编辑的李逸民回忆说：

4月14日晚上，李济深从上海回来，立即布置搞政变。于是广州晚上戒严，黄埔海面也有军舰监视。15日晨，市内开始了反革命大屠杀。以后，方鼎英找熊雄谈了一次。熊雄回来开了政治部党支部的干部会，以沉重的心情向我们谈了（他与方鼎英的）谈话内容。方鼎英说："国共两党在前方发生了误会，你要马上离开黄埔去香港。"熊雄（对我们）说："我不能随便离开黄埔。我必须听党中央的命令，因我是党中央派来军校工作的。军校政治部主任也是国民政府正式委任的。如果要我离开也必须召开全校师生大会，我要在会上讲话，光明磊落地离开。你们怎么办？要听区委命令，谁也不能离开。要通知五期中的党员，坚守岗位学习，不要轻易离开。"这时，大家议论纷纷，我同安体诚商量劝熊雄离开军校。熊雄说："你们是来劝我走的吧！"安说："对！不走，肯定要出问题。"熊坚持要次日走，要集合全校师生告个别，并向杨其纲交待了一下。次日开完大会后，杨、安、饶、宋云彬和我等都到码头送熊雄上电动船。后闻船至河（江）中，被监视黄埔的军舰扣留，随即遭到李济深当局逮捕和杀害。[1]

按李逸民的回忆，不但开了全校师生大会，还开了党支部的干部会，熊雄离开军校的时间是在4月17日开完大会之后。

根据以上回忆，再综合其他各种资料，细加分析，军校"清党"时熊雄的活动情况应该是这样的：

李济深于4月14日从上海回到广州，立即召集有关方面的人，成立"特别委员会"，制定《肃清共产党分子宣传大纲》，宣布实行"清党"。由李济深、钱大钧、邓彦华负责实施，决定自4月15日凌晨起在广州全市实施特别戒严，并

---

① 李逸民：《黄埔军校点滴》，见熊巢生等编著《中国大革命中的熊雄》，江西人民出版社2002年版，第210页。

派出军舰监视黄埔军校附近海面。

14 日晚间，李济深、钱大钧与军校教育长方鼎英在广州市内商量处置军校共产党人的办法。他们因为害怕军校共产党的影响太大，处置不慎怕会"打草惊蛇"，如果"暴动起来激成大变"，会不好收场。特别是如果公开逮捕熊雄，"深恐赶狗逼墙"，到那时，"谁为共产党，谁非共产党，很难辨识"①，于是方鼎英向李济深提出给三天时间，先处理好熊雄，之后再行"清党"。

方鼎英从李济深处出来已经是 15 日凌晨 2 点了。此时广州市内"枪声四起，交通断绝"，方鼎英一时无法返回黄埔，只好先去了入伍生部，"下令驻省之入伍生团营执行逮捕"。当日第二团即逮捕共产党员 60 余人，第二天又补逮 40 余人。第一团也于接到命令之日一次完成逮捕行动，一、二团共捕了 200 余人。②

直到 4 月 15 日 7 时，方鼎英才回到黄埔军校，因考虑到当日举行"清党"，时间仓促，会措手不及，乃与军校训练部主任吴思豫等"再三商量"本校的"清党"办法。

15 日这天，熊雄打听到广东省总工会、省农民协会等均被查封，工农纠察队已被缴械。熊雄的七弟熊任远是省港罢工委员会纠察队干部，熊雄甚为担心，乃派了一位姓王的军校政治部的干部去市内打听（其时熊任远已经被捕），但此时广州市内一夜之间已变成了恐怖世界，王某见此情景，只好搭船去了上海。③

15 日深夜，方鼎英找熊雄谈话，告之"清党"实情，熊雄当即义正词严地斥责了蒋介石、李济深等背叛孙中山的反革命行为，表示要与黄埔共存亡，"将满腔热血洒在黄埔岛上"。方鼎英害怕熊雄的过激行动会引起校内师生的剧烈反响，乃一再劝其出国，并愿资助川资，派校长小汽艇送他离开黄埔。而熊雄则表示，即使要走，行前也要与军校师生讲一次话。

与方鼎英谈完话后，熊雄立即召集军校政治部中共党支部的干部开了个简短的会议，向大家通报了与方鼎英谈话的内容。党员干部们都劝熊雄离开军校，

---

① 《方教育长言论集》，1927 年版，第 55 页，书藏《求是》杂志图书馆。

② 《方教育长言论集》，1927 年版，第 61 页，书藏《求是》杂志图书馆。

③ 据熊雄弟弟熊任远 1960 年 8 月 24 日为江西革命烈士纪念堂提供的材料，转引自江西省宜丰县史志办公室编《黄埔精英——熊雄》，南海出版公司 1990 年版，第 113—114 页。

但熊雄坚持要与全校师生告个别，要走也要光明磊落地离开，并要求党员干部听从区委指示，坚守岗位。

16日早晨，方鼎英召集全校师生到校本部礼堂开会。会上，熊雄作了简短讲话，勉励师生恪守孙中山遗嘱，将国民革命进行到底。会后，大家将熊雄送到码头，登上汽艇。

熊雄所乘汽艇驶至珠江江心时，忽然"机件失灵，停下检修"。这时，监视黄埔海面的中山舰即上前盘问，得知舰上坐的是军校政治部主任熊雄，立即将其秘密逮捕。当时有两个据说是黄埔同学会的人，企图就地杀害熊雄，舰上负责的长官认为熊雄是"共产党要员"，是上级"下令缉拿者"，予以拒绝。于是熊雄被押送广州，16日晚投入公安局监狱特别室。5月初的一个深夜，熊雄被转囚于南石头"惩戒场"。

熊雄在珠江江心被逮捕，事情非常蹊跷，是否真是"机件失灵"，局外人无从知道。饶来杰就很怀疑地说："方鼎英送他出虎门去香港，显然是反动当局串通勾结的预谋。"①

铁窗火种

4月18日，是李济深答应方鼎英宽限三天时间的最后期限。这天清晨，军校开始全面"清党"。各科学员以连、排为单位，列队于大操场。"清党"方式，一是自己承认是共产党员的，站到队伍前，然后统一押走；二是如果名册上注明了党籍的，按名册点名，叫到了名字的，立即押捕；三是要学员互相举报，凡是平时喜欢看《向导》《中国青年》等进步书刊的，都被人举报成是共产党，一经举报，立即抓捕。一时间，黄埔军校内黑天昏地，鬼哭狼嚎，叫骂声、殴

---

① 饶来杰：《熊雄献身革命气壮山河》，见熊巢生等编著《中国大革命中的熊雄》，江西人民出版社2002年版，第187页。

打声、斥责声不绝于耳，陷入一片混乱。

军校政治部中共产党员较多，在"清党"中，政治部教官孙炳文、熊锐、萧楚女、安体诚以及工作人员杨其纲、谭其镜、麻植等都遭逮捕，先后被杀害。在早几天，熊雄曾提醒过萧楚女，要他转移。萧楚女因患肺病住院，4月14日出

军校搜捕共产党人的报道及广东"清党"时出版的反共刊物

版的《黄埔日刊》上还登有他抱病对学生邓友馥所提问题的书面解答，15日即在医院病床上被捕，22日被押往南石头监狱，是月下旬被枪杀，时年36岁。

据1936年国民党编的《中央陆军军官学校史稿》载："4月18日上午6时，校令分别召集各学生队所有学生，在俱乐部聚会，将共产党分子挑出。计有200余人，概行解往中山舰拘留。入伍生团方面，自4月15日起，至5月底止，第一团被扣者192名，潜逃者98名；第二团被扣者100名，潜逃者148名。在特别党部服务之共产党分子亦相继离职。"[1] 这个被捕者的数字，与方鼎英所说的基本相符。

被捕同学被押解出校门后，就被送到早已准备好的几艘大民船上，开到珠江中去，即所谓"水牢"，周围由好几艘兵舰严密监视戒备。这些人当中，熟水性会游泳的利用夜色泅水陆续逃走有百余人。泅水逃走的同学中也有被捉回去的，被五花大绑送到校内禁闭室关起来。

4月下旬以后，军校中"清党"出来的共产党员和进步学生被陆续押往南石头监狱。熊雄是5月初被押进去的。

---

① 《中央陆军军官学校史稿》第六篇《党务》第四章，1936年版，第52页。

熊雄传

南石头监狱原址

南石头监狱地处广州市南端白鹅潭畔，昔为镇南炮台，历来是守卫广州的重要门户，后改为监狱。监狱牢房分两层，东、西、南、北四排，中间是个大院子，布成"井"字形。每排有很多小仓，每个小仓五六平方米，关押六至八人。东、南、北楼关的是一般政治犯，其中一半是黄埔军校的革命师生。笔者 2015 年底曾去参观遗址，据黄埔军校旧址纪念馆的同志介绍，南石头监狱在

1949 年后几经改造，曾一度做过造纸厂，而现在见不到一点监狱的痕迹了。

1927 年广州"清党"时，南石头监狱是专门关押"政治犯"的牢房，时称"惩戒场"，黄埔军校被"清"出来的教官、学生、入伍生是第一批送到这里来的"政治犯"。据五期生杨南邨《黄埔师生在南石头监狱》一文回忆，当时被关押在这里的有 700 多人。

1984 年，中共广东省委党史研究委员会曾召开过"南石头监狱斗争史座谈会"，请当时还健在的部分狱友回忆"清党"被捕人员在狱中的情况。1988 年 4 月又编印了《南石头监狱的斗争》一书，收录了张如屏、吕文远、杨南邨、万明、彭波等人写的几篇文章，使我们了解了南石头大墙内的黄埔师生是如何与敌人作斗争的。

熊雄是 5 月初的一天被押进南石头监狱的。他的进监在监狱中引起了一阵轰动。杨南邨回忆说：

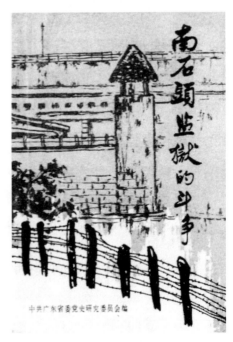

《南石头监狱的斗争》一书封面

288

第三天早晨（放风时），不知道是哪些同学在东、南、北楼巷道里大声叫道："我们的熊老师来和我们一起了！他住在西楼xx号！"于是大家不管狱卒的呵斥，尚活下来的二百多个同学像一道急潮涌到西楼巷道去，塞得无法移动半步……监狱长跑上楼来，看众势难侮，就假情假意地宣布说："你们师生感情好，问候问候，我叫慢点关牢点名。你们不要拥挤，慢慢来，守秩序就好了！"大家听到监狱长这样招呼，才依次序排队到熊老师处向他问好。我也去问候了熊老师，他泰然自若地频频点头，微笑地说："大家安静，要有耐性，注意不要烦躁。"……

熊老师来了，大家心底好像有了一位领头人，感觉有了点希望似的，过去俯首缄口待死的苦闷情绪为之一扫。[1]

熊雄在狱中被单独关着，放风时也不放他出来，但熊雄经常寻找机会与难友们交谈，鼓励大家。当时才19岁的宋时轮（中华人民共和国成立后被授予中国人民解放军上将）的牢房距离熊雄的牢房只有两个房间，与熊雄有过三次谈话。有一天，宋时轮向熊雄谈了狱中难友们有不安和恐怖情绪，甚至有人在睡梦中会惊叫起来。熊雄没有直接回答，而是神态自然地与他交谈起来。下面是他们的一段对话：

熊雄问他："你是哪里人？"

宋时轮回答："醴陵上洪村人。"

"这个村有多大？"

"有上中下三个村子，我只知道上洪村的情况。"

"上洪村有多大？"

"有五百多户。"

"有钱、收租、放债、做官、做大生意的有几户？"

宋时轮脱口而出："有三户。"

---

① 杨南邨：《黄埔师生在南石头监狱》，见中国人民政治协商会议广东省委员会编《广东文史资料》第37辑，广东人民出版社1982年版，第269页。

"有钱也放债，有田也出租，还做些生意的有多少户？"

宋时轮默默算了一下："十三四户。"

"他们十六七户男男女女有多少人口？"

"五十六七人。"

熊雄再问："还有五百户是些什么人呀？"

"都是些没有钱、没有饭吃、租田种、打零工、借借债的人……"

"他们共有多少人？"

宋时轮略略算了一下："一千五六百人，其中有讨不起老婆的单身汉，有无子无女的孤寡残废等。"

"那打起架来，谁打得赢呀？"

宋时轮毫不迟疑地说："那我们打得赢！我们人多有力气，他们人少，也没力气，我们一个人一个指头，也打得赢他们。"

"对！"熊雄说，"把没有钱没有饭吃的人联合起来，就可无敌于天下。只有贫苦大众、工人农民联合起来，才能打败他们，最后一定取得胜利果实，我们黄埔，就是做这件事。现在，有什么担心？有什么可怕？有什么动摇？我们是干革命呀！大家想一想，想好了，明天再说。"熊雄接着又说："告诉大家，不要怕。要杀头，首先杀我这样的人。我不怕，你们还怕什么！"并要宋时轮把他们的这次谈话原原本本地告诉大家。

这次谈话后，宋时轮和难友们的思想豁然开朗，不安情绪、恐怖心理甚至某些动摇情绪也逐步开始消除。宋时轮回忆说："监狱中这种急剧的变化，虽然不能说是熊雄起了绝对作用，但是相对作用则是无疑的。他的谈话和严肃态度，至今使我历历不忘。"[①]

南石头监狱中关押的很多黄埔学生都听过熊雄的演讲，因此每到"放风"时，同学们都喜欢三五成群地围在熊雄牢房前，热情地向他问候，和他交谈。有些同学还将心里想不通的问题提出来请熊雄解答。熊雄简明豪爽的话语和从容坚定的神色，给青年学生们增添了勇气和力量。

---

① 以上这段对话，见宋时轮《熊雄在广州南石头监狱》，转引自熊巢生等编著《中国大革命中的熊雄》，江西人民出版社 2002 年版，第 215—217 页。

第六期入伍生汪希圣（后名汪德彰）才19岁，因为想不通为什么是共产党就要抓，孙中山先生的三大政策之一不就是"联共"吗？因此心中愤愤不平，看见食堂墙壁上贴有拥护三大政策的大标语，就去把"三"字撕掉一横，说："现在逮捕共产党了，三大政策就少了一条，应该改成'二大政策'了。"因为这，他也被抓到了南石头监狱。汪希圣说，即使被关到这个掉脑袋的地方来，他也不怕，因为他是相信孙中山先生三大政策的。这天，熊雄抚摸着他的头，很亲切地说："我的老家是江西。我出来好些年了，有个儿子和你一年生的，可惜才几个月就夭折了。今天看到你，就想起了我的儿子，如果他还健在，也有你这么大了。"接着，熊雄看看周围的青年学生，提高声音说："这位小同学说得对，我们没有什么好怕的，我们是真正的革命者。现在要是有什么危险、枪毙、杀头，首先轮到的是我熊雄，大家要坚持革命。"[1]

《南石头监狱的斗争》一书也写道：

> 政治犯最早解到南石头监狱的是黄埔军校的入伍生……熊雄一到，即分别和他们接触，并争分夺秒地和他们谈话，一再告诉同志们说："此次的事件（指军校'清党'——引者），不是一时的风波，而是中国革命关头的转折点，大家要作好长期的打算，组织起来，团结群众，实现'监狱是革命者的学校'……你们一定要千方百计的寻求与狱外党的联系。"[2]

熊雄在狱中要求难友们组织起来开展斗争的事，在张如屏的回忆中也有反映。张如屏说："熊雄同志在就义前，经常找个别人交谈，要求难友组织起来，坚持斗争。"在熊雄的教育、工作下，共产党员杨大朴、刘光、陈熙年、郭成荣、吕怀义（现名吕文远）等通过各种关系，秘密审查了共产党员在狱中的表现，把立场坚定、敢于斗争的党员组织起来，成立了狱中党支部[3]。正像《南石头监

① 汪德彰：《铁窗共死生，光辉励来人——谨记熊雄同志》，见江西省宜丰县史志办公室编《黄埔精英——熊雄》，南海出版公司1990年版，第94—95页。

② 中共广东省委党史研究委员会：《南石头监狱的斗争》，1988年版，第53页。

③ 张如屏：《从黄埔军校到南石头监狱斗争的回忆》，见中国人民政治协商会议广东省委员会编《广东文史资料》第37辑，广东人民出版社1982年版，第255页。

狱的斗争》一书说的："他在英勇就义之前给我们留下了'组织起来，团结群众，巧妙斗争，迎接光明'的教导，点燃了狱中斗争的火把。"

关于熊雄牺牲的时间、地点、被害前的表现和被害的方式等等，有多种传闻。有的说是被乱棍打死的①；有的说是在南石头惩戒场被害的，葬也葬在南石头②；而杨南邨回忆，熊雄是在广州起义后的第三天才进南石头监狱的，入狱后的第二天或第三天就被害了③。广州起义是在 1927 年 12 月，这个时间显然不对。

与熊雄同在南石头监狱坐牢的汪希圣（德彰）和宋时轮的回忆应该是最为可信的。以下是他们两人的回忆：

5 月中旬的一个深夜，睡梦中的汪希圣突然被牢仓外的脚镣声惊醒。在"哗啦哗啦"的脚镣声中，他听到了一声声带着江西口音的呼喊："中国共产党万岁！""中国共产党万岁！"汪希圣听了心中一惊，想："这不是熊雄主任的声音吗？"他倾听着逐渐远去的脚镣声和呼喊声，心里翻腾着，但愿不要再响起在这种异常的沉寂中常常会响起的枪声。但是，枪声毕竟响了。④

5 月 17 日左右，晚上 9 点多，点名提审时，熊雄被叫了名字，他意识到反革命对他要下毒手了，他以革命军人镇静自若的态度高声回答："好！我走了！"就这样地告诉狱中难友们："我们永别了！"我站在房门前默默地望着，我们再也没有见着他回来。⑤

① 何崇校：《难忘的岁月》，见熊巢生等编著《中国大革命中的熊雄》，江西人民出版社 2002 年版，第 211 页。

② 熊任远：《忆四哥》，见江西省宜丰县史志办公室编《黄埔精英——熊雄》，南海出版公司 1990 年版，第 114 页。

③ 杨南邨：《黄埔师生在南石头监狱》，见中国人民政治协商会议广东省委员会编《广东文史资料》第 37 辑，广东人民出版社 1982 年版，第 269—270 页。

④ 汪德彰：《铁窗共死生，光辉励来人——谨记熊雄同志》，见江西省宜丰县史志办公室编《黄埔精英——熊雄》，南海出版公司 1990 年版，第 95—96 页。

⑤ 宋时轮：《熊雄在广州南石头监狱》，见熊巢生等编著《中国大革命中的熊雄》，江西人民出版社 2002 年版，第 217 页。

汉口《民国日报》对广州"四一五"事变的报道，内中有"熊雄同志等惨遭枪决"的消息

　　关于熊雄临刑前高呼口号、视死如归的英雄气概，张如屏也有同样的回忆："我党的优秀干部、军校入伍生部政治部主任（按：此处回忆有误，应是军校政治部代主任——引者）熊雄同志就是在这所监狱里被他们杀害的……他们赴刑场前不断高呼口号：'打倒列强！''打倒国民党反动派！''中国共产党万岁！'这些同志慷慨就义英勇牺牲的高大革命形象，长久铭刻在我们记忆中。"①

　　熊雄是被枪决的，而不是乱棍打死的，这在"四一五"政变之后的汉口《民国日报》报道的消息中也可证实。而熊雄牺牲之后的遗体，据熊雄的胞侄熊巢生考证，是被刽子手装入麻袋，沉入南石头监狱附近的白鹅潭内。熊雄的遗骨至今也没能找到。

　　正如《南石头监狱的斗争》一书所写的："熊雄虽然已牺牲多年了，但难友们一直在怀念他，他点燃的铁窗烈火一直在燃烧。尽管敌人如何残酷，仍然无法扑灭熊雄烈士点燃的狱中烈火。"

---

　　① 张如屏：《从黄埔军校到南石头监狱斗争的回忆》，见中国人民政治协商会议广东省委员会编《广东文史资料》第37辑，广东人民出版社1982年版，第254页。

永远的缅怀

熊雄壮烈牺牲了，但烈士的英灵永存，烈士的红色基因代代相传。

熊雄在南石头监狱中播下的火种，激励了难友们与敌斗争的决心和信心，他们秘密成立了狱中党支部，领导难友开展斗争。据张如屏回忆，狱中党支部领导团结广大难友，开展绝食斗争，并强调"团结一致，决不动摇，坚持到底"，提出了绝食斗争的三项要求：1. 要切实地而不是虚伪地发送伙食；2. 开办卫生间，给有病的难友治病，重病号开脚镣；3. 允许看书学习。狱方被迫答应了三项条件，斗争取得了胜利[①]。

黄埔军校第四、五、六期学生和入伍生都曾上过熊雄的课，这支上万人的学生队伍是一群非常优秀的政治、军事人才，在北伐战争、南昌起义、秋收起义、广州起义和抗日战争中发挥过非常重要的作用，他们的业绩永远铭载史册。后来在国共两党的政治舞台上，尽管有过对峙，有过摩擦，但在民族斗争的危难时刻，绝大多数黄埔学生都能同仇敌忾，共同抵御外侮。第五期学生许光达在 1936 年就曾撰文写道："我们一致地团结起来呵！我们的枪杆子准准地瞄着敌人，在抗日民族革命战争的沙场上，来恢复我们黄埔应有的光荣，以奠熊雄同志的英灵！"[②]

如果说，黄埔军校是中国一代将星的摇篮，那么，熊雄就是一位辛勤的园丁。在熊雄的教育下，许多革命志士、抗日将领纷纷走上战场，为中国人民的解放

---

① 张如屏：《从黄埔军校到南石头监狱斗争的回忆》，见中国人民政治协商会议广东省委员会编《广东文史资料》第 37 辑，广东人民出版社 1982 年版，第 256 页。

② 洛华（许光达）：《熊雄同志略传》，见熊巢生等编著《中国大革命中的熊雄》，江西人民出版社 2002 年版，第 180 页。

事业，为新中国的建立，立下了汗马功劳。如果说，黄埔军校是他们戎马生涯的起点，是他们走向将帅之路的开端，那熊雄就是这些将帅的导师和引路人。

熊雄是继周恩来之后开创军队政治思想工作最杰出的代表人物。熊雄虽然牺牲了，但人们永远不会忘记这位为中国军队建设作出过重大贡献的政治工作者和军事教育家。1984 年，笔者当时在中共宜丰县委党史办公室工作，专访了熊雄的战友、同事聂荣臻元帅。元帅听说我们是来收集熊雄烈士的史料，非常高兴，并写下"熊雄烈士永远活在我们心中"的题词。时任全国人大常委会副委员长的许德珩也题写了"熊雄故居"四个字。熊雄的胞侄熊巢生老先生几十年来一直坚持不懈从事熊雄研究，走访了数十位熊雄的同事、学生。在熊老先生的走访过程中，熊雄的同事饶来杰、

许德珩题词

黄铁民、阳翰笙、刘弄潮和学生许光达、宋时轮、李逸民、陈奇涵、张如屏、汪德彰、陈远湘、何崇校等纷纷撰写文章，缅怀这位好领导、好老师，表达他们的一片敬仰之心。

在熊雄烈士的家乡——江西省宜丰县，历届县委、县政府领导都十分敬仰这位革命先烈，十分重视学习熊雄的革命精神，以熊雄的英雄事迹对青少年进行革命传统教育。自 20 世纪 80 年代开始，县委党史办公室的工作人员就注意收集、整理熊雄烈士的遗物和史料，对熊雄的故居进行了修缮，出版了《黄埔精英熊雄》等书籍。2012 年 8 月，县委、县政府批准由县委宣传部牵头，组织成立了"宜丰县熊雄研究会"和"熊雄故居管理所"，编辑出版了刊物《传承》，建立了熊雄研究会网站，走访了有关人员，清理修葺了熊雄故居。

2013 年 5 月，熊雄研究会会长熊淼如撰写了《熊雄应该得到永远的纪念》一文，提出了三点建议：一、尽快将熊雄故居确定为江西省爱国主义教育基地；二、将熊雄故居确定为江西省重点文物保护单位；三、立即着手筹建纪念馆，各级党政部门要对熊雄故居的修缮和纪念馆的建设给予全面支持与指导。他还写了一封信，与文章一并寄给中共江西省委书记强卫。强卫书记很重视，亲笔指示

转给省委党史研究室，请他们提出答复意见。他审阅后批转到省相关部门并下发到宜春市委、宜丰县委。

聂力题词匾额

2013年1月，聂荣臻元帅的女儿聂力将军应熊雄研究会函请，也为熊雄故居题字，由宜丰县博物馆将它制成匾额，现悬挂于熊雄故居。2014年1月，故居前又增挂"江西省黄埔同学会、江西中国和平统一促进会爱国主义教育基地"和"江西师范大学政法学院红色教育实践基地"两块牌子。2018年9月，南昌工程学院马列主义学院也将此地列为教学实践基地。

如今，坐落于江西省宜丰县下屋村的熊雄故居已被公布为江西省文物保护单位，得到了很好的修整，故居的墙上挂满了介绍熊雄生平事迹的照片和文字。熊雄当年结婚时用的床和他用过的钱柜子、餐桌都还按原样摆放，寝堂的四方桌子上端端正正地摆着熊雄的遗像。每逢"清明"、"五四"、"六一"、"七一"和烈士纪念日，前来这里瞻仰缅怀熊雄烈士的人们络绎不绝，不少少先队员、青年团员和共产党员来到烈士遗像前，举手宣誓，重温入团、入党誓词，让先烈的红色基因融化在自己的血脉中。

今日熊雄故居

少年儿童在烈士纪念日在熊雄故居开展主题活动

在各级领导的重视和支持下，宜丰县对熊雄的研究进展顺利。熊雄烈士的革命精神一定能代代相传。

今天，距离熊雄烈士光荣牺牲已经九十多年了，现在的时代与熊雄当年所处的时代也已经发生了翻天覆地的变化。在改革开放的今天，当代人特别是当代青年应该向熊雄烈士学习些什么？这是当代青年缅怀革命先烈、传承红色基因首先要弄清弄懂的问题。笔者认为：

第一，应该向熊雄同志那样，不断追求进步，不断追求真理，并为自己所认定的目标奋斗终生。熊雄19岁就投笔从戎，在旧军队里曾经是上校参谋。然而，他为了寻求救国救民的真理，他毅然辞去上校之职，远涉重洋，赴法勤工俭学，去过半工半读的艰苦生活。到欧洲后，为了探求革命真理，寻求马克思主义，又先后转赴德国、苏联，在德国加入了共产党，接受了共产主义信仰；在苏联进入东方大学，享受一名普通的红军战士的生活待遇。熊雄走上这一条"上下求索"的道路，图的是什么？就是为了信仰，为了共产主义这个远大目标。他为了信仰，可以抛弃优越的生活待遇；为了信仰，辞家别妻；为了信仰，负笈浮海，远涉重洋。正因为熊雄有这种为了理想奋不顾身、舍小家为中华的精神，所以他在参加了共产党之后能够积极工作，尽职尽责，使黄埔军校的政治工作"焕然一新"。特别是在"四一二"反革命政变之后，面对敌人的拘捕，他毫不畏惧，最后从容就义，他真正是为了自己的理想目标流尽了最后一滴血。

少年立志是人生中最重要、最关键的一步路。不管社会风云如何变幻，每个人都应该有自己的人生目标，并且为了这个目标、理想努力一辈子。我们要学习熊雄，为了实现人生目标，克服任何困难险阻，一步一个脚印，踏踏实实地走完一生，为理想献身。

第二，应该像熊雄同志那样，时刻保持清醒的头脑，顾全大局，服务中心，灵活巧妙地开展工作。熊雄从苏联回国后，国内正值国共第一次合作时期，各种矛盾比较复杂。当时国内的大局是什么？是北伐，是扫清军阀割据、统一中国。熊雄对此时刻保持着清醒的头脑。为了北伐胜利，共产党人做了许多工作，做好黄埔军校政治部的工作就是其中重要的一项工作。为了北伐胜利，熊雄在军校政治部呕心沥血、宵衣旰食。他创办《黄埔日刊》，开设"政治问答箱"，发动学生支援省港大罢工，组织学生搞社会调查。他还亲自授课，在实践中坚持政治与军事并重原则，积极宣扬马列主义。但黄埔军校毕竟是革命统一战线的产物，军校中国共两党之间的矛盾时有发生，一些国民党右派分子时常寻衅闹事。在各种复杂情况下，作为政治部主任的熊雄总是以大局为重，耐心细致地做好两方面的工作，既讲团结，又讲斗争，机智巧妙地开展工作。特别是在"中山舰事件"和"整理党务案"发生后，熊雄冷静应对，团结广大党团员和进步学生，保持政治部常态，使军校中的共产党员没有一个人声明退出中共组织。

现在的社会，外部影响多，各种思潮盛行，人们很容易受影响。因此，年轻人一定要保持清醒头脑，认清大局。现今中国的大局是什么？就是服从党的领导，全民一心，振兴中华，实现中华民族伟大复兴的中国梦。只有在共产党的领导下，大力发展经济，中国的国力才能强盛，人民的生活水平才能提高，民族复兴之梦才可能实现。

第三，应该像熊雄同志那样，以党的事业为重，以他人利益为重，关心他人胜过关心自己。在黄埔军校，熊雄身兼国共两党要职，但他每时每刻都不忘自己是个共产党员，不忘自己所肩负的共产党员的使命，不忘用马列主义来武装青年学生。他关心学生的身心健康，注意培养学生的革命人生观。他号召学生"不但要专心学习战争的学术，还要去研究革命的理论"，要让每一个黄埔学生都能把理论和行动打成一片，使之"在战壕中所得的胜利，成为完全政治的民众的胜利"。熊雄视共产党员和进步教官为革命的宝贵财富。在"四一二"反革命政变前夕，熊雄见形势紧张，首先想到的是别人的安危，秘密转移了一批党团员和进步人士，而他自己却坚守岗位，坚持在军校与国民党右派作斗争。即使在军校教育长向熊雄讲明了"清党"实情并"劝"其出国时，熊雄还大义凛然地说："我实不忍此浩浩荡荡的北伐局面，竟败于此辈丧心病狂的革命贩子手中。我宁愿将满腔热血洒在黄埔岛上，一泄我誓与此辈不共戴天之恨。"正是有着这种以党的事业为重、"宁为玉碎，不愿瓦全"的大无畏牺牲精神，熊雄的人格魅力才大放异彩，感天动地。

在改革开放的今天，我们仍然会碰上许多诸如全局利益与局部利益、国家利益与个体利益、他人利益与自身利益的矛盾，利益面前如何取舍是衡量一个人的世界观、价值观的标尺。以党的事业为重，以他人利益为重，关心他人胜过关心自己，应该是每一个立志为共产主义事业奋斗终生的青年人的首选。古人尚知"精忠报国"，我们年轻人更应该以国家民族利益为重，继承先烈遗志，为实现祖国统一大业、为中华民族的伟大复兴作出应有的贡献。

后记

　　30多年前，我曾在中共宜丰县委党史办公室工作，那时就接触到了熊雄烈士的材料，深深地被熊雄那种追求进步、敢于探索、勇于献身的精神所感动，同时也萌生了要为熊雄写一部传记的念头。但后来离开党史部门，这一想法便搁置下来了，然而心里头总压着一种"负债"的感觉。

　　退休后，没有了工作压力，人也清闲多了，时间也有了。在翻阅地方史志资料时，我有意识地注意已经出版的各种有关熊雄的研究、回忆文章，发现有几种书中也有熊雄的传记，但都是一些按时间顺序简单记叙熊雄一生的"大事记"，对熊雄的思想、理论、影响都没有深入的研究和论述。早年的想法又浮上我的心头，于是我便开始重新收集各种有关熊雄的资料，查阅各种档案，购买有关书籍。2015年11月，我还自费到广州收集资料，先后到过黄埔军校旧址纪念馆、广东省立中山图书馆、广东省政协文史委、广东省黄埔同学会、广东革命历史博物馆等地，得到这些部门的领导和工作人员的大力支持，查阅了大量历史文献资料，拍摄了许多旧址照片，有些资料是十分珍贵的，有些是第一次才发现的。回家整理后，竟然有数百万字之多。

　　2016年，我写出了《熊雄在黄埔》一书，在广东人民出版社出版。受篇幅等各种条件的限制，我对该书仍不满意，因为该书所写的仅仅是熊雄在黄埔军校工作两年时间内的事，对熊雄早年读书、参军、留学等情况都没有反映，特别是他人生中两次重大的转折——投笔从戎、弃官赴欧——都没有写进去，更别说反映他如何追求真理、如何探索救国救民之路的内容了。一种"负债"感仍然压在心头。

今年 4 月，我再次整理资料，试着写作本书。尽管有些章节由于资料不足，写得十分艰难，但经过半年多的苦熬，总算写下来了。直到写完最后一个字，心里才有种"卸担子"的感觉。

在本书写作过程中，我得到了有关领导和同仁的大力支持。中共宜丰县委书记张俊亲自为本书写序；县委宣传部和县委办公室的主要领导亲自出面协调有关工作；宜春市史志办的领导为本书出版出了不少"金点子"；宜春历史文化研究会会长刘密先生和宜丰县熊雄研究会会长熊淼如先生在百忙之中认真审阅了书稿，提出了不少宝贵意见，并热情为本书写序。在写作本书时，我还参考了熊巢生等编著的《中国大革命中的熊雄》等书，转引了书中不少原始资料。蔡望乔、丁亮等好友为出版此书给予了大力帮助。在此一并表示感谢。

在这里，我特别要感谢我的老伴胡小玲。我自退休之后连续出版了六七本书，有 200 余万字，都是在她的支持和帮助下才得以完成的，是她承担着家庭内外的全部事务，使我能够安心写作；是她毫无怨言地支持我自费到广州收集资料。可以说，没有她的全力支持，我是写不出这些书的。

由于历史的原因，有关黄埔军校中共产党和熊雄的资料很不完整，影响了本书的写作，有些章节无法写深写透。加之自己学识和写作水平不高，书中肯定有很多不足之处，诚恳希望大家批评指正。

辛增明　谨识

2018 年 11 月 12 日

图书在版编目（CIP）数据

熊雄传 / 辛增明著 . -- 南昌：江西人民出版社，2019.5
ISBN 978-7-210-11229-7

Ⅰ．①熊… Ⅱ．①辛… Ⅲ．①熊雄—传记
Ⅳ．① K827=6

中国版本图书馆 CIP 数据核字（2019）第 049676 号

熊雄传

辛增明 著

责任编辑：陈世象
封面设计：同 异
出 版：江西人民出版社
发 行：各地新华书店
地 址：江西省南昌市三经路 47 号附 1 号
学术出版中心电话：0791-86898330
发行部电话：0791-86898815
邮 编：330006
网 址：www.jxpph.com
E-mail：swswpublic@sina.com web@jxpph.com
2019 年 5 月第 1 版 2019 年 5 月第 1 次印刷
开 本：787 毫米 ×1092 毫米 1/ 16
印 张：19.5
字 数：300 千字
ISBN 978-7-210-11229-7
赣版权登字—01—2019—98
版权所有 侵权必究
定 价：46.00 元
承 印 厂：南昌市红星印刷有限公司